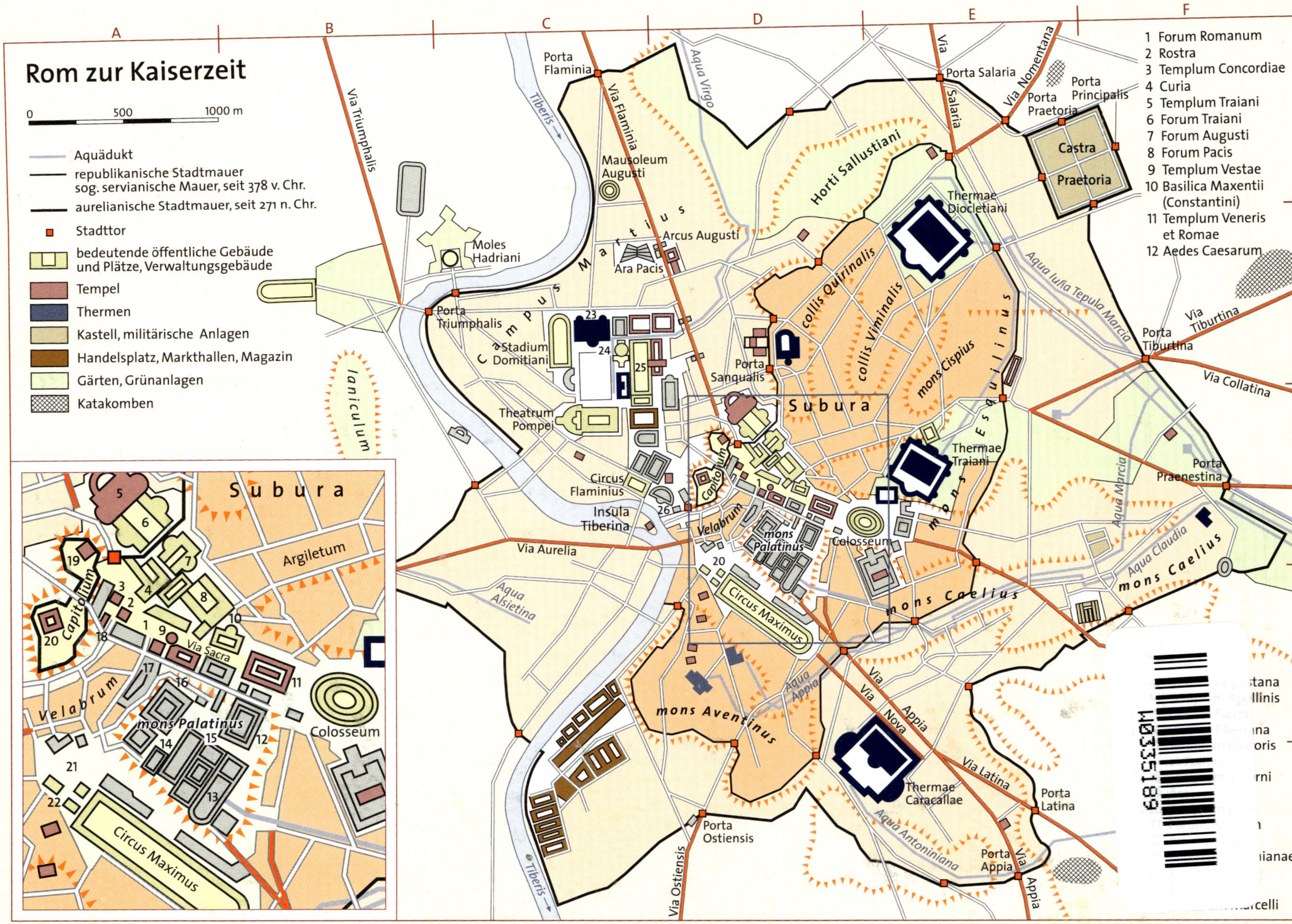

Rom zur Kaiserzeit
0 500 1000 m
Aquädukt
republikanische Stadtmauer sog. servianische Mauer, seit 378 v. Chr.
aurelianische Stadtmauer, seit 271 n. Chr.
Stadttor
bedeutende öffentliche Gebäude und Plätze, Verwaltungsgebäude
Tempel
Thermen
Kastell, militärische Anlagen
Handelsplatz, Markthallen, Magazin
Gärten, Grünanlagen
Katakomben
1 Forum Romanum
2 Rostra
3 Templum Concordiae
4 Curia
5 Templum Traiani
6 Forum Traiani
7 Forum Augusti
8 Forum Pacis
9 Templum Vestae
10 Basilica Maxentii (Constantini)
11 Templum Veneris et Romae
12 Aedes Caesarum
Via Triumphalis
Porta Flaminia
Via Flaminia
Tiberis
Aqua Virgo
Mausoleum Augusti
Campus Martius
Arcus Augusti
Ara Pacis
Moles Hadriani
Porta Triumphalis
Stadium Domitiani
Theatrum Pompei
Ianiculum
Circus Flaminius
Insula Tiberina
Via Aurelia
Aqua Alsietina
Porta Sanqualis
Subura
Capitolium
Velabrum
mons Palatinus
Colosseum
Circus Maximus
mons Aventinus
Porta Ostiensis
Via Ostiensis
Horti Sallustiani
collis Quirinalis
collis Viminalis
mons Cispius
Esquilinus
Thermae Diocletiani
Thermae Traiani
Porta Salaria
Via Salaria
Via Nomentana
Porta Praetoria
Porta Principalis
Castra Praetoria
Aqua Iulia Tepula Marcia
Porta Tiburtina
Via Tiburtina
Via Collatina
Aqua Marcia
Porta Praenestina
Aqua Claudia
mons Caelius
Aqua Appia
Via Appia
Via Nova
Thermae Caracallae
Via Latina
Porta Latina
Aqua Antoniniana
Porta Appia
Argiletum
Via Sacra
A B C D E F
1 2 3 4 5

comes 2

Herausgegeben von Christian Czempinski

Bearbeitet von Christian Czempinski, Wolfgang Feiner, Sonja Gundelach, Karin Kemmeter, Maria Krichbaumer, Elke Lenner, Georg Müller

Berater: Prof. Dr. Markus Janka

Oldenbourg

comes – Vierbändiges Unterrichtswerk für Latein als gymnasiale Eingangssprache

herausgegeben von Christian Czempinski

und bearbeitet von
Christian Czempinski, Christian Engel, Wolfgang Feiner, Sonja Gundelach, Karin Kemmeter,
Dr. Michaela Krell, Maria Krichbaumer, Elke Lenner, Georg Müller

Berater: Prof. Dr. Markus Janka

Das Papier ist aus chlorfrei gebleichtem Zellstoff hergestellt, ist säurefrei und recyclingfähig.

1. Auflage 2009
Druck 13 12 11 10 09
Die letzte Zahl bezeichnet das Jahr des Drucks.
Alle Drucke dieser Auflage sind untereinander unverändert und im Unterricht nebeneinander verwendbar.

Umschlagkonzept: Mendell & Oberer, München
Umschlag: Christiane Gerstung, München
Lektorat: Andrea Forster, Cornelia Franke (Assistenz)
Bildredaktion: Stefanie Portenhauser
Herstellung: Gabriele Schenk
Illustrationen: Margit Pawle, München; Karten: Achim Norweg, München, Ingrid Schobel, München
Layout und Satz: Christiane Gerstung, München
Reproduktionen: Repro Ludwig GmbH, Zell am See
Druck: Himmer AG, Augsburg

ISBN 978-3-637-00244-9

Inhalt

Lektion 46–50

Die Werke und Wunder der Welt

Lektion 51–55
Die Geburt eines Weltreiches

Lektion 56–60

Der Aufstieg zur Weltmacht

Liebe Schülerinnen und Schüler!

In *comes 1* habt ihr zusammen mit Flavia und Dacus, Aurelia und Rufus eine Reihe spannender Abenteuer erlebt. Dabei habt ihr das kaiserzeitliche Rom mit seinen Bauten, Plätzen, Festen und natürlich mit seinen Bewohnern – vom Sklaven bis zum Senator, von der Vestalin bis zum Imperator – kennengelernt.
comes 2 wird euch einen neuen Horizont erschließen: Ihr werdet zurückgeführt in die ferne Mythenwelt der Götter, Helden und Ungeheuer sowie hinausbegleitet in die weite antike Mittelmeerwelt. Ihr werdet mit den Heroen des Mythos „mitleiden", ihr werdet mit unseren vier Freunden die atemberaubenden Wunderwerke der Antike bestaunen und ihr werdet teilhaben am erbitterten Ringen mächtiger Völker und Metropolen um die Vorherrschaft im Mittelmeerraum.
In *comes 2* stehen Mythen, Sagen und Historisches und damit Männer wie Odysseus und Äneas, Hannibal und Scipio, aber auch Frauen wie Medea und Dido im Vordergrund der Handlung. Doch Flavia, Dacus, Aurelia und Rufus werden auch in diesem Band eure *comites* sein, vor allem auf der Mittelmeerreise zu den Weltwundern.
Am Aufbau des Buches hat sich nichts Wesentliches geändert. Alles wird euch vertraut sein. Lediglich die **Themen-Doppelseiten** am Anfang jeder Fünf-Kapitel-Einheit sind neu: Sie stimmen euch auf den Inhalt der folgenden fünf **Lesestücke** ein.
Vor jedem Lesestück werdet ihr in der **Einführung** in gewohnter Weise auf den Grammatikstoff des jeweiligen Kapitels vorbereitet. Dabei könnt ihr die neuen Grammatikerscheinungen selbst erschließen. Auf der dritten Lektionsseite findet ihr am angestammten Platz die **Übungen** zur Grammatik, zum Wortschatz und zum Übersetzen. Die vierte Seite bietet nach wie vor die **Sachinformationen**, die euch die Kultur und Geschichte der antiken Mittelmeerwelt näherbringen.
Nach jeweils fünf Lektionen folgen die bekannten **Latein-intensiv-Einheiten**, die zusätzliche Wiederholungs- und Vertiefungsübungen zu Wortschatz und Grammatik, aber auch über Band 1 hinausgehende Informationen und Anleitungen zum Wortschatzlernen, zur Übersetzungstechnik, Recherchearbeit und Projektvorbereitung bieten.
Im hinteren Teil des Buches folgen der **Wortschatz** und die **Begleitgrammatik** zu jeder Lektion. Die **Deklinations**- bzw. **Konjugationstabellen** – inklusive der Tabellen und Auflistungen aus dem ersten Band –, das **Eigennamenverzeichnis** und die alphabetischen **Vokabelverzeichnisse** schließen das Buch ab.
Wir wünschen euch nun viel Spaß und Erfolg beim Lateinlernen.

Folgende Symbole erleichtern euch die Orientierung in den Lektionen:

E1 E2 L1 L2

Ü1 Ü2 bezeichnet jeweils die beiden Teile der Einführungen, Lesestücke und Übungen. Deren zweiter Teil ist zusätzlich farbig unterlegt.

 Hier findet ihr die Wortschatzübungen.

 Diese Übung könnt ihr zu zweit oder in der Gruppe als Wettbewerb machen.

 Diese Übung ist auch in Partnerarbeit machbar.

 Diese Übung ist etwas kniffliger zu lösen.

Z bezeichnet eine Zusatzaufgabe.

■ kennzeichnet eine Lücke im Text, die nicht im Buch ausgefüllt werden soll. Diese Übungen sollt ihr in eurem Heft lösen.

° kennzeichnet Wörter, die ihr nicht übersetzen müsst.

! kennzeichnet leicht erschließbare Wörter, die auch in späteren Lektionen nicht gelernt werden. Auf S. 246 sind sie in einer Übersicht aufgeführt.

Grundwissen: Auf den Sachinformationsseiten ist **das Wichtigste**, das ihr euch merken sollt, in Orange hervorgehoben.

W1 W2

G1 G2 kennzeichnet jeweils die beiden Teile von Wortschatz und Grammatik.

 Mit dieser „Esels"brücke könnt ihr euch das neue Wort sicher leichter merken.

S Hier findet ihr Erläuterungen zur Satzlehre (Syntax).

F Die Formenlehre wird euch in diesem Abschnitt erklärt.

Das Autorenteam, das Rückmeldungen aus der Praxis gerne berücksichtigt, bittet Lehrer/innen und Schüler/innen, ihre Wünsche und Beobachtungen dem Verlag* mitzuteilen. Es dankt allen für solche Mühe im Voraus.

* Oldenbourg Schulbuchverlag, Lektorat Alte Sprachen, Postfach 80 13 60, 81613 München

In der Höhle des Kyklopen – die Abenteuer des Odysseus

Noch können Rufus, Aurelia, Flavia und Dacus ihr Glück nicht fassen. Sie stehen an einem Ort, den ein gewöhnlicher Römer niemals betreten dürfte, in den Parkanlagen einer kaiserlichen Privatvilla am Meer. Mit dieser überraschenden Einladung belohnt der Kaiser die unzertrennlichen Freunde für ihre erfolgreiche Suche nach den Penaten, mit der *comes 1* endete. Sie besichtigen, begleitet von Morsulus, gerade das *antrum Cyclopis*, die „Höhle des Kyklopen", den berühmtesten Teil des Parks. Das ist eine natürliche Grotte, in der großartige Kunstwerke aufgestellt sind. Die besten Künstler der Zeit haben einige Abenteuer des griechischen Helden Odysseus als steinerne Figurengruppen gestaltet, die so lebensnah und dramatisch wirken wie Action-Schauspieler auf einer riesigen Theaterbühne. Begeistert tauschen die Freunde ihre Eindrücke aus.

1) **ligneus, -a, -um:** hölzern 2) **cōnstruere (cōnstruō, cōnstrūxī):** bauen
3) **rēctē** *(Adv.)*: richtig 4) **canis, -is** m: Hund 5) **praestāre (praestō, praestitī):** zeigen

Der Kopf des Odysseus aus Sperlonga

Im Jahr 1957 wurde durch Zufall bei Sperlonga, einem Küstenort südlich von Rom, ein sensationeller Fund gemacht: die Kyklopenhöhle des Kaisers Tiberius. In den folgenden Jahrzehnten bemühten sich Archäologen, die Kunstwerke dieser Höhle zu rekonstruieren – die „Polyphemgruppe“ sah demnach so aus.

Für eine große Ausstellung zum Thema „Mythos Troja“ wurde 2006 ein Nachbau des hölzernen Pferdes auf dem Münchener Königsplatz aufgestellt.

Das Relief aus dem 2. Jahrhundert n. Chr. zeigt, wie Odysseus von seinem alten, treuen Hund Argos wiedererkannt wird.

E1 Doppelt hält besser

Während Flavia von Odysseus schwärmt, macht sich Dacus lustig über sie.

1. Flavia dicit: „Ulixes vir pulcher est.“ **2.** Flavia Ulixem virum pulchrum dicit.
3. Flavia Ulixem virum pulchrum putat.

a. ***Wie musst du die Übersetzung von* dicit *in Satz 2 im Vergleich zu Satz 1 ändern, damit der Satz im Deutschen einen Sinn ergibt?***

b. ***Erschließe die Übersetzung von* putat *in Satz 3.***

1 ***Übersetze die Sätze mit doppeltem Akkusativ. Die Farbunterlegung hilft dir.***
1. Dacus gladiatores[1] fortes dicit. **2.** Aurelia Mardonium aurigam[1] bonum putat. **3.** Callimachus Rufum puerum prudentem vocat. **4.** Domina Dacum servum bonum putat. 1) **aurīga, -ae** m: Wagenlenker

E2 Das Rätsel um die drei Adjektive

dives; *Gen.* divitis	pauper; *Gen.* pauperis	vetus; *Gen.* veteris

a. ***Erschließe die Bedeutung der drei Adjektive.***

b. ***Gib anhand des Genitivs an, zu welcher Deklination sie gehören.***

in domicilio vetere	domicilia hominum veterum	domicilia vetera
in domicilio nobili	domicilia hominum nobilium	domicilia nobilia

c. ***Vergleiche. Welche Besonderheiten haben die drei neuen Adjektive?***

2 ***Bilde die entsprechenden Formen von* vetus.**
bonae – bonorum – bona – bonis – bono – boni – bonarum – bonos – bonum

3 ***Wettdeklinieren: Stoppt die Zeit.***
homo dives – servus pauper – mulier vetus

L1

Ein Schiffbrüchiger gibt sich zu erkennen

Nach einer langen und mühevollen Irrfahrt steht für Odysseus die Rückkehr in seine Heimat Ithaka unmittelbar bevor. Zuvor aber muss er noch eine lebensgefährliche Situation bestehen: Er erleidet Schiffbruch und rettet sich mit letzter Kraft an den Strand der Phäakeninsel Scheria. Nackt und völlig erschöpft schleppt er sich in ein Wäldchen am Strand und schläft ein.

Dum Ulixes in silva[1] dormit, Minerva Nausicaae, filiae Alcinoi regis Phaeacum, in somno apparuit.

Quia Minerva speciem suam mutaverat, Nausicaa deam unam ex amicis suis duxit.

Minerva Nausicaam appellavit: „Nausicaa, virgo pulchra es. Omnes te propter formam tuam felicem dicunt. Quod Alcinous pater virum nobilem maritum tuum faciet, para nuptias et lava vestes[2] tuas!“

Mane[3] Nausicaa cum servis ad litus contendit, ubi Ulixes dormiebat. Voces virginum eum e somno excitaverunt. Secum deliberavit: „Fortasse ii homines se mihi amicos praebebunt.“ Deinde e silva[1] cucurrit.

L2

Virgines, ubi virum ferum conspexerunt, statim fugerunt; Nausicaa autem sola mansit.

Ulixes, quia gratiam eius conciliare studebat, dixit:

„Quam pulchra es! Primo te deam putavi. Supplex a te auxilium peto; nam vix pericula maris effugi. Succurre hospiti pauperi!“

Nausicaa Ulixem in domum patris divitis duxit, qui eum ad convivium invitavit. Ulixes magna copia ciborum vires restituebat. Nomen suum celabat[4], donec[5] Alcinous Demodocum citharoedum[6] vocavit. Demodocus de Troia, urbe divite, de dolo Ulixis, de interitu moenium veterum canebat, cum hospes clamavit: „Ego sum Ulixes.“

1) **silva, -ae** f: Wald 2) **vestis, -is** f: Kleid, Kleidung 3) **māne:** morgens, am Morgen 4) **cēlāre:** verheimlichen 5) **dōnec:** (solange) bis 6) **citharoedus, -ī** m: Sänger *(der sich auf der Kithara begleitet)*

Odysseus und Nausikaa (1619), Pieter Lastman (1583–1633), Alte Pinakothek, München

Eine überraschende Begegnung

Betrachte das Gemälde genau und ordne passende Textstellen aus dem Lesestück zu. Was siehst du noch? Beschreibe das Bild auf Lateinisch weiter.

Ü1

1 ***Setze die Wörter in Klammern in der richtigen Form ein und übersetze.***

1. Nonnulli virum, cui magna pecunia est, ______ (felix) putant. **2.** Homines virum, qui litteris se dat, ______ (philosophus[1]) appellant. **3.** Romani homines, qui liberi non erant, ______ (servi) dicebant. **4.** Hominem, qui mihi auxilio venit, ______ (amicus) voco. **5.** Imperator viros prudentes ______ (senatores) fecit.

2 ***Bilde Sätze und rufe eine Mitschülerin oder einen Mitschüler zur Übersetzung auf.***

z. B. Ego ______ ______ ______ duco. → Ego te puellam pulchram duco.

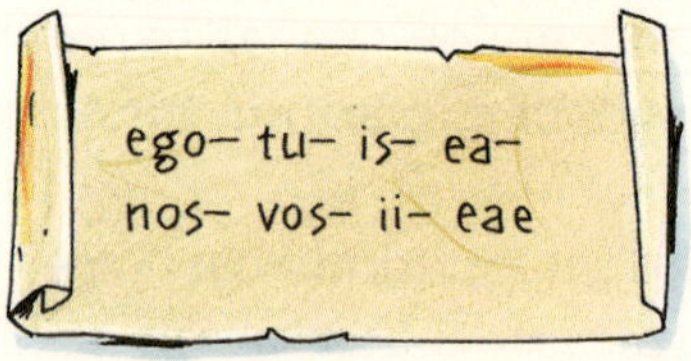

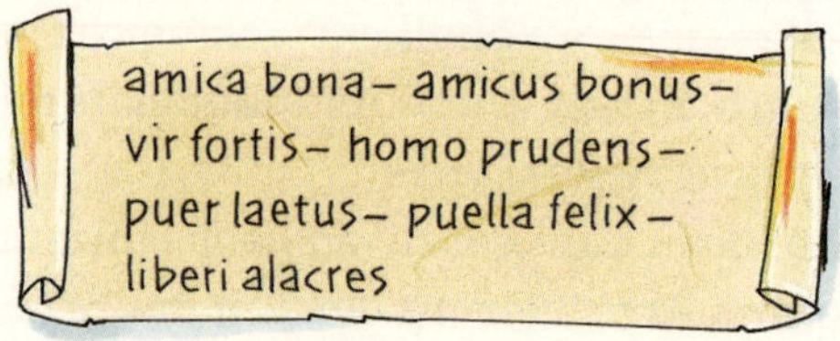

Ü2

3 ***Suche das nach Kasus, Numerus und Genus entsprechende Adjektiv.***

divite: amplae – acre – supplex – aspero
paupera: breve – clarae – dextro – difficilia
veterum: diligentem – fortium – immensum – contentam

4 ***Passe das Adjektiv an. Wo gibt es mehrere Lösungen?***

cum puero (pauper) – servos (vetus) – viri (dives) – turri (vetus) – domorum (vetus)

5 ***Spurensuche bei den Naturwissenschaften: Erkläre die fett gedruckten Fremdwörter.***

1. Bei Vollmond leidet Peter unter **Somnambulismus**. **2.** Tiere dieser **Spezies** sind flugunfähig. **3.** Die radioaktive Strahlung verursachte **Mutationen**.

6 ***Auf Spurensuche: Britannicus aus London möchte mit Rufus eine Brieffreundschaft beginnen und schickt folgende Zeilen. Erschließe die fett gedruckten Wörter aus dem Lateinischen.***

Hello, Rufus, **my name is** Britannicus. How are you? How **is** your **family**? **My** parents, **my three** sisters and I live in a **village** near Londinium. Perhaps **one day** you can **visit me**. I hope, I'll get a **letter** from you soon. Best wishes, Britannicus.

7 ***Kalypso***

Nicht nur Nausikaa war von dem strahlenden Helden Odysseus begeistert. Nachdem dieser all seine Gefährten verloren hatte, trieb er auf dem Mastbaum seines zerstörten Schiffes zur Insel Ogygia, auf der die schöne Nymphe Kalypso herrschte.

1. Ulixes, postquam ad litus pervenit, somno se dedit. **2.** Tum Calypso virum pauperem miserumque invenit. **3.** Quod species Ulixis egregia erat, ea vocavit: „Quam pulcher es! **4.** Te hominem clarum puto; certe rex dives eras. **5.** Veni mecum! Me felicem facies, si hic manebis. **6.** Tibi convivium parabo. Dum cenamus, servae canent." **7.** Multos annos vir fortis apud Calypso[1] manebat. **8.** Sed desiderium patriae[2] Ulixem tristem faciebat. **9.** Tandem Calypso eum iussu deorum rate[3] multisque copiis donavit et dimisit[4].

1) **Calypsō** *(hier griech. Akk.)* 2) *Schließe den Genitiv* **patriae** *mit „nach" an.* 3) **ratis, -is** f: Floß
4) **dīmittere (dīmittō, dīmīsī):** weggehen lassen

Homers „Odyssee“ – Reisen, Liebe, Abenteuer

Rufus und seine Freunde wissen über Odysseus, den sagenhaften König von Ithaka, offenbar gut Bescheid. Die Geschichte dieses griechischen Helden, den die Römer *Ulixes* nannten, erzählte ihnen ihr Lehrer Callimachus, als er die „Odyssee“ des griechischen Dichters Homer vorstellte.

Dieses **überaus umfangreiche Gedicht** umfasst insgesamt 12111 Verse und ist in **24 „Gesänge“** eingeteilt. Worum es in der „Odyssee“ geht, hat der berühmte griechische Philosoph Aristoteles in knappen Worten so zusammengefasst:

„Der Stoff der Odyssee ist nicht umfangreich: Ein Mann ist viele Jahre in der Fremde, wird ständig vom Meeresgott Poseidon überwacht und ist allein. Bei ihm zu Hause ist die Lage währenddessen so: Freier verbrauchen seinen Besitz und bereiten seinem Sohn [erg. Telemachos] ständig Schwierigkeiten. Schließlich kehrt der Held nach vielen schlimmen Strapazen heim ...“

Grundwissen: Schon in der Antike wurde Homer dafür gelobt, dass er nicht die zehn Jahre dauernden Irrfahrten „am Stück“ erzählt hat, sondern sich auf **die letzten 40 Tage der Heimkehr** beschränkt hat. Die Handlung der Odyssee ist klar gegliedert:

In den **ersten zwölf Gesängen** lässt Homer seinen Helden Odysseus von seiner vorletzten Station, der Insel Ogygia, aufbrechen, wo er sieben Jahre von der verliebten Göttin Kalypso festgehalten worden ist. Odysseus landet auf Scheria, der Insel der Phäaken, wo er seinen Gastgebern **rückblickend** von den wichtigsten Abenteuern seiner Heimkehr erzählt.

Die **zweite Hälfte** der „Odyssee“ dreht sich um Odysseus' **Ankunft in der Heimat** und die Auseinandersetzung mit den Freiern seiner Frau Penelope.

Odysseus in dem amerikanischen TV-Film „Die Abenteuer des Odysseus“ (1997)

a. *Das Wort „Odyssee“ ist zu einem festen Bestandteil der deutschen und anderer Sprachen geworden. Finde seine Bedeutung heraus.*
b. *Auch einzelne Stationen von Odysseus' Reisen sind fast zu Sprichwörtern geworden. Finde mithilfe eines mythologischen Lexikons heraus, was mit folgenden Redensarten gemeint ist: jemanden bezirzen – Sirenengesänge – zwischen Skylla und Charybdis.*
c. *Die Odyssee wurde oft verfilmt, immer wieder nacherzählt und illustriert, auch für Kinder. Bereitet eine Ausstellung über Verfilmungen und Bearbeitungen der Odyssee vor.*

E1

Zauberhafte Endungen

ich werde verwandelt	mut-**or**
du wirst verwandelt	muta-**ris**
er, sie, es wird verwandelt	muta-**tur**

a. ***Vervollständige die deutsche Verbreihe.***
b. ***Bilde die lateinischen Passivformen mithilfe des Zauberspruchs.***

Das schöne Mädchen begrüßt Odysseus.	Puella pulchra Ulixem salutat.
Odysseus wird von dem schönen Mädchen begrüßt.	Ulixes a puella pulchra salutatur.

c. ***Vergleiche die Satzglieder. Wie verwandelt man einen Satz vom Aktiv ins Passiv?***

1 ***Setze die Verben im Deutschen ins Passiv.***
ich lobe – wir fangen – du grüßt – er liebt – ihr treibt an – sie waschen – sie ruft

2 ***Setze die lateinischen Formen ins Passiv und übersetze.***
amat – captamus – delectas – desiderant – laudo – dat – lavatis – voco – necant

E2

Genauso zauberhaft

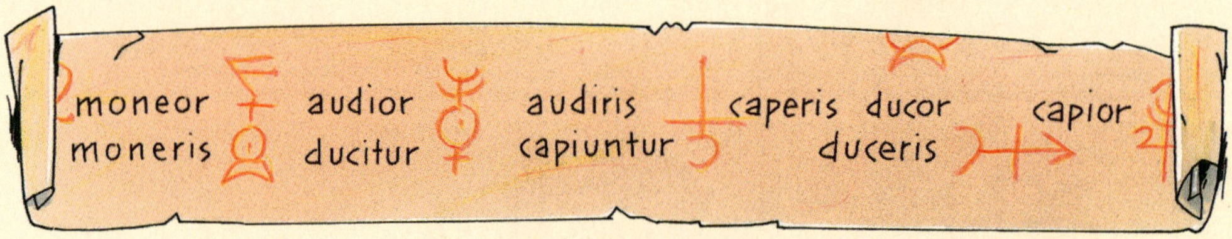

a. ***Einige Formen sind von der magischen Rolle verschwunden. Sortiere die noch vorhandenen Verbformen nach den bekannten Konjugationen.***
b. ***Erschließe die fehlenden Personen mithilfe des Zauberspruchs von E1.***

3 ***Wettkonjugieren im Passiv***
violare – tenere – mittere – punire – cupere

4 ***Übersetze.***
sie werden gezeigt – es wird bewegt – wir werden geprüft – es wird beendet – ihr werdet gesucht – wir werden betrachtet – du wirst verlassen – ich werde gesehen

L1

„Niemand“ in der Höhle des Kyklopen

Nachdem Odysseus seine Identität preisgegeben hat, erzählt er den gespannt zuhörenden Phäaken über seinen abenteuerlichen Rückweg von Troia.

„Diu cum Troianis pugnabamus; tandem urbem veterem cepimus. Sed dei nos a reditu celeri prohibuerunt: Omnino bis[1] decem annos a patria iam absum; certe a meis desideror.“

Alcinous: „Ira deorum non sine causa excitatur. Nos homines non sine causa ab eis vexamur. Cur tu, quem omnes prudentem putant, vindicaris?

Viri prudentes iniuriam cavent.“

Ulixes: „Dei socios meos puniverunt, quia se nimis superbos stultosque praebuerant. Equidem odium Neptuni movi ...

Grund dafür war ein furchtbares Erlebnis, das Odysseus auf der Insel der Kyklopen, einäugiger, wilder Riesen, hatte. Als er dort ankam, drang er mit seinen Leuten in die Höhle des Polyphem ein, der ein Sohn des Meeresgottes Neptun war. Ohne zu ahnen, in welcher Gefahr sie schwebten, ließen sich die Griechen dort häuslich nieder. Abends kam Polyphem nach Hause. Er trieb seine Schafherde in die Höhle und verschloss den Eingang mit einem riesigen Stein.

L2

Tum demum a Polyphemo animadvertimur.

Clamat: ‚Heus[2] vos! Unde venistis?

Utrum mercatores[3] in insulam[4] Cyclopum navigavistis, an a furibus petor?‘

Equidem Cyclopi respondeo: ‚Magno honore afficeris, quod Graeci fortes te conveniunt.

Dux eorum sum et *Nemo* dicor.

Ades hospitibus tuis, si Iovem colis!‘

Polyphemus autem ridet et vocat:

‚Cyclopes neque deos colunt neque legibus tenentur.

Itaque monstra! putantur.

Nunc vos a me in caverna[5] claudimini, tum sic punimini:

Ex ordine devoramini[6].‘

Profecto quattuor comites a monstro! interficiuntur.“

Alcinous: „Nonne desperavistis?“

Ulixes: „Primo desperavimus, sed tum e periculo eripimur.“

1) **bis:** zweimal 2) **heus!:** he! 3) **mercātor, -ōris** m: Kaufmann
4) **īnsula, -ae** f: Insel 5) **caverna, -ae** f: Höhle 6) **dēvorāre:** verschlingen, auffressen

Polyphem in dem amerikanischen TV-Film „Die Abenteuer des Odysseus“ (1997)

Ein langer Weg nach Hause

Beantworte folgende Fragen auf Lateinisch. Nimm die Frage in der Antwort wieder auf.

z. B. Cur Graeci Troiam capere potuerunt? → Graeci Troiam capere potuerunt, quia Ulixes dolum adhibuit.

1. Cur Ulixes a suis desideratur?
2. Cur dei Ulixem sociosque puniunt?
3. Cur Cyclopes monstra putantur?
4. Cur comites Polyphemum valde timent?

Ü1

1 ***Zaubereien: Bilde Verbformen und übersetze sie.***

capta orna neca
porta voca para

(o)r ris tur mur mini
ntur o s t mus tis nt

2 ***Hin und her, das ist nicht schwer: Setze die Sätze ins Passiv. Achte auf die richtige Verwendung der Präposition ā / ab.***

1. Penelopa reditum Ulixis desiderat. **2.** Curae Penelopam et Telemachum vexant: **3.** „Nuntii maesti nos excitant." **4.** Penelopa maritum flet: **5.** „Cur dei te nimis vindicant? **6.** Te exspecto."

Ü2

3 ***In Polyphems Höhle: Bilde sinnvolle Sätze und übersetze.***

Graeci	ab eo	animadvertuntur
Comites	a Polyphemo	interficiuntur
Quattuor socii	dolo	e periculo eripimur
Nos	a monstro[1]	appellor
Nemo	a comitibus	clauduntur

4 ***Passiv-Puzzle: Bilde richtige Formen und übersetze sie.***

claud- mon- -imini -tur -eor col- teg- -eris -iuntur -untur pugna- cap-

5 ***Dacus hat sich einen Scherz erlaubt und alle Vokale durch „i" ersetzt. Gib die richtige Form an und nenne die Bedeutungen.***

1. imnini **2.** iquidim **3.** dimim **4.** fir **5.** irdi **6.** idiim

6 ***Übersetze und erkläre folgenden noch heute gültigen römischen Rechtsgrundsatz.***

Nulla[1] poena sine lege.

1) **nūllus, -a, -um:** kein

7 ***Niemand! Odysseus erzählt weiter …***

1. „Nunc dolus a me adhibetur. **2.** Dico: ‚Salve, Polypheme, Graecus sum et Nemo appellor. Ecce comites! Dux eorum sum. **3.** Neque hostes neque fures sumus. Ecce vinum bonum!' **4.** Profecto Polyphemus nimis stultus vinum bibit[1], tum somno se dat. **5.** Interim palus[2] magna vi a sociis tollitur: Eo palo[2] oculus Polyphemi exstinguitur. **6.** Is dolore gravi movetur et magna voce auxilium petit: **7.** ‚Adeste mihi! Nemo me violavit! Nemo oculum meum exstinxit!' **8.** Tum comites mei gaudent: ‚Hahahae! Gaudio afficimur. Iniuria Polyphemi punitur: Nam omnes Cyclopes putant Polyphemum mentem amisisse neque eum adiuvant.'"

1) **bibere (bibō, bibī):** trinken 2) **pālus, -ī** m: Pfahl

Homer – der erste Dichter Europas

Wer sich heute schnell über einen Autor informieren will, greift am besten zu einem seiner Bücher und schlägt den Klappentext auf. Als Kurzbiographie Homers könnte man folgende Worte eines griechischen Schriftstellers aus dem 2. Jahrhundert n. Chr. lesen:

„Bis heute gibt es einen großen Streit darüber, ob er in Kolophon oder Kyme, auf Chios oder in Smyrna oder gar in Theben in Ägypten oder was weiß ich wo auf die Welt gekommen sei. Auch gab man ihm mal den Lydier Maion, mal einen Flussgott zum Vater, zur Mutter mal eine gewisse Melanope, mal eine Nymphe. Ebenso ungewiss ist es, wann er gelebt hat: Denn die einen setzen ihn in die heroische Zeit, andere in die Zeit, als die Griechen nach Ionien auswanderten. Ja, man weiß nicht einmal, ob er wirklich Homer hieß: Manche Gelehrte behaupten, er habe Melesigenes geheißen. Außerdem behaupten einige, er sei blind, andere, er sei ein Bettler gewesen."

a. *Informiere dich mithilfe der Karte auf der hinteren Umschlagseite, wo die genannten Orte liegen.*

b. *Fasse diesen langen und komplizierten Text in einem Satz zusammen.*

Grundwissen: Der erste Dichter Europas – ein großer Unbekannter? Tatsächlich lässt sich bis heute nichts Genaues über **Homer** – falls er wirklich so hieß – sagen. Vermutlich lebte er im **8. Jahrhundert v. Chr.** und stammte aus einer **griechischen Stadt Kleinasiens** (heute: westliche Türkei). In der Antike glaubte man, Homer habe außer der **„Odyssee"** noch ein weiteres Werk geschrieben, die **„Ilias"** (von **Ilion**, einem anderen Namen für Troia), die zusammen mit der „Odyssee" am Anfang der europäischen Literatur steht. In der „Ilias" wird eine Begebenheit aus dem letzten Kriegsjahr vor Troia erzählt: der **Zorn** des griechischen Helden **Achilles** und seine Folgen. Die **„Ilias"** ist sicher das **ältere der beiden Werke**. Ob „Ilias" und „Odyssee" vom selben Dichter stammen, ist allerdings umstritten.

c. *In der Antike wurden zahlreiche Bildnisse Homers geschaffen. Beschreibe, wie diese Büste aus dem 2. Jahrhundert v. Chr. auf dich wirkt, und bestimme, welche Information aus dem Quellentext vom Künstler wiedergegeben wurde.*

d. *1827 malte der französische Künstler Ingres ein Bild (hier ein Ausschnitt), auf dem die bedeutendsten Gelehrten und Künstler Europas Homer umgeben. Seine beiden Werke sitzen ihm zu Füßen. Woran kannst du sie erkennen?*

E1 Dem Passiv weiter auf der Spur

excita-t	er erregt	excita-re	erregen
excita-tur	er wird erregt	excita-ri	
Ira deorum non sine causa excitatur.		Audimus iram deorum non sine causa **excita-ri**.	
Cyclopes legibus non tenentur.		Scimus Cyclopes legibus non **tene-ri.**	
Ulixes a deis punitur.		Legimus Ulixem a deis **puni-ri.**	

a. ***Bestimme die fett gedruckten Formen. Erkläre ihre Bildung.***
b. ***Übersetze erst die fett gedruckten Formen allein, dann die ganzen Sätze.***

1 ***Übersetze.***
gemeldet (zu) werden – gehört (zu) werden – beendet (zu) werden – ermahnt (zu) werden – vorbereitet (zu) werden – gegeben (zu) werden – geöffnet (zu) werden – angewandt (zu) werden – beabsichtigt (zu) werden – verhindert (zu) werden – zerstört (zu) werden

2 ***Mache die Sätze abhängig von*** *constat* ***und übersetze.***
z.B. Ulixes multos annos a suis desideratur. → Constat Ulixem multos annos a suis desiderari.
1. Uxor eius curis vexatur.
2. Crimina Graecorum a deis vindicantur.
3. Multi comites a Neptuno necantur.

E2 Ein winziger Unterschied

Constat Cyclopes ab omnibus hominibus time-ri.
Constat Cyclopes ab omnibus hominibus **metu-i**.

a. ***Bestimme die fett gedruckte Form.***
b. ***Zu welcher Konjugation gehört metuere?***
c. ***Erkläre die Bildung des Infinitivs.***

3 ***Setze ins Passiv.***
claudit – mutare – appello – iacĕre – inspicimus – pugnare – invenire – exples – monere – dat – capere – mittitis – afficere – putare

4 ***Verwechslungsgefahr: Suche alle Infinitive im Präsens Passiv heraus.***
ibi – accipi – acri – narrari – oculi – nisi – quaeri – oneri – promitti – pueri – qui – statui – veni – verti – movi – tolli – traduci – traduxi

5 ***Ist das Passiv im Deutschen hier notwendig? Suche nach einer guten Übersetzung.***
1. Domum intrari licet.
2. Pericula suscipi necesse est.
3. Deos placari[1] opus erat.

1) **plācāre:** besänftigen

L1

Männer werden Schweine

Odysseus fährt mit seiner Erzählung fort: „Noch schlimmer erging es uns auf der Insel der Laistrygonen, einem Volk von Menschenfressern. Sie zerstörten meine ganze Flotte und verschlangen die Besatzung mit Haut und Haar. Nun hatte ich nur noch ein Schiff übrig. Da kamen wir auf die Insel Aiaia.

Postquam a laboribus quievimus, insulam cognoscere decrevi. Quia nemo e numero sociorum munus difficile suscipere volebat, exploratores[1] sorte inveniri necesse erat. Eurylochus eos ducit.

Multas horas per insulam errabant, cum media in silva domum conspexerunt. Circum domum res mirae eveniunt: Viri a leonibus, qui ibi consederunt, magno cum gaudio salutantur.

A femina[2] pulchra verbis benignis[3] recipiuntur: ‚Salvete! Circa sum, domina insulae. Intrate, cenate, bibite!'

Eurylochus solus intrare recusat. Subito terrore afficitur; nam socios cibis in sues[4] mutari et in stabulo[5] teneri videt.

L2

Eurylochus praeceps ad navem ruit. Insulam a venefica[6] potenti regi comitesque ab ea premi narrat. ‚Locum', inquit, ‚relinquere debemus. Num censetis nos alio modo servari posse?'

Equidem domum Circae peto. In itinere Mercurius deus mihi occurrit herbamque[7] dat. Ea herba[7] ab insidiis Circae defendor. Eo modo vim veneficae[6] frangi et socios solvi licet. Deinde totum annum apud Circam otio, cibis, vino nos dabamus."

1) **explōrātor, -ōris** m: Kundschafter 2) **fēmina, -ae** f: Frau
3) **benīgnus, -a, -um:** freundlich 4) **sūs, suis** m / f: Schwein 5) **stabulum, -ī** n: Stall, Gehege
6) **venēfica, -ae** f: Zauberin 7) **herba, -ae** f: Kraut

Bei dieser kleinen Terrakottastatuette aus dem 6. Jahrhundert v. Chr. wissen die Fachleute nicht genau, was dargestellt wird. Sie vermuten aber, dass sie mit der Kirke-Geschichte zusammenhängt. Was spricht für diese Zuordnung?

Verzaubert

Gib an, ob die Aussage wahr, falsch oder nicht im Text vorhanden ist.

1. Ulixes Eurylochum ducem destinat.
2. Graeci domum in litore conspiciunt.
3. Viri a leonibus magno cum gaudio salutantur.
4. Eurylochus post domicilium Circae latet.
5. Videt socios in equos mutari.
6. Ulixes comitibus succurrere cupit.
7. In itinere Ulixes Neptunum videt.
8. Vis Circae herba frangitur.

Ü1

1 ***Irrläufer gesucht. Übersetze anschließend alle Formen.***

1. dolori – expleri – finiri – moneri
2. vindicari – sustineri – audiri – ministri
3. sacrificari – acri – probari – inveniri

2 ***Setze die Wörter aus der Sprechblase in den Infinitiv Präsens Passiv und rufe eine Mitschülerin oder einen Mitschüler zur Übersetzung auf.***

Dacus narrat se a puellis ______.

Ü2

3 ***Iiih! Schon wieder ein neues „i“! Unterscheide genau.***

veni – quievi – capi – consedi – frangi – premi – censui – occurri – bibisti – relinqui – audiri – vocavi – moneri – audi – fregi – venisti – cepi – rui – solvi – moveri

4 ***Fehlende Verbindung: Verwandle jeweils in eine AcI-Konstruktion und übersetze.***

Legimus:

1. Socii ab Eurylocho per silvam ducuntur.
2. Viri a leonibus magno cum gaudio salutantur.
3. Comites Ulixis verbis benignis[1] recipiuntur.
4. Socii Eurylochi cibis in sues[2] mutantur et in stabulo[3] tenentur.

1) **benīgnus, -a, -um:** freundlich 2) **sūs, suis** m / f: Schwein 3) **stabulum, -ī** n: Stall

5 ***Sortiere nach der Art der Perfektbildung und übersetze die Formen.***

consedi – quieverat – evenit – censuerimus – fregeratis – presserunt – solvi – cucurrerunt – cecineram – clausit – coluero – fecimus – appellaveratis – occurrimus

6 ***Auf Spurensuche: Erschließe die fett gedruckten Wörter aus dem Lateinischen.***

Dear Rufus,
thanks for your long **letter**. Today I've got some **difficult** English words for you. But the Latin language will help you:
a. number b. quiet c. to explore d. solution e. pressure f. potent g. fracture h. event
I'm looking forward to **accepting** your answer. Best wishes, Britannicus

Z

7 ***Kannibalen***

Bevor Odysseus auf Kirkes Insel landete, musste er sich mit den Laistrygonen, einem Volk von Menschenfressern, auseinandersetzen. Der griechische Held erzählt:

1. „Plötzlich erblicken wir eine Küste. **2.** Weil meine Männer dort haltmachen (sich niederlassen) wollen, lenke ich die Schiffe zu der Insel. **3.** Ich entscheide, dass Kundschafter[1] geschickt werden. **4.** Diese betrachten das Gebiet rings um die Küste. **5.** Bald stürzen einige Hals über Kopf (kopfüber) zum Schiff und erzählen, dass die Insel von riesigen Menschen beherrscht (geleitet) wird. **6.** Sie rufen, dass die Begleiter getötet werden. **7.** Ich kann“, sagt Ulixes, „mit einigen Gefährten fliehen. Aber viele Männer werden von den Laistrygonen gefressen (gegessen).“

1) Kundschafter: **explōrātor, -ōris** m ◀

Von Göttern und Helden – das antike Epos

„Den Mann nenne mir, Muse, den vielgewandten, der gar viel umgetrieben wurde, nachdem er Troias heilige Stadt zerstört hatte."

So beginnt Homers „Odyssee". Im griechischen Original sehen die Worte der ersten Zeile so aus:

„Ἄνδρα μοι ἔννεπε, Μοῦσα, πολύτροπον, ὃς μάλα πολλὰ ..."

Wenn sie in lateinische Buchstaben umgeschrieben werden, kannst du sie auch lesen:

Āndră moĭ ēnnĕpĕ, Mūsă, pŏlȳtrŏpōn, hōs mālă pōllă ...

a. Die Zeichen über dem Text geben an, ob eine Silbe lang (¯) oder kurz (˘) ist. Welches Muster kannst du erkennen?

„Ilias" und „Odyssee" sind Epen. Ein antikes **Epos** (*griech.* „Wort, Sage") ist eine **umfangreiche Versdichtung**. Epen wurden seit Homer in Hexametern abgefasst. **Hexameter** bedeutet „sechs Verseinheiten" – denn ein Hexameter besteht aus sechs Daktylen. Ein Daktylus ist eine Verseinheit aus einer langen und zwei kurzen Silben (¯ ˘ ˘).

Grundwissen: Antike **Epen** erzählen in **feierlicher** und **kunstvoller Sprache bedeutende Ereignisse**, die meist aus dem Mythos stammen. Die Hauptpersonen sind **Götter**, **Halbgötter** und **Helden**. Die Leistung des Ependichters bestand darin, den bekannten Stoff, den er der **mündlichen Überlieferung** entnahm, kunstvoll zu erzählen. Epen wie die „Ilias" und die „Odyssee" wurden vor allem für ein **adeliges Publikum** verfasst und an Fürstenhöfen von **professionellen Sängern** vorgetragen, die sich selbst auf einem Saiteninstrument begleiteten.

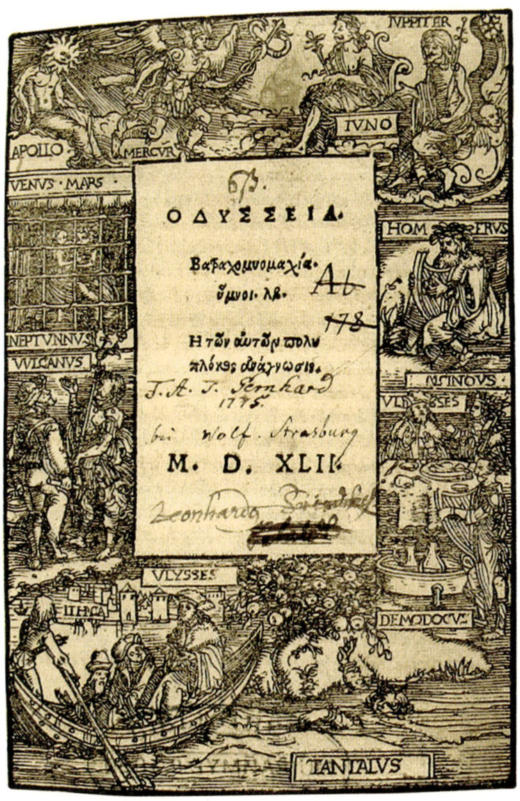

b. In der Bibliothek eines bayerischen Gymnasiums befindet sich eine sehr alte Ausgabe der „Odyssee". Du siehst hier das Titelblatt des Buches.

1. *Finde heraus, wann das Buch gedruckt wurde.*
2. *Die Abbildungen rings um das Schriftfeld zeigen Szenen aus der „Odyssee". Welche Figuren und Szenen erkennst du?*

E1 Ein Blick in die Zukunft: Was wird mit Odysseus geschehen?

Ulixesne serva-**bi**-tur? Desideriumne Ulixis comple-**bi**-tur? In patriamne a deis duc-**e**-tur? Num ab hostibus capi-**e**-tur? Quemadmodum scelera procorum[1] fini-**e**-ntur?“

1) **procus, -ī** m: Freier

a. Erkläre anhand der Beispiele die Bildung des Futurs im Passiv.

desiderabor	desideraberis	desiderabitur	desiderabimur	desiderabimini	desiderabuntur
complebor	compleberis	complebitur	complebimur		
ducar	duceris	ducetur			
capiar	capieris				
audiar					

b. Vervollständige das Schema.

c. Vergleiche ***desideraberis*** *und* ***compleberis*** *mit ihrer Form im Aktiv. Was fällt dir auf?*

1 ***Schneller Wechsel: Bilde das Futur und übersetze.***
amor – dicitur – laudamur – compleris – admittitur – salutantur – ridemini – falluntur

2 ***Übersetze ins Lateinische.***
du wirst gelobt werden – er wird bedrängt werden – wir werden erblickt werden – sie werden gehört werden – du wirst angefeuert werden – sie wird erwartet werden – ich werde eingeschlossen werden – sie werden eingeschätzt werden

E2 Ein Blick in die Vergangenheit: Was geschah mit Polyphem?

dele 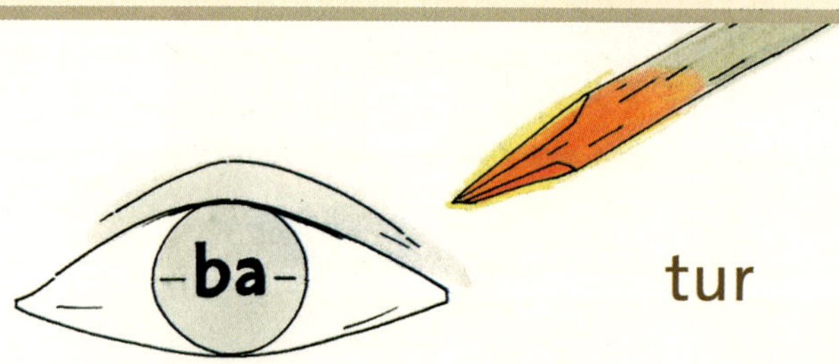 tur

viola audi claud capi **-ba- / -eba-** r ris tur mur mini ntur

Erkläre die Bildung des Imperfekts Passiv. Bilde aus den Bestandteilen vollständige Verben. Die entsprechenden Aktivformen helfen dir.

3 ***Bilde jeweils das Imperfekt.***
invenior – mutabuntur – servamur – necatur – excitabimini – frangitur – premeris

4 ***Bestimme die Zeiten im Deutschen.***
er wurde ausgelacht – sie werden geführt werden – es wurde übergeben – du wirst erblickt – ihr werdet gefunden werden – sie wurden verehrt – ich werde vermisst

L1

Eine mühselige Heimkehr

„Nach unserem Erholungsurlaub bei Kirke machten wir uns wieder auf den Weg. Vor uns lag ein besonders gruseliges Ziel: Ich sollte nämlich in die Unterwelt, in der die Schatten der Toten wohnen, hinabsteigen und den verstorbenen Seher Teiresias über mein weiteres Schicksal befragen.

Terrore occupabimini, Phaeaces, si eas res horribiles[1] audiveritis:
Postquam ventis secundis per undas maris navigavimus, ad locum tristem, ubi umbrae habitant, pervenimus. Propter clamorem speciemque horribilem[1] umbrarum magno metu complemur.
Tum Tiresias e tenebris accedit mihique res futuras[2] praedicit[3]:
‚Fortunam gravem, sed reditum felicem provideo. Multis insidiis, quae tibi a deis parabuntur, premeris. Comites amittes, nemo restabit. Postremo a Phaeacibus in patriam deduceris. Ibi a Penelopa, quae a procis[4] premitur, desideraris. Proci[4] a te necabuntur regnumque tuum restituetur.'"

L2

Die Phäaken hören von Odysseus noch viele weitere spannende Abenteuer. Dann erfüllen sie Teiresias' Prophezeiung.

Profecto Ulixes a Phaeacibus in patriam deducebatur. Ibi Minerva eum in hominem pauperem vertit. Praeterea Ulixes omnes fabulis falsis fallebat. Itaque etiam a suis non cognoscebatur. Eumaeum veterem, custodem pecorum, petivit. Senex ei omnia, quae domi acciderant, narravit: „Ulixes rex iam diu abest. Sed iterum atque iterum spe nova excitabamur; nam saepe hospites, qui Ithacam[5] veniebant, se Ulixem vidisse contendebant; pro[6] eis nuntiis a Penelopa praemiis donabantur. Paulatim nos spe inani duci intellegebamus."

1) **horribilis, -is, -e:** schrecklich, furchterregend 2) **futūrus, -a, -um:** zukünftig
3) **praedīcere (praedīcō, praedīxī):** vorhersagen 4) **procus, -ī** m: Freier
5) **Ithacam:** nach Ithaka 6) **prō** *(m. Abl.)*: für

Odysseus betrachtet Teiresias, der aus der Erde auftaucht, Vasengemälde (5. Jahrhundert v. Chr.), Bibliothèque Nationale, Paris

Die Schrecken der Unterwelt

Odysseus sieht und hört schreckliche Dinge in der Unterwelt. Vervollständige das Schema.

Timeo, nam →
- ad locum ______ per___.
- ibi ______ habi___.
- propter ______ umbrarum m___ compleor.
- cl___ ___que um___ animadverto.
- multis ______ premar.
- comites a___.
- ______ resta___.

Ü1

1 ***Passiv oder nicht? Suche die Passivformen heraus und übersetze sie ins Lateinische.***
1. Er wird einschließen. – Er wird eingeschlossen werden. 2. Sie werden verehrt. – Sie werden verehrt werden. 3. Ihr werdet finden. – Ihr werdet gefunden. – Ihr werdet gefunden werden. 4. Wir werden gehalten werden. – Wir werden halten. – Wir werden gehalten. 5. Du wirst wahrnehmen. – Du wirst wahrgenommen. – Du nimmst wahr.

2 ***Suche alle Futurformen heraus und setze sie ins Passiv.***
capiet – ridet – aget – vocabimus – monebunt – currit – claudit – vexabo – putabit – solvit – bibit – quaeram – delebit – reperiet – mittetis – deduces – necas – faciunt – occupabo – canit

3 ***Jeweils eine Form in jeder Reihe steht nicht im Futur. Wo versteckt sich der Irrläufer?***
1. rideris – rideberis – ridebis 2. ageris – moneris – capieris 3. caperis – cupieris – audieris

Ü2

4 ***Ergänze die fehlenden Verbformen.***

1.	deducitur	______	deducebatur
2.	______	incitabimini	______
3.	occupantur	______	______
4.	______	frangetur	______

5 ***Setze die passende Verbform ein und übersetze anschließend.***
excitabatur – vexabatur – necabuntur – desiderabatur – nuntiabantur
1. Multos annos Ulixes a Penelopa ______. 2. Saepe uxor rogabat: „Quando maritum meum videbo?“ 3. Iterum atque iterum spe nova ______. 4. Sed semper a procis[1] ______. 5. Saepe ab hospitibus res falsae ______. 6. ______ne proci[1] ab Ulixe?

1) **procus, -ī** m: Freier

6 ***Verwechslungsgefahr!***
1. occurrere – occupare 2. considere – conspicere – conciliare 3. restare – restituere 4. unda – umbra – unde 5. praemium – praeterea 6. postremo – postea – post

7 ***Bilde sinnvolle Wortpaare, achte auf die KNG-Kongruenz und übersetze.***
ventos – rex – pecus – fabularum – spe – undis
inanis – immensus – magnus – falsus – secundus – dives

8 ***Odysseus vermisst seine Heimat***
1. Ulixes iterum atque iterum secum cogitabat: „Desiderorne ab uxore et filio? 2. Occupabaturne regnum meum ab hostibus? Necaborne a sceleratis?“ 3. Postquam multos annos per mare erravit[1] et multa pericula suscepit, tandem ventis secundis in patriam ducebatur. 4. Ulixes, quamquam animo laeto domum[2] navigavit, cogitavit: „Quid domi accidet?“

1) **errāre:** irren 2) **domum:** heim, nach Hause

Ein Lebender bei den Toten – wie sich die Griechen die Unterwelt vorstellten

Erwachsene können ins Schwitzen geraten, wenn kleine Kinder große Fragen stellen. Eine dieser gefürchteten Fragen lautet: „Was geschieht mit einem Menschen, der gestorben ist?“

a. Stelle alle Antworten auf diese Frage zusammen, die du bereits kennengelernt hast.

Was die Griechen zur Zeit Homers auf diese Frage antworteten, kann man dem elften Gesang der „Odyssee“ entnehmen. In ihm stattet Odysseus den Bewohnern der Unterwelt einen Besuch ab (vgl. dazu das Lesestück). Ehe er mit dem Seher Teiresias sprechen kann, hat er einige grausige Vorkehrungen zu treffen: So muss er die Seelen der Verstorbenen mit dem Blut geopferter Tiere anlocken. Die griechische Vasenmalerei aus dem 5. Jahrhundert v. Chr. zeigt, wie Odysseus, vom Gott Hermes begleitet, seinen Gefährten Elpenor trifft, der kurz zuvor tödlich verunglückt und noch nicht bestattet worden ist.

Elpenor berichtet Odysseus über seinen tödlichen Unfall und erzählt, dass seine Seele sofort in den Hades gestiegen sei. Weiter sagt er:

„Jetzt flehe ich dich an, Odysseus, denk an mich – denn du wirst sicher aus dem Hades herauskommen – und lass mich nicht in der Fremde liegen, ohne Grab und ohne dass ihr um mich geweint habt. Das würden dir außer mir auch die Götter übel nehmen. Verbrenne mich bitte mit allen Waffen und in meiner Rüstung!“

b. Versuche, dir mithilfe aller Informationen, die du im Lesestück und auf dieser Seite bekommen hast, ein Bild davon zu machen, wie sich die Griechen den Tod und die Unterwelt vorstellten.

Vereinfacht lässt sich der griechisch-römische Unterweltsglaube so zusammenfassen:

Grundwissen: Nach dem Tod eines Menschen trennt sich die Seele vom Körper und wird vom Gott **Hermes** in die **Unterwelt** gebracht. Über dieses dunkle, grauenvolle Reich der Toten herrscht der Gott **Hades** (mit anderem Namen **Pluto[n]**), der Bruder des Zeus und des Poseidon, mit seiner Frau Persephone. Die Unterwelt selbst wird auch als Hades bezeichnet. Die Seelen der Verstorbenen müssen sich vom Fährmann **Charon** über den Unterweltsfluss **Styx** bringen lassen. Für Charon ist der Obolos bestimmt, eine Münze, die Verstorbenen in den Mund gelegt wird. Auf der anderen Seite des Flusses bewacht der furchtbare, dreiköpfige Höllenhund **Kerberos** den Eingang zum Hades.

E1

Jene Insel dort, ganz weit fort

a. *Du kennst bereits das Pronomen **is, ea, id**. Erschließe, wann man dagegen das Pronomen **ille, illa, illud** „jener, jene, jenes“ verwendet.*

Ille Ulixes deliberat. – Hospites **illud** convivium laudant. – Ira **illius** dei magna erat. – Procus[1] **illi** uxori appropinquat.

1) **procus, -ī** m: Freier

b. *Bestimme die fett gedruckten Formen und erschließe die restlichen Kasus im Singular und Plural, die wie die Adjektive der ā- und o-Deklination gebildet werden.*

1 ***Wettdeklinieren: Stoppt die Zeit.***
ille hortus – illa silva – illud regnum

2 ***Gib an, welche der in Klammern stehenden Formen den Angaben entspricht.***
Akk. Sg. m (illum furem – illud odium – illam insulam)
Dat. Sg. f (illi pecori – illi reditui – illi iniuriae)
Abl. Pl. n (illi numeri – illis praemiis – illis ordinibus)

E2

Auf dieser Insel hier, bleib bei mir!

a. *Erschließe, warum Kalypso nicht **in illa insula** sagt.*

Sg.: hic – huius – hunc – hac – huius – hoc – huius – huic – hoc – hanc – haec – hoc – huic – huic – hoc **Pl.:** horum – his – haec – his – horum – hi – hae – haec – harum – his – his – his – has – hos – his

b. *Bei dieser „Geheimsprache“ handelt es sich um die Formen von **hic, haec, hoc** im Singular und Plural. Bringe Ordnung in das Chaos und sortiere die Formen in einer Tabelle in deinem Heft.*

3 ***Ersetze die Formen von ille, illa, illud durch die Formen von hic, haec, hoc.***
illi – illud – illorum – illas – illa – illo – illius – illis – illae – illarum

4 ***Bestimme Kasus, Numerus und Genus.***
hos – hanc – haec – his – hoc – hunc – horum – hic – huic

L1

Befreiung von den Freiern

Der Schweinehirt Eumaios nimmt den unbekannten Fremden gastfreundlich bei sich auf. Der König von Ithaka ist also wieder zu Hause. Aber von ungetrübtem Glück kann keine Rede sein.

Constat Ulixem ne illis diebus quidem liberum a rebus adversis fuisse; immo immensa pericula suscipiebat. Nam ille rex clarus nunc mendicus[1] in domum suam venit. Proci[2] non solum bona illius viri crebris conviviis consumebant[3], sed ultro illi viro alias magnas iniurias parabant.

Sed Ulixes cogitabat: „Nunc quidem mihi nocetis; brevi autem illa flagitia, quae commisistis, a me vindicabuntur."

Formam veram Ulixes primo Telemacho filio aperuit. Inde adulescens cum patre in procos[2] animadvertere decrevit.

L2

Penelopa, quia superbiam procorum[2] non iam sustinebat, hoc consilium cepit: Arcum[4] Ulixis arcessi procosque[2] convocari imperavit.

Eis haec dixit: „Spectate hunc arcum[3] et audite hoc promissum[5]! Hoc die voluntati vestrae parebo. Ei viro, cui nervum[6] huius arcus[4] tendere contigerit, nubam."

Proci[2], qui adhuc omni suspicione carebant, frustra contendebant. Mendicus[1] solus nervum[6] tendere potuit et procos[2] statim interfecit.

Tum demum Penelopa maritum cognovit; sed antequam hunc summo cum gaudio salutavit, eum diu probavit.

1) **mendīcus, -ī** m: Bettler 2) **procus, -ī** m: Freier 3) **cōnsūmere (cōnsūmō, cōnsūmpsī):** verbrauchen, aufbrauchen 4) **arcus, -ūs** m: Bogen 5) **prōmissum, -ī** n: Versprechen 6) **nervus, -ī** m: Sehne

Odysseus als Bogenschütze, Vasenbild 5. Jahrhundert v. Chr.

Die Rache des Odysseus

a. ***Odysseus bespricht mit Telemachos, wie er die Freier bestrafen und seine Frau zurückgewinnen will. Schreibe seine Rede auf Lateinisch in dein Heft. Folgende Stichwörter können dir dabei helfen:***

proci – animadvertere – cupere
flagitia – vindicare
Penelopa – e periculo eripere
ego solus – nervum tendere
proci – interficere
Penelopa – cognoscere – salutare

b. ***Informiere dich, worin die Prüfung bestand, der Penelope Odysseus unterzog.***

Ü1

1 ***Formenstaffel***

ille maritus → Akk. → Pl. → Abl. → Gen. → Sg. → Dat. → Nom.
illa species → Abl. → Dat. → Pl. → Akk. → Sg. → Gen. → Nom.
illud flagitium → Gen. → Akk. → Pl. → Dat. → Gen. → Nom. → Sg.

2 ***Bilde das lateinische Substantiv in der richtigen Form.***

illo _____ (das Gute) – illi _____ (Gemeinheit) – illarum _____ (Wald) – illos _____ (Wind) – illud _____ (Gastmahl) – illā _____ (Gesetz) – illa _____ (Belohnung) – illum _____ (Rückkehr) – illis _____ (Welle)

Ü2

3 ***Hier und dort: Welche Formen entsprechen sich? Schreibe sie nebeneinander in dein Heft und bestimme sie.***

hic his haec has harum

hoc hi huius huic

illas illi ille illis illud

illarum illa illius illi

4 ***Odysseus bei den Laistrygonen: Setze eine Form von hic, haec, hoc ein und übersetze.***

1. Socii magnam insulam conspexerunt. **2.** Ulixes naves ad _____ insulam rexit, nam viri in _____ insula cibos parare voluerunt. **3.** Tum exploratores[1] convocavit et in _____ insulam misit. **4.** Subito _____ viri ad navem properaverunt et socios arcessiverunt: **5.** „_____ insula ab immensis hominibus, qui nobis superbia nocebunt, occupatur. **6.** Comites nostri ab _____ premuntur et necantur."

1) **explōrātor, -ōris** m: Kundschafter

5 ***Lauter „kleine Wörter", die du in diesem Schuljahr gelernt hast: Gib die deutsche Bedeutung an.***

circum – demum – equidem – immo – inde – iterum – nimis – omnino – postremo – quam – saepe – ultro

6 ***Spurensuche in der Bank: Erkläre die fett gedruckten Fremdwörter.***

1. Die Bank prüft die **Bonität** des Unternehmens. **2.** **Suspekte** Anbieter locken mit billigen Krediten. **3.** Die **Tendenz** des Aktienkurses ist steigend. **4.** Im Falle einer In**solvenz** kann die Bank das restliche Vermögen pfänden. **5.** Das Unternehmen **kontaktiert** bezüglich des Finanzplans seine Bank.

7 ***Rund um die Ehe: Unterscheide die Wendungen.***

nubere – in matrimonium ducere – in matrimonium dare

8 ***Ein wunderbarer Ausflug***

1. Magno cum gaudio amici hortos imperatoris spectabant, sed illud antrum[1] summam admirationem amicorum excitabat. **2.** Aurelia: „Has crebras figuras[1], quas artifices[2] fecerunt, paene vivas puto." **3.** Rufus: „Nos iam multa de illo Ulixe cognovimus, sed numquam haec monumenta spectavi. **4.** Doleo, quod hoc antrum[1] nunc relinquere debemus." **5.** Dacus: „Nemo mihi credet imperatorem nos invitavisse."

1) **antrum, -ī** n: Höhle 2) **artifex, -ficis** m: Künstler

Eine Geschichte mit „Happy End"? – Weiter

„Ein Mann kommt nach Deutschland. Er war lange weg, der Mann. Seh ... zu lange. Und er kommt ganz anders wieder, als er wegging. Äußerlich ist er ein na ... jener Gebilde, die auf den Feldern stehen, um die Vögel (und abends manchmal a ... hen) zu erschrecken. Innerlich – auch. [...]"

Mit diesen Worten beginnt das Theaterstück „Draußen vor der Tür", da ... steller Wolfgang Borchert 1946, kurz nach dem Ende des Zweiten Weltkr ... ne Schrift- hat: Der Soldat Beckmann kehrt mit einer Knieverletzung aus der Kriegsg ... rleben seine zerstörte Heimatstadt Hamburg zurück und muss dort nicht nur erfa ... aft in Kind gestorben ist, sondern er wird auch noch von seiner Frau aus dem Haus ... gein sie mit einem anderen Mann zusammenlebt. ..., da

a. *Vergleiche den Text aus Borcherts Stück und die Informationen darüber mit de... der „Odyssee". Welche Gemeinsamkeiten und Unterschiede stellst du fest? Wie la... sich die Unterschiede erklären?*

Die Menschen der Antike interessierten sich nicht nur für das Schicksal des Odysseus, sondern auch dafür, wie es den anderen griechischen Kriegsheimkehrern aus Troia ergangen war. Davon erzählten mehrere Epen, die unter dem Sammelbegriff *Nostoi* zusammengefasst werden.

Grundwissen: Diese **Heimkehrersagen** waren Teile eines ganzen **Epenkreises**, in denen alle Ereignisse, die mit dem Troianischen Krieg zusammenhingen, enthalten waren, also auch das, was vor und nach der in der „Ilias" und der „Odyssee" erzählten Handlung passierte.

Einige griechische Helden kehrten glücklich heim. König Menelaos z. B. gelangte mit seiner Frau Helena, deren Entführung durch den Troianerprinzen Paris der Anlass des großen Krieges gewesen war, nach einigen Umwegen ins heimatliche Sparta. Dagegen wurde sein Bruder Agamemnon, der König von Mykene, von seiner Frau Klytaimnestra und deren Geliebten Aigisthos am Tag der Heimkehr umgebracht.

b. *Vergleiche das Odysseus-Bildnis des modernen italienischen Künstlers Giacomo Manzù mit dem antiken Odysseuskopf aus Sperlonga (S. 11). Wie wirkt Manzùs Werk auf dich?*

Latein

Der Vokab

Max sieht k ...gabe in Lisas Heft eine rätselhafte Graphik:

„Was *soll* das denn sein?“, fragt er erstaunt. „Eine Mindmap zum Sachfeld ‚Essen / Gastmahl‘“, erklärt Lisa. „Ist dir nicht aufgefallen, dass in den letzten Lesestücken öfter von diesem Themenbereich die Rede war? Ich wette, so etwas kommt auch in der Schulaufgabe dran. Jetzt habe ich gleich alle in Frage kommenden Vokabeln im Überblick.“

Mit einer solchen **Mindmap** kannst du arbeiten, wenn du Wörter lernst, die zum gleichen Themenbereich bzw. **Sachfeld** gehören:

- Schreibe den zentralen Themenbereich in die Mitte.
- Sammle deutsche Oberbegriffe („Schlüsselwörter“) zu diesem Thema und ergänze die lateinische Bedeutung, wenn du diese schon gelernt hast (z. B. *cibus*).
- Stelle weitere lateinische Wörter aus diesem Themenbereich zusammen und ordne sie den Oberbegriffen zu.
- Schreibe die Oberbegriffe an die Hauptäste deiner Graphik, die untergeordneten Begriffe an die Nebenäste.
- Vervollständige deine Mindmap durch Merkhilfen, z. B. unterschiedliche Farben für verschiedene Wortarten, oder durch kleine Bilder.
- Ergänze deine Mindmap laufend durch neu hinzukommende Begriffe.

Überlege selbst, welchem der Hauptäste du folgende Wörter und Wendungen zuordnen könntest: hospes, cibos emere, serva, amicus / amica, aqua* und *vinum.

Die Sirenen

Odysseus erzählt bei den Phäaken, was geschehen ist, als er nach dem gefährlichen Gang in die Unterwelt mit seinen Männern zu Kirke zurückgekehrt war.

„Circa nos videt et appellat: ‚Vos viros fortes puto, quia ad illum locum descendistis.‘ Iterum ad convivium invitamur. Cenamus, bibimus, tum socii somno se dant. Ego autem a Circa deducor:

‚Magna pericula vobis impendebunt, ubi hanc insulam reliqueritis. Sirenibus occurretis, quarum vocibus pulchris omnes homines moventur. Sed illae homines fallunt, immo eos necare cupiunt: Hi interficiuntur, cum litori, ubi Sirenes habitant, appropinquant. Sed tibi pericula effugere continget. A Sirenibus non necaberis, si te prudentem praebueris. Nam tibi dolum aperiam …‘ Verba Circae memoria teneo. Per undas maris navigamus, cum subito insulam conspicimus. Nos omnes vocibus claris capimur. Ecce, in litore eius insulae virgines pulchrae sedent et canunt. Verba Circae mihi in mentem veniunt. Facio, quae illa mihi dixit: Aures[1] sociorum cera[2] claudo. Ego a sociis ad malum[3] ligor[4].

Sirenes canunt: ‚Scimus omnia. Scimus te magna pericula sustinuisse. Accede et mane in hac insula! Nam nos homines pauperes divites facimus!‘ Equidem magno desiderio capior. Inde a sociis peto: ‚Solvite vincula[5]!‘ Sed hi verba mea non audiunt. Demum voces pulchras non iam audio. Tum socii vincula[5] solvunt.“

1) **auris, -is** f: Ohr 2) **cēra, -ae** f: Wachs 3) **mālus, -ī** m: Mastbaum
4) **ligāre:** binden 5) **vinculum, -ī** n: Fessel, Band

Odysseus und die Sirenen (1909), Herbert James Draper (1864–1920)

Wiederholungsübung

Total vernebelt? Zu welcher Konjugation gehören folgende Verbformen? Übersetze die Formen und nenne jeweils das Tempus.

praecipitaverunt – sumus – cedebamus – ambulaverit – contendetis – cognovistis – avertunt – statui – admittunt – exspectaveratis – cave – finiam – effugisti – incendit – occidit – latebas – manseram – legit – interfeci

bis Lektion 36

Setze die in Klammern angegebenen Wörter jeweils in der richtigen Form ein und übersetze.

1. Ulixes ______ (Nausicaa) ______ (dea) dixit. **2.** Nausicaa ______ (is vir) ______ (miser) ducebat. **3.** Itaque ______ (is) ______ (hospes) fecit.

bis Lektion 37

Vom Aktiv ins Passiv: Setze die Verbformen jeweils in die entsprechende Form des Passivs und übersetze sie dann.

excito – explicant – invenimus – movent – servatis – teneo – promittit – relinquis

bis Lektion 38

Setze das Verb in Klammern jeweils im Inf. Präs. Pass. ein und übersetze.

1. Eurylochus socios a venefica[1] potenti ______ (premere) narrat.
2. Ulixes vim veneficae[1] a se ______ (frangere) putat.
3. Putat se herba[2] ab insidiis Circae ______ (defendere).

1) **venēfica, -ae** f: Zauberin 2) **herba, -ae** f: Kraut

Mache abhängig von* Eurylochus narrat *und übersetze.

1. Socii profecto ab Ulixe solvuntur.
2. Cibi et vinum eis a Circa dantur.
3. Circa ab Ulixe relinquitur.

bis Lektion 39

Formenstaffel: Welche Bankreihe schafft es am schnellsten?

mutas → Impf. → Pass. → Fut. I → Akt. → Pl. → Präs. → 3. P. Sg.
solvunt → Fut. I → Pass. → Sg. → Impf. → 1. P. → Akt. → Präs.
prohibeo → Pl. → Pass. → Impf. → 2. P. Sg. → Fut. I → Akt. → 3. P. Pl.

bis Lektion 40

Begegnung in der Unterwelt

Odysseus begegnete bei seinem Gang in die Unterwelt auch seiner Mutter Antikleia.

1. Umbra matris veteris dixit: „Quemadmodum ad hunc locum tristem pervenisti, qui immenso flumine[1] a superis[2] separatur? **2.** Nonne his tenebris terreris[3]? **3.** Sentio te magnis curis premi. **4.** Sed Penelopa se semper uxorem bonam praebebat. **5.** Adhuc ab illa amaris. **6.** Mox ab illa magno cum gaudio salutaberis."

1) **flūmen, -minis** n: Fluss 2) **superī, -ōrum** m: Oberwelt 3) **terrēre:** erschrecken

Wiederholungsübung

Lege dir eine lateinisch-deutsche Mindmap zum Thema „Freundschaft" an. Hier einige Anregungen – die deutschen Bedeutungen und weitere Wörter musst du selbst finden.

amicus – conciliare – adiuvare

bis Lektion 36

Wort zum Bild: Ordne den Bildern lateinische Wörter zu.

bis Lektion 37

Nenne jeweils das lateinische Gegenteil.

dives – odium – claudere – stultus – vetus – supplex

bis Lektion 38

Übersetze folgende Verbformen und nenne ihre Lernform.

clausi – duxisse – pressistis – solvero – coluerant – fecimus – fregeras – quieverit

bis Lektion 39

Spurensuche in der Schule: Erkläre die fett gedruckten Fremdwörter.

1. Hoffentlich werde ich in diesem Schuljahr gute **Zensuren** bekommen!
2. Meine Freundin ist eine sehr **intelligente** Schülerin.
3. Für mein Referat muss ich heute Nachmittag noch etwas **kopieren**.
4. In Musik lernen wir heute die Begriffe Prim, **Sekund** und Terz kennen.

bis Lektion 40

Immer diese „kleinen" Wörter! In diesem Gitter sind senkrecht und waagerecht zehn Adverbien versteckt. Suche sie und gib ihre deutsche Bedeutung an.

	A	B	C	D	E	F	G	H	I	J	K	L
1	p	r	a	e	t	e	r	e	a	v	b	p
2	q	r	c	e	d	t	m	p	v	i	a	o
3	i	t	e	r	u	m	x	n	i	m	i	s
4	n	t	c	s	n	t	u	o	a	o	m	t
5	d	e	r	d	n	b	l	m	c	b	c	r
6	e	s	r	o	l	i	t	b	p	x	b	e
7	a	d	e	m	u	m	r	m	l	d	x	m
8	a	u	r	i	m	m	o	m	n	i	n	o

Die tapfersten Männer der Welt – als „Gartenzwerge“

Erinnert ihr euch noch an Flavias theaterbesessenen Onkel Gabinius? Wieder hat er Flavias Eltern nach Ostia eingeladen. Dort steht nämlich ein seltenes kulturelles Ereignis bevor: Eine bekannte griechische Theatergruppe gastiert für mehrere Tage in der Hafenstadt und wird im örtlichen Theater die berühmtesten Tragödien der großen griechischen Dichter zum Besten geben, und zwar in ihrer Originalsprache. Einen größeren Gefallen hätte Gabinius Flavias Vater nicht tun

können. Er schwärmt nämlich für alles Griechische. Schon Wochen vorher gibt es für die abendlichen cena-Gäste kein anderes Gesprächsthema als die alten Griechen: „Ach, Sophokles! Seine Stücke sind für mich der absolute Höhepunkt der griechischen Literatur! Diese Größe, diese Leidenschaft!" – „Und was ist mit Euripides, mein Lieber! Vergiss nicht, wie einfühlsam er in seinem ‚Herakles' die Figuren behandelt." – „Kein Wort mehr über Euripides – von diesem drittklassigen Schmierfink kommt mir kein Buch in die Bibliothek!" – „Aber Aischylos! Der göttliche Aischylos!" Von diesen leidenschaftlichen literarischen Debatten schwirrt der armen Flavia noch nach der Abreise der Eltern der Kopf, als sie sich mit ihren Freunden im heimischen Peristyl-Garten trifft. Auch hier ist die Vorliebe des Senators Flavius nicht zu übersehen.

1) **artifex, -ficis** m: Künstler 2) **fessus, -a, -um:** müde 3) **fingere (fingō, fīnxī):** gestalten, darstellen
4) **īnfāns, -antis** m / f: Baby, Kleinkind 5) **serpēns, serpentis** m / f: Schlange 6) **fēmina, -ae** f: Frau 7) **glōria, -ae** f: Ruhm

E1 Drei rätselhafte Buchstaben: PPP

loben	lieben	rufen	versammeln
gelobt	**geliebt**	**gerufen**	versammel**t**
Ulixes lauda-**tus**	uxor ama-**ta**	comites voca-**ti**	amicae convoca-**tae**

a. Wie wird das Partizip Perfekt Passiv im Deutschen gebildet? Vergleiche es mit dem lateinischen PPP.
b. Welches Deklinationsschema wird angewandt?

Ulixes **fortis** multa pericula suscepit.
Ulixes **laudatus** multa pericula suscepit.

Ulixes uxorem **pulchram** semper desiderabat.
Ulixes uxorem **amatam** semper desiderabat.

c. Erschließe die Satzgliedfunktion und die Übersetzung des PPP im Vergleich zum Adjektiv.

1 ***Übersetze im Maskulinum Singular.***
z. B. gelobt → laudatus
erzählt – gereizt – gefangen – getrennt – vorgetragen – gequält – vorbereitet

2 ***Verknüpfe die PPPs mit dem passenden Substantiv und übersetze die Wortverbindung.***
ornatas – amatae – portatarum – probatis – servati – exspectato – violatum
hostem – cibis – comites – mercium – fine – uxori – mensas

E2 Neue Rätsel um das PPP

auditus   pun■ta   fin■tum

a. Zu welcher Konjugation gehören die Verben, von denen die Partizipien stammen?
b. Ergänze die fehlenden Buchstaben.

merere → meritus   adhibere → adhibita   praebere → praebitum

c. Welche Besonderheit weisen die Partizipien der ē-Konjugation auf?

3 ***Lücken beim Partizip: Ein Buchstabe fehlt. Ergänze ihn und übersetze die Form.***
occup■tus – plac■tum – pun■tis – fin■torum – hab■ta – super■ti – invit■tus – mon■tus

4 ***Wettdeklinieren mit Partizip***
hostis prohibitus
fabula audita
venia data

L1

Heiß umkämpft

Herakles (Hercules) *war der Sohn des Zeus* (Iuppiter) *und der sterblichen Alkmene, der Königin von Tiryns bei Mykene. Im Auftrag des Königs Eurystheus musste er zwölf nahezu unlösbare Aufgaben meistern. Nach diesen Arbeiten, die er dank seiner übermenschlichen Kräfte bewältigt hatte, wollte er Deianeira heiraten, auf die auch der Flussgott Acheloos ein Auge geworfen hatte. Deianeira erinnert sich:*

„Maritus amatus non solum homines vexatos a calamitatibus liberavit, sed etiam me virginem servavit. Nam Achelous me invitam uxorem facere cupiebat. Aspectus eius autem terribilis erat. De capite monstri[!] harundo[1] pendebat. Matrimonium crebris precibus petebat, dum pater meus id concessit. Nuptiae destinatae mihi impendebant, cum Hercules apparuit et se procum[2] novum praebuit. Achelous sollicitatus furorem eius his verbis excitavit: ‚Filius Iovis diceris, sed deus non es. Mater tua mortalis est!‘

L2

Hercules violatus certamen postulavit. ‚Deianira‘, inquit, ‚victori praemium meritum erit.‘ Pater consilium eius probavit. Hercules erat vir exercitus: Postquam Acheloum – ut athleta[!] – in terram iecit, se iam vicisse putabat. Ecce: Deus autem se in serpentem[3] vertit et certamen finitum redintegravit[4]. Nunc Hercules monstrum[!] strangulare[5] et necare paravit. Sed Achelous, quia speciem in taurum mutaverat, se expedire potuit et pugnare iterum coepit. Herculi autem contigit manu dextera cornu[6] eius capere et frangere. Tum demum deus superatus et punitus se dedidit. Sed post nuptias desideratas Hercules patriam reliquit et pericula nova suscepit. Quantopere eum desidero!“

Kampf von Herakles und Acheloos (Ausschnitt), Noël Coypel (1628–1707)

1) **harundō, -dinis** f: Schilf 2) **procus, -ī** m: Freier 3) **serpēns, -entis** m / f: Schlange
4) **redintegrāre:** wieder aufnehmen 5) **strangulāre:** würgen 6) **cornū, -ūs** (*Akk. Sg.* **cornū**) n: Horn

Ein Retter in der Not

a. ***Warum wollte Deianeira Acheloos nicht heiraten?***

Aspectus Acheloi ________ erat. De ________ harundo pendebat.

b. ***Wie reagierte Acheloos auf den Konkurrenten Herakles?***

Acheolus ________ ________ Herculis verbis excitavit.

c. ***Warum gelang es Herakles nicht sofort, Acheloos zu besiegen?***

Achelous primo ________ in serpentem ________. Tum Achelous speciem in ________ mutavit.

Ü1

1 ***Angepasst: Bilde das in Kasus, Numerus und Genus passende PPP und übersetze.***
amico (invitare) – onera (portare) – merx (probare) – virgines (vocare) – leonis (captare) – amicas (liberare) – imaginem (spectare) – fabulae (recitare)

2 ***Nimm die Verbform des ersten Satzes im zweiten Satz als PPP wieder auf.***
z. B. Deianira Herculem **desiderabat**. → Tamen vir **desideratus** pericula nova suscepit.
1. Multae bestiae[1] homines **vexabant**. Hercules homines ______ adiuvit. **2.** Hercules homines a periculis **liberavit**. Homines ______ ei honorem tribuerunt. **3.** Is vir fortis bestiam[1] terribilem **necavit**. Tum Hercules bestiam[1] ______ ad regem portavit. **4.** Achelous furorem Herculis **excitavit**. Itaque Hercules ______ certamen postulavit.

Ü2

3 ***Dacus träumt von einer Zukunft als neuer Herakles: Setze das PPP in der richtigen Form ein und übersetze.***
1. Ego quoque immensos tauros et multas bestias[1] terribiles in certamine superabo. **2.** Eas dolis ______ (adhibere) vincam. **3.** Corpus meum ______ (exercere) bestias[1] terrore complebit. **4.** Multae puellae ______ (liberare) mihi gratias agent. **5.** Praemia ______ (merere) et ______ (debere) mihi dabuntur. **6.** Victor ______ (celebrare) per urbem ambulabo …

4 ***PPP-Verwirrung: Bestimme die Formen. Wo liegt ein PPP vor?***
auditus – diligenti – interitus – debitum – impetum – invita – nuntius – nuntiatus – finito – prudentis – prohibitas – maritus – auditis (!) – exercitum – expeditum – deditis – monitus – aspectum – datam – divitis

5 ***Wörter mit Familiensinn: Nenne jeweils ein Wort aus der gleichen Wortfamilie.***
mors – vincere – terror – liber

6 ***Auf Spurensuche: Welche lateinischen Wörter stecken im Namen des berühmten amerikanischen Symbols?***

7 ***Probleme mit dem „ex": Ergänze, übersetze und suche weitere Wörter mit ex-.***
-spectare -pedire -ercere -plicare

8 ***Ein Baby als Schlangenbändiger***
1. Iuppiter saepe virgines mortales amabat. **2.** Aliquando aspectus Alcmenae pulchrae eum excitavit et amore incendit. **3.** Deus excitatus puellam amatam precibus petebat: „Quantopere te desidero! Quantopere amore moveor!" **4.** Quia Alcmena precibus auditis non concessit, Iuppiter eam dolo conciliavit. **5.** Mox Alcmena Herculem peperit[1]. **6.** Sed Iunoni ira incitatae placuit Herculem, dum in cunabulis[2] dormit, duobus serpentibus[3] terribilibus necare. **7.** Hercules autem serpentes[3] comprehendit et bestias[1] captatas in certamine manibus solis interfecit. **8.** Mater propter clamorem auditum accessit et serpentes[3] necatos vidit. **9.** Eo modo Hercules suam originem divinam monstravit.

1) **parere (pariō, peperī):** gebären 2) **cūnābula, -ōrum** n *(Pl.)*: Wiege 3) **serpēns, -ntis** m / f: Schlange

Herakles – der *Superman* der Antike

Herakles *(Hercules)* war und ist allgegenwärtig: nicht nur als Garten- oder Brunnenfigur, sondern auch auf unzähligen Bildern, in Geschichten, Theaterstücken – und im Alltag. Wenn ein Römer in der Antike seine Worte besonders betonen oder etwas beteuern wollte, fügte er ihnen die Formel *mehercule* „beim Herkules" hinzu.
Heutzutage beteuern Hersteller, wie wirkungsvoll, haltbar und kraftspendend ihr Produkt sei, indem sie es „Herkules" nennen. Sogar ein ICE namens Herkules raste vor einigen Jahren durch Deutschland. Man kann wohl ohne Übertreibung sagen, dass Herakles die bekannteste Gestalt der antiken Mythologie war und bis heute ist.

Grundwissen: Der Vater dieses griechischen Helden war **Zeus** höchstpersönlich, seine Mutter war Alkmene, die Frau des Königs von Tiryns bei **Mykene**. Herakles, der stärkste Mann der Welt, musste zahlreiche Abenteuer bestehen, vor allem die berühmten „zwölf Arbeiten". Allerdings verfolgte Hera, Zeus' Ehefrau, den unehelichen Sohn ihres Mannes voll Hass und ließ ihn manches Unglück erleiden, bis er schließlich selbst zum **unsterblichen Gott** werden durfte.

a. ***Darüber, was ein Held bzw. eine Heldentat ist, kann man sehr unterschiedlicher Meinung sein. Diskutiert über diese Begriffe.***
b. ***Welche berühmten Helden außer Herakles kennst du?***

Man erzählte in der Antike nicht nur von Herakles' ungeheuerlichen Taten, sondern auch von einer schweren Entscheidung, die er als junger Mann fällen musste.
Ihm sollen nämlich zwei Frauen erschienen sein, die ihm zwei ganz unterschiedliche Lebenswege zur Wahl stellten: den Weg der Tugend oder den des Lasters. Wofür sich der junge Held wohl entschieden hat?

Der Barockmaler Annibale Caracci hat 1596 die Szene „Herakles am Scheideweg" gemalt (Palazzo Farnese, Rom).

Gerne schmückten sich Fürsten aller Zeiten mit dem Bild des Herakles. So war auf einer Medaille für den sächsischen Kurfürsten August den Starken zu lesen: *„Hercules Saxonicus* – der sächsische Hercules". Errechne, wann diese Münze geprägt wurde.

E1 Neues vom PPP

facere – factus, -ta, -tum dicere – dictus, -ta, -tum	⟷	vincere – victus, -ta, -tum mittere – missus, -sa, -sum ponere – positus, -ta, -tum

a. *Was stellst du hinsichtlich der Bildung der PPPs von* **vincere, mittere** *und* **ponere** *fest?*

imponere – ____ conficere – confectus, -ta, -tum interficere – ____

b. *Wie könnten die PPPs zu diesen Komposita lauten?*

1 ***Erweitere die Stammformenreihen zu folgenden Verben um das PPP und übersetze sie.***
conficere – ponere – facere – imponere – interficere – vincere – dicere – mittere

2 ***Bilde das PPP, passe es an das Substantiv an und übersetze.***
saxa (mittere) – statuas[1] (ponere) – legem (imponere) – labori (facere) – hostibus (interficere) – aedificia (conficere) – leones (vincere) – bestias[1] (interficere)

E2 Erweiterung möglich

Taurus ab Hercule **victus** terribilis est. → Der Stier, der ____, ist schrecklich.

a. *Übersetze das PPP zunächst wörtlich.*
b. *Vervollständige nun die deutsche Übersetzung und erkläre, wie die Partizipialkonstruktion übertragen worden ist.*

→

Vorvergangenheit Vergangenheit Gegenwart Zukunft

c. *Zeichne den Zeitstrahl in dein Heft und trage die Verbformen* **victus** *und* **est** *ein.*

Taurus ab Hercule **victus** terribilis **erat**.

d. *Was ändert sich nun an der deutschen Übersetzung? Trage* **victus** *und* **erat** *auf dem Zeitstrahl ein.*

3 ***Übersetze die Partizipialkonstruktionen mit einem Relativsatz.***
1. Hercules **homines** a bestiis[1] **vexatos** adiuvit.
2. Mater **serpentes**[1] ab Hercule **interfectas** vidit.
3. **Achelous deus** ab Hercule **superatus** se dedidit.
4. **Fabulae** a Callimacho **narratae** liberis placent.

1) **serpēns, -entis** m / f: Schlange

L1

Der Schuss geht nach hinten los

Um sich der ewigen Liebe ihres Mannes zu versichern, griff Deianeira zu einem Zaubermittel: Es war das Blut des Kentauren Nessos, der von Herakles' Pfeilen tödlich getroffen worden war. Deianeira tauchte ein prächtiges Gewand ihres Mannes in das Wundermittel und schenkte es Herakles. Auf dessen Haut begann es aber plötzlich wie Feuer zu brennen und ließ sich nicht mehr ausziehen. Als der Held spürt, dass sein Ende nahe ist, erinnert er sich an die gefährlichen Aufträge des Königs Eurystheus.

„Quanta pericula imposita sustinui! Nunc veste mortifera[1] occido. Manibus solis magnum leonem vici. Eam bestiam[!], quae in silvis Nemeaeis habitabat, diu quaesiveram, cum ea subito apparuit. Statim leo, cuius os sanguine pecoris interfecti stillabat[2], in me ruit, postquam me oculis saevis spectavit. Sine mora me defendi, sed sagittis missis bestiam[!] vulnerare non potui, quod leo pelle mira tegebatur. Ergo clava[3] bestiam[!] petivi. Mihi contigit leonem in terram iacere et strangulare[4]. Sic leonem victum interfeci.

L2

Domi Eurystheo territo, qui me occidisse putabat, pellem leonis praebui. Statim me iussit hydram[5], quae in paludibus[6] Lernaeis habitabat, necare. Hydra[5] autem novem veneno[7] impleta capita habebat. Multas horas frustra contendebam; nam ex collis[8] gladio sectis semper capita nova crescebant. Quod vires me deficiebant, Iolaum comitem arcessivi: ‚Claude flammis[!] vulnera a me facta!' Eo modo monstrum[!] vici. Sagittas meas veneno[7] hydrae[5] affeci easque ita mortiferas[1] feci. Di[9] immortales! Nunc Nessus eis sagittis interfectus me perdit!"

Herkules im Kampf gegen die Hydra, Schlitten im Marstallmuseum in Schloss Nymphenburg, München

So erfüllte sich für Herakles eine frühere Weissagung: „Der Tod kommt dir von keinem, der noch atmet!"

1) **mortifer, -a, -um:** todbringend, tödlich 2) **stillāre** *(m. Abl.)*: nass sein, triefen *(von etw.)* 3) **clāva, -ae** f: Keule 4) **strangulāre:** erwürgen 5) **hydra, -ae** f: Hydra *(wasserschlangenartiges Wesen)* 6) **palūs, palūdis** f: Sumpf 7) **venēnum, -ī** n: Gift 8) **collum, -ī** n: Hals 9) **dī:** *Vok. Pl. zu* deus

Ein gefährlicher Auftrag

Zeichne den Kampf des Herakles gegen den Löwen. Beschrifte anschließend deine Zeichnung auf Lateinisch. Nimm dabei Wörter und Wendungen aus dem Lesestück zu Hilfe.

Ü1

1 ***Ergänze die Partizipform passend zu den Radspeichen und übersetze die Wendungen mit** vincere **und** facere**.*

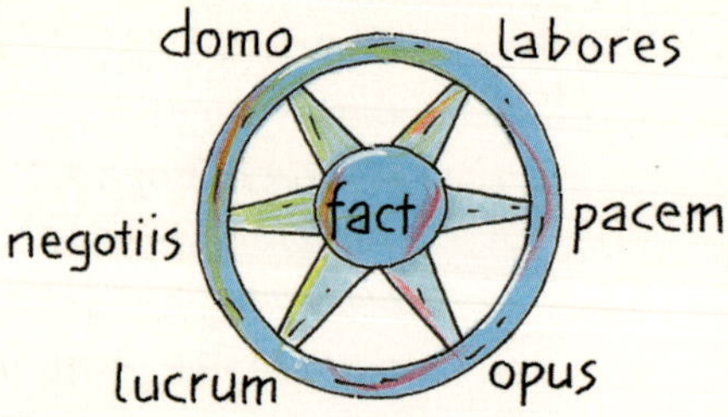

2 ***Bilde die entsprechenden Formen der Wörter in Klammern, bestimme und übersetze sie.***

missis – (facere) – (laudare) – (ponere)
pelli – (sanguis) – (vestis) – (os)
impositam – (dare) – (mittere) – (interficere)
expediverit – (dedere) – (exercere) – (vulnerare)

Ü2

3 ***Forme den deutschen Relativsatz in eine lateinische Partizipialkonstruktion um.***

1. Hercules multos **labores**, *die von Eurystheus **befohlen** worden waren*, suscepit.
2. Is vir **homines**, *die von wilden Ungeheuern[1] **gequält** worden waren*, adiuvit.
3. **Leonem**, *der von ihm **getötet** worden war*, ad Eurystheum portavit.
4. **Eurystheus**, *der von Angst **erfüllt** war*, in dolio[2] latuit.

1) Ungeheuer: **mōnstrum, -ī** n 2) **dōlium, -ī** n: Fass

4 ***In Reih und Glied: Nennt jeweils die gesamte Stammformenreihe mit der deutschen Bedeutung. Stoppt die Zeit.***

secare – terrere – iubere – implere – deficere – perdere – conficere – interficere

5 ***Wort zum Bild***

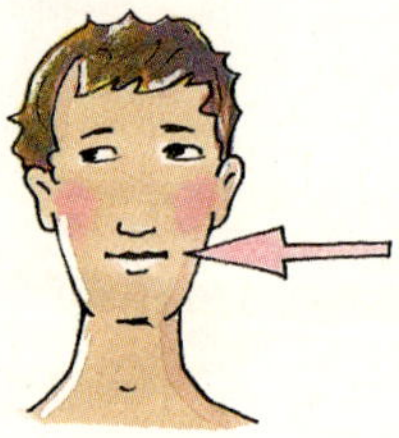

6 ***Vier neue Wörter mit „s“: Erschließe sie und gib ihre Bedeutung an.***

s■■i■■a s■■v■■ s■c■■■ s■n■■■■

7 ***Die siebte Tat: der Kretische Stier***

Gerade hat Herakles die stymphalischen Vögel verjagt, als Eurystheus schon wieder eine neue Aufgabe für ihn hat. Herakles erzählt:

1. „Tum Eurystheus septimum laborem a me postulavit. **2.** Me iussit taurum saevum capere, qui in Creta homines terrebat et agros perdebat. **3.** Invitus laborem a rege iussum suscepi, nam taurus iam crebros viros vulneraverat et sanguinem multorum hominum fuderat[1]. **4.** Postquam monstrum[1] spectavi, animus et vires me defecerunt: ‚O di[2] immortales! Quanta bestia[1] est!‘ **5.** Tamen mihi contigit taurum furore excitatum in terram iacere. **6.** Tandem taurum a me victum vinxi[3] et ad Eurystheum territum duxi. **7.** Is timore confectus os aperuit, sed vox eum defecit. **8.** Cito fugit.“

1) **fundere (fundō, fūdī, fūsum):** vergießen 2) **dī:** *Vok. Pl. zu* deus 3) **vincīre (vinciō, vīnxī, vīnctum):** fesseln

Monster, Mist und Mordgewand – Taten und Tod des Herakles

Mit dem Flussgott Acheloos, dem Nemeischen Löwen, der Lernäischen Hydra und dem Kretischen Stier hast du bereits vier Gegner unseres Helden kennengelernt. Drei davon haben mit den „zwölf Arbeiten" zu tun, die Herakles nach einem Orakelspruch Apollos für den König Eurystheus verrichten musste: Dieser dachte sich immer wieder neue Aufgaben aus, die für einen gewöhnlichen Menschen unlösbar waren.

Grundwissen: Zu den **„zwölf Arbeiten"** gehörte unter anderem, dass Herakles den **Löwen von Nemea** und die **Hydra von Lerna** töten, die **Ställe des Königs Augias vom Mist** reinigen und den **Höllenhund Kerberos bändigen** musste.

Daneben beseitigte er noch die stymphalischen Vögel, fing die Kerynitische Hirschkuh, den Erymanthischen Eber und den Kretischen Stier, holte die Goldenen Äpfel der Hesperiden, den Waffengurt der Amazonenkönigin Hippolyte und die Rinder des Riesen Geryoneus. Schließlich bändigte er die menschenfressenden Pferde des Königs Diomedes.

a. ***Informiere dich darüber, wie Herakles diese Aufgaben löste.***
b. ***Die Taten des Herakles sind immer wieder von Künstlern dargestellt worden. Ordne die beiden folgenden Abbildungen den entsprechenden Arbeiten zu.***

c. ***Überlege, welche Arbeiten Eurystheus einem „Superman" wie Herakles in unserer Zeit geben würde, und erfinde einen „Zwölferkatalog des 21. Jahrhunderts". Illustriere diese „neuen zwölf Arbeiten".***
d. ***Gestaltet im Kunstunterricht eine Ausstellung zu den Taten des Herakles.***

Dass ein Mann wie Herakles nicht an Altersschwäche stirbt, versteht sich von selbst. Wie kam es aber zu seinem grausamen Ende, von dem das Lesestück erzählt? Herakles tötete den niederträchtigen Kentauren Nessos, als dieser versuchte, Deianeira zu entführen. Der Sterbende konnte Deianeira aber noch überreden, sein Blut als Liebeszauber aufzubewahren. Den wendete die Frau des Helden später aus Eifersucht auf eine jüngere Rivalin an. Aber der vermeintliche Liebeszauber entpuppte sich als Gift, an dem Herakles qualvoll zugrunde ging.

E1 Ein Partizip gibt Auskunft

a. ***Obwohl Dacus zwei verschiedene Fragen stellt, kann Rufus mit demselben Satz antworten. Im Deutschen geht dies nicht, wenn man die Fragen richtig beantworten will. Überlege dir, wie Rufus' Antwort jeweils auf Deutsch lauten muss.***

b. ***Erkläre, warum hier das Partizip sinnvollerweise mit einem Adverbialsatz übersetzt wird.***

1 ***Übersetze. Löse dabei die Partizipien mit einem Adverbialsatz auf.***
1. Puer laudatus gaudet. **2.** Vir vulneratus clamat. **3.** Hostes victi dolent. **4.** Homines territi manus ad caelum tollunt.

2 ***Verwandle nach folgendem Beispiel in Partizipialkonstruktionen und übersetze.***
z. B. Viri dolos adhibuerunt. → doli a viris adhibiti → weil / als die Listen von den Männern angewandt worden sind
1. Scelerati viros terruerunt. **2.** Liberi Herculem laudaverunt. **3.** Hostes sagittas miserunt.

E2 ... und dennoch ist es passiert

Hercules periculis numquam territus taurum terribilem petere dubitavit[1].
1) **dubitāre:** zögern

Überlege, mit welcher Subjunktion du den deutschen Adverbialsatz einleiten musst, damit eine inhaltlich sinnvolle Übersetzung entsteht.

3 ***Übersetze und löse das Participium coniunctum konzessiv auf.***
1. Puer laudatus flevit. **2.** Pecus vexatum domino paret. **3.** Homines servati non gaudent.

L1

Hinter einem starken Mann steht eine kluge Frau

König Aigeus von Athen trug eine schwere Last: König Minos von Kreta forderte von ihm alle drei Jahre je sieben Jungen und Mädchen als Tribut für einen verlorenen Krieg. Auf Kreta lebte nämlich der Minotauros, der halb Mensch, halb Stier war. Diesem schrecklichen Ungeheuer hatte König Minos ein Labyrinth erbauen lassen, aus dem niemand mehr herausfinden konnte. In dieses wurden die Kinder aus Athen als Futter für den Minotauros hineingetrieben. Als wieder ein Opfer fällig war, beschloss Aigeus' Sohn Theseus, den Athenern zu helfen.

Theseus virtute Herculis incitatus honorem suum augere cupiebat. Misericordia quoque adductus patri promisit: „Illud monstrum[!], quod in labyrintho[!] occultum est, caedam." Pater audacia filii territus voluntatem deorum comperire voluit. Oraculum[!] a filio rogatum haec respondit: „Vinces, si amorem ducem facies!" Iuvenis his verbis confirmatus cum liberis sorte electis in Cretam navigavit. Ariadna, filia Minois, Theseum adamavit[1], ut eum inter adulescentes vidit. Theseus etiam amore motus virgini inceptum suum aperuit.

L2

Ariadna hoc immenso periculo territa iuvenem adiuvare decrevit. Filum[2] ei mandavit et dixit: „Fige filum[2] in aditu labyrinthi[!], antequam id intraveris! Multitudine viarum turbatus immenso filo[2] ex illo aedificio educeris!" Theseus ita adiutus sine mora processit et Minotaurum medio in labyrintho[!] inventum pugna aspera interfecit. Iuvenis filo[2] e labyrintho[!] ductus cum Ariadna liberisque Atheniensibus a Creta fugit. In insula Naxo autem Bacchus deus Theseum iussit virginem relinquere. Is magno dolore affectus deo paruit: Iter sine Ariadna perrexit[3] et suos in patriam reduxit.

1) **adamāre:** lieb gewinnen, sich verlieben in 2) **fīlum, -ī n:** Faden

3) **pergere (pergō, perrēxī, perrēctum):** fortsetzen

Theseus als Befreier, Wandmalerei in Pompeji

Theseus bezwingt das Ungeheuer

Wie schafft es Theseus, den schrecklichen Minotaurus zu besiegen? Fasse das Geschehen auf Lateinisch kurz zusammen. Die deutschen Sätze helfen dir dabei.

1. Theseus wendet sich an das Orakel.
2. Gestärkt durch die Worte des Orakels segelt er nach Kreta.
3. Aus Liebe verrät Theseus Ariadne seinen Plan.
4. Ariadne beschließt, Theseus zu helfen.
5. Sie gibt ihm einen Faden, den er am Eingang des Labyrinths befestigt.
6. Er tötet Minotaurus in einem heftigen Kampf.
7. Mithilfe des Fadens wird er aus dem Labyrinth geführt.

Ü1

1 ***Bestimme alle Partizipien aus dem Lesestück 42 L1 nach Kasus, Numerus und Genus, nenne das Bezugswort und übersetze sie nun, soweit möglich, mit kausalem bzw. temporalem Nebensinn.***

2 ***Setze ein Participium coniunctum sinnvoll in die Lücke und übersetze dann den Satz. Löse dabei die Partizipialkonstruktion mit einem Adverbialsatz auf.***

ab Atheniensibus delecti – in insulam Naxum ducta – victoriis confirmatus

1. Hercules _______ etiam alia munera complevit.
2. Septem puellae et septem pueri _______ in Cretam ducti sunt.
3. Ariadna _______ fortuna aspera dolebat.

Ü2

3 ***Achte bei der Übersetzung auf die passende Sinnrichtung der Partizipien.***

1. Pueri et puellae Minotauro sacrificati animos Atheniensium turbaverunt. **2.** Theseus iuvenis misericordia adductus consilium cepit liberos sorte delectos in patriam reducere. **3.** Theseus metu motus Minotaurum pugna acri cecidit et liberos liberavit.

4 ***Bilde sinnvolle Sätze und übersetze.***

1. Sorte delectus / -ta ...
2. Ad aditum labyrinthi[1] non reductus / -ta ...
3. Ventis ad insulam occultam ductus / -ta ...

a. non desperavi.
b. patriam non desideravi.
c. non flevi.

5 ***Welche dieser Verben drücken eine Bewegung aus? Nenne ihre Bedeutungen.***

augere – educere – procedere – deligere – caedere – confirmare – movere – legere – adiuvare – reducere – invenire

6 ***PPP: ja, nein oder jein?***

occultus – virtus – adiutus – aditus – turbatus – motus – aspectus – quantus – vulnus – saevus – auctus – lectus – ventum – fixum – processum – inventum – positum

7 ***Dädalus und Ikarus***

1. Daedalus, artifex[1] clarus, Athenas relinquere debuit, quod discipulum[2] ab omnibus Atheniensibus valde laudatum necaverat. **2.** Itaque cum Icaro filio Cretam insulam petivit. **3.** Ibi Minos rex eum iussit immensum labyrinthum[1] aedificare[3]. **4.** Daedalus, postquam opus confecit, pecuniam a rege promissam[4] postulavit et insulam cum filio relinquere cupivit; sed rex reditum in patriam vetuit. **5.** Itaque Daedalus consilium cepit pennis[5] arte factis per aera fugere. **6.** Antequam se aeribus mandaverunt, pater filium his verbis monuit: **7.** „Cave solem[6]! Nam pennas[5] a nobis factas delebit!“ **8.** Sed Icarus a patre monitus verbis eius non paruit et soli[6] nimis appropinquavit. **9.** Itaque in mare praecipitavit et vita decessit.

1) **artifex, -ficis** m: Künstler 2) **discipulus, -ī** m: Schüler 3) **aedificāre:** bauen
4) **prōmissum:** *PPP zu* prōmittere 5) **penna, -ae** f: Feder 6) **sōl, sōlis** m: Sonne

Theseus – der Herakles von Attika

Theseus war nach Herakles der zweitberühmteste Held der Griechen. Er stammte aus königlicher Familie. Sein Vater war Aigeus, der König von Athen, seine Mutter Aithra, die Tochter des Königs von Troizen auf der Peloponnes. Wegen eines Orakels wuchs der kleine Theseus in Troizen auf und lernte seinen Vater erst als junger Mann kennen.

Das Bild des französischen Malers Laurent de La Hyre (um 1640) zeigt, wie Theseus seiner Mutter Aithra beweisen muss, dass er erwachsen ist: Sein Vater hatte Schuhe und Schwert unter einem schweren Felsen zurückgelassen und angeordnet, sein Sohn dürfe erst dann nach Athen kommen, wenn er diesen Stein hochheben könne.

Grundwissen: Theseus' berühmteste Heldentat war sein Sieg über den **Minotauros**, ein menschenfressendes Ungeheuer, **halb Stier**, **halb Mensch**, das auf der Insel **Kreta** in dem eigens für ihn errichteten **Labyrinth** hauste. Ihm wurden regelmäßig je sieben Jungen und Mädchen zum Fraß vorgeworfen, welche die Athener aufgrund einer Verpflichtung Minos, dem König von Kreta, schicken mussten. Unterstützt von **Ariadne**, der Tochter des Minos, besiegte Theseus den Minotauros und fand mithilfe eines **Fadens** den Rückweg aus dem Labyrinth. Das Liebespaar floh mit den geretteten Athenern.

Der Cartoonist Bernd Pfarr hat sich auf einem nicht ganz ernst gemeinten Bild vorgestellt, wie Theseus als alter Herr Ariadnes List wieder verwenden könnte.
Finde ein passendes Ende für den Titel des Cartoons: „Als Theseus begann, im Alter unter starker Vergesslichkeit zu leiden …"

E1

Passiv-Puzzle

Sieben Jungen sind gerettet worden.	Sieben Mädchen sind befreit worden.
_____ _____ servat**i** **sunt**.	_____ _____ liberat**ae** _____.

a. ***Übertrage die Sätze mithilfe der Vorgaben ins Lateinische. Wonach richtet sich wohl die Endung des Partizips?***

b. ***Welche Zeit ergibt das PPP in Verbindung mit einer Präsensform von esse?***

c. ***Vergleiche die Bildungsweise dieser Verbformen im Deutschen und Lateinischen.***

1 ***In allen Personen: Übersetze ins Lateinische.***

Ich bin befreit worden. – Du bist befreit worden. – Der Mann ist befreit worden. – Das Mädchen ist befreit worden. – Wir sind befreit worden. – Ihr seid befreit worden. – Der Junge und das Mädchen sind befreit worden.

2 ***Setze ins Passiv.***

confirmavisti – movi – invenit – ceciderunt – auximus – eduxistis – fixit – reduxisti – elegi

E2

Viermal Infinitiv

liberare – liberari	liberavisse – **liberatum esse**

a. ***Erschließe, um welchen Infinitiv es sich bei der fett gedruckten Verbform handelt.***

1. Scimus Theseum liberos liberavisse.	**2.** Scimus liberos a Theseo **liberatos esse**.

b. ***Erkläre, warum in Satz 2 nicht liberatum esse stehen kann.***

3 ***Bilde den Infinitiv Perfekt Passiv und rufe eine Mitschülerin oder einen Mitschüler zur Übersetzung auf.***

vincere – vulnerare – perdere – facere – dare – ponere – implere – legere

4 ***Setze jeweils den Infinitiv Perfekt Passiv ein und übersetze.***

Constat
1. pueros et puellas ad Minotaurum _____ (ducere).
2. Ariadnam amore _____ (movere).
3. Theseum a patre _____ (desiderare).

L1

Eine heimtückische Bedingung

Um König werden zu können, musste Jason das Goldene Vlies, ein wertvolles Widderfell, aus Kolchis am Schwarzen Meer holen, das König Aietes die Herrschaft über Kolchis sicherte. Hierfür scharte Jason die größten Helden aus ganz Griechenland um sich, darunter auch Herakles und Theseus. Das Schiff Argo brachte sie nach vielen Abenteuern ans Ziel.

Quamquam Iaso pellem arietis[1] ab Aeeta verbis idoneis poposcerat, tamen ira regis incensa est.

Rex, quia hospitem perdere voluit, dolum finxit. „Pellem“, inquit, „hac condicione tibi concedam: Cole agrum tauris meis!“

Postero die comites Iasonis spectaculo[!] crudeli interfuerunt; nam tauri aeripedes[2] erant et flammas[!] spirabant[3]. Tamen impetus eorum modo miro a Iasone facile prohibitus est.

Immo, ut vires tauros defecerunt, iugum eis a iuvene forti impositum est. Deinde ager seminibus[4] a rege mandatis cultus est.

L2

Aeetes secum cogitavit: „Scio me deceptum esse. Non puto hunc laborem sine auxilio alterius a Iasone confectum esse. Sed mox iuvenis intelleget dolum a me adhibitum esse; nam semina[4] dentes draconis[5] sunt.“

Profecto comites Iasonis viderunt e dentibus in agro sparsis brevi tempore viros armatos crescere:

Hic iam capita et umeri surrexerant, ibi iam viri, qui manus e terra solverant, arma iactabant[6].

Socii Iasonis timore oppressi sunt et clamaverunt: „Cave insidias, Iaso! Nonne animadvertis te undique a viris saevis cinctum esse?“

1) **ariēs, -etis** m: Widder 2) **aeripēs;** *Gen.* **aeripedis:** erzhufig 3) **spīrāre:** ausatmen, speien
4) **sēmen, -minis** n: Samen 5) **dracō, -ōnis** m: Drache 6) **iactāre:** schwingen

Eine schwere Aufgabe für einen Helden

Beantworte die Fragen auf Lateinisch.

1. Quid Iaso ab Aeeta poposcit? **2.** Cur tauri terribiles erant? **3.** Quemadmodum Iaso impetum taurorum prohibere potuit? **4.** Cur semina periculosa (gefährlich) erant?

Wie man sich heute die Argo vorstellt, zeigt diese moderne Rekonstruktion.

Ü1

1 ***Folge dem Faden der Ariadne durch das Labyrinth, indem du die Verben in die jeweils angegebenen Zeiten und Genera setzt.***

capio
fingit
occidunt
cingimus

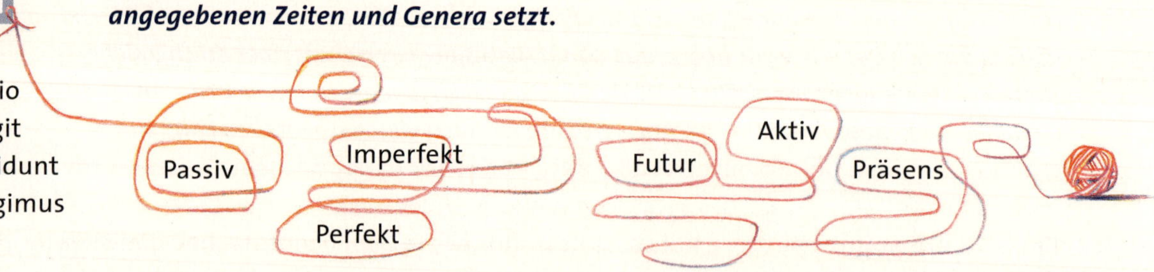

2 ***Wer war es? Setze die richtigen Namen ein, vervollständige die Verben und übersetze die Sätze.***

1. Hydra[1] ab ____ superat____ est.
2. Liberi Atheniensium a ____ liberat__ sunt.
3. Pellis a ____ postulat__ est.
4. Socii Ulixis a ____ press__ sunt.

1) **hydra, -ae** f: Hydra *(wasserschlangenartiges Wesen)*

Ü2

3 ***Suche alle Infinitive im Präsens Passiv heraus und setze sie ins Perfekt.***

ministri – mandari – vulneri – vulnerari – dari – denti – opprimi – ornari – ori – iuberi – idonei – iugi – crudeli – coli – regi – accipi – armati – amari – pelli – posteri – incendi – excepi

4 ***Bilde die richtige Form des Infinitivs Perfekt Passiv und übersetze anschließend.***

1. Scimus virtutem Thesei a multis hominibus ____ (laudare).
2. Constat Minotaurum ab illo viro ____ (necare).
3. Rufus dixit Theseum auxilio Ariadnae facile e labyrintho[1] ____ (ducere).
4. Putamus Theseum magno amore ____ (movere).

5 ***Setze anstelle der Drachenzähne die richtigen Vokale ein und gib anschließend die deutsche Bedeutung der Wörter an.***

6 ***Ein furchtbares Ungeheuer: Beschreibe ein Phantasiewesen mithilfe der angegebenen Wörter auf Lateinisch.***

novem capita – immensum corpus – oculi feri – dentes acres – magni umeri – animus crudelis – surgere – opprimere – spargere – flamma

Z

7 ***Ein Held kehrt nach Hause***

1. Weil Minotaurus von Theseus getötet worden war, vergrößerte dieser seinen Ruhm (Ehre). **2.** Nachdem Theseus mit der Hilfe der Ariadna leicht aus dem Labyrinth[1] herausgeführt worden war *(PC)*, wollte er sie in seine Heimat bringen (zurückführen). **3.** Die Treue wurde von ihm, weil er von Liebe entflammt war *(PC)*, immer wieder bekräftigt. **4.** Dennoch ist Ariadna von Theseus getäuscht und auf der Insel Naxus zurückgelassen[2] worden. **5.** Theseus' Vater aber stürzte sich ins Meer und starb, weil er geglaubt hatte, dass Theseus von Minotaurus getötet worden sei (ist).

1) Labyrinth: **labyrinthus, -ī m** 2) zurückgelassen *(PPP)*: **relictus, -ta, -tum** ◀

Große Helden auf großer Fahrt – Jason und die Argonauten

„Vor den Erfolg haben die Götter den Schweiß gesetzt; lang und steil ist der Weg zu ihm."
Diese Worte eines griechischen Dichters gelten nicht nur für Herakles und Theseus, sondern auch für Jason, den Anführer der Argonauten.

Jason war der Sohn des Königs Aison von Iolkos in Thessalien. Aison war von seinem Bruder Pelias vom Thron verdrängt worden. Als Jason die Herrschaft beanspruchte, stellte ihm sein Onkel die Bedingung, er müsse erst das goldene Fell eines Widders, das berühmte Goldene Vlies, holen, das in Kolchis, einem Königreich am Schwarzen Meer, aufbewahrt wurde. Da Aietes, dem König von Kolchis, geweissagt worden war, er werde so lange König sein, wie er das Goldene Vlies besitze, war er natürlich nicht bereit, sich jemals von dem wertvollen Stück zu trennen. Er ließ es von einem Drachen bewachen, der niemals schlief. Wie Jason an die scheinbar unlösbare Aufgabe heranging, hat der griechische Dichter Apollonios von Rhodos im 3. Jahrhundert v. Chr. in dem Epos „Argonautika" erzählt:

Grundwissen: Jason trommelte etwa fünfzig berühmte Helden, darunter Herakles und Theseus, zusammen und machte sich mit ihnen auf den Weg nach **Kolchis** am Schwarzen Meer, um König **Aietes** das **Goldene Vlies** zu rauben. Nach einer abenteuerlichen Reise auf dem Schiff **Argo** erreichten die Helden, die als **Argonauten** („Seeleute auf der Argo") bezeichnet werden, ihr Ziel.

Aus dem Epos des Apollonios lässt sich folgende Reiseroute rekonstruieren:

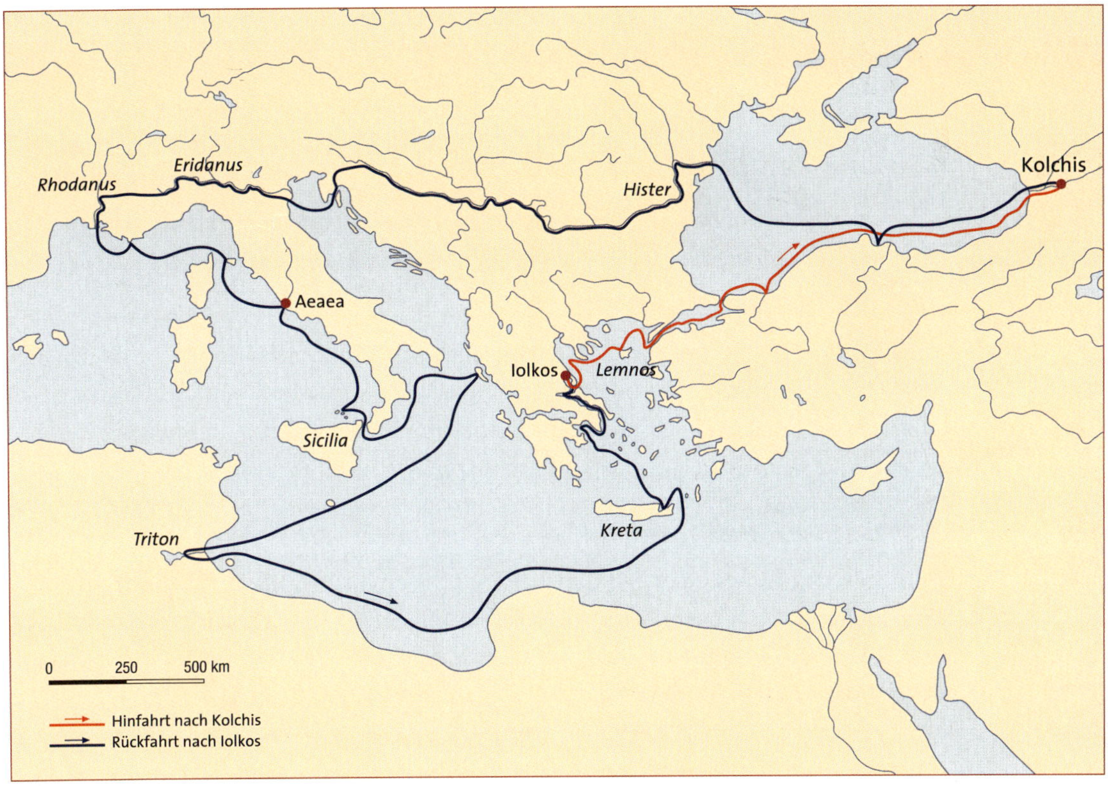

Ermittle mit einem Atlas, welche Länder heute an der Argonautenroute liegen.

E1

Mehr als Perfekt, aber im Passiv

laudavit	laudaverat
laudatus, -ta, -tum est	**laudatus, -ta, -tum erat**

er, sie, es hat gelobt – er, sie, es war gelobt worden – er, sie, es ist gelobt worden – er, sie, es hatte gelobt

a. Ordne die deutschen Übersetzungen den lateinischen Formen zu.
b. Erkläre die Bildung des Plusquamperfekts Passiv im Lateinischen.

laudatus, -ta, -tum eram – laudatus, -ta, -tum ■■■ – lauda■, ■, ■ erat – laudati, -tae, -ta eramus – lauda■, ■, ■ eratis – lauda■, ■, ■ erant

c. Vervollständige die Verbformen und übersetze sie ins Deutsche.

1 ***Setze in das Plusquamperfekt Passiv und übersetze.***
cepit – cinxerunt – finxerat – oppressi – deceperas – coluerunt – pressimus

2 ***Bilde die Tempusreihe (Präs., Impf., Fut. I, Perf., Plqupf.) im Passiv.***
movetur – adduceris – turbamur – decipiuntur

E2

Was wird die Zukunft bringen?

Bestimme das Tempus der fett gedruckten Verben und konjugiere ***laudatus ero*** *vollständig.*

3 ***Wettkonjugieren im Passiv***
vocor – vocabar – vocabor – vocata sum – vocatus eram – vocatus ero

4 ***Bestimme die Zeiten und übersetze.***
vocata est – ductae erimus – recti eratis – turbata es – mandatum erit – auctus est

L1

Die bezaubernde Kraft der Liebe

Nachdem König Aietes gesehen hatte, wie leicht Jason seine erste Aufgabe erfüllt hatte, vermutete er sofort, dass seine Tochter Medea dieses Wunder möglich gemacht hatte. Medea war nämlich bekannt für ihre Zauberkunst. Dennoch konnte der König nicht glauben, dass er von seiner eigenen Tochter hintergangen worden war.

Aeetes non senserat animum Medeae ex adventu hospitis mutatum esse. Nam filia clam amore incensa erat, ubi Iasonem in domo patris conspexit. Virgo hoc amore recenti incitata Iasoni medicamentum[1] tradiderat, quo corpus a flammis[1] protectum erat et vires auctae erant. Praeterea hoc consilium a Medea datum erat: „Conice lapidem inter viros armatos. Tum inter se certabunt." Ergo Iaso a viris saevis circumdatus id fecit, quod Medea suaserat: Profecto viri armati se invicem[1] interfecerunt.

L2

Postea Medea ad Iasonem fugit: „Ego poenis gravibus afficiar, si capta ero. Tu regnum non accipies, si sine pelle pulsus eris. Te iuvabo, si salus mihi a te promissa erit." Iaso iuravit: „Te et in patriam meam ducam et coniugem meam faciam!" Tum Medea ei hoc consilium aperuit: „Pellem a dracone[2] immortali custoditam facile eripere poteris. Nam is quiescet, si hoc medicamentum[1] in caput eius fusum erit." Sic pellis a Iasone rapta est. Argonautae cum Medea Aeetam effugerunt.

1) **invicem:** gegenseitig 2) **dracō, -ōnis** m: Drache

Jason mit dem Goldenen Vlies, Vasenbild

Liebe macht erfinderisch

Wie hilft Medea Jason? Führe auf Lateinisch drei von Medeas Zaubermitteln und Tricks auf.

Ü1

1 ***Vervollständige die Verbformen im Deutschen.***

1. coniecta erant – sie _____ zusammengeworfen worden 2. amiserat – er _____ verloren 3. certavit – er _____ gekämpft 4. protectus sum – ich _____ geschützt _____ 5. suaserint – sie werden geraten _____ 6. missi eramus – wir _____ geschickt worden 7. circumdati estis – ihr _____ umgeben worden

2 ***Setze folgende Formen ins Passiv und rufe eine Mitschülerin oder einen Mitschüler zur Übersetzung auf.***

texeram – providerat – suaserat – circumdederamus – eripueratis – promiserant – iecerant – protexeras

Ü2

3 ***Setze ein passendes Verb im Futur II Passiv ein und vervollständige den Satz auf Deutsch. Das Lesestück 44 hilft dir dabei.***

1. Si pellis _____, … 2. Si tauri _____, … 3. Si viri saevi _____, …

4 ***Suche aus dem zweiten Teil des Lesestückes 45 alle finiten Verbformen heraus, bestimme sie und übertrage sie nach Tempora sortiert in dein Heft.***

5 ***Synonyme gesucht***

lapis – circumdare – novus – coniunx – iuvare

6 ***Bilde möglichst viele Komposita und gib ihre Bedeutungen an.***

pro-
con- / com- videre – tegere – mittere – cedere – movere

7 ***Verwechslungsgefahr: Unterscheide genau.***

1. iurare – iuvare 2. custodire – conicere 3. fundere – figere – fingere 4. aditus – adventus 5. pellere – pendere – perdere 6. rapere – recipere – ridere

8 ***Der Traummann muss erst noch geboren werden!***

1. Rufus: „Audivimus multas uxores a viris claris deceptas esse. Flavia, Aurelia! Cui[1] viro vos nubere cupitis?“ 2. Flavia: „Illi iuveni immensis viribus opus est ut Herculi, a quo et multi labores et officia difficilia completa erant. 3. Ille iuvenis magna misericordia moveri debet ut Theseus, qui pueros puellasque liberavit. 4. Ille iuvenis etiam magna virtute omnia pericula sustinere debet ut Iaso, qui viros armatos superavit.“ 5. Rufus: „Ille maritus numquam erit!“

1) **cui?:** welchen?

Schön, schockierend, faszinierend – Medea

Eine moderne Schriftstellerin erzählt, sie und einige weitere Frauen seien von einer Freundin eingeladen worden, um die Geburt von deren Tochter zu feiern.
Das angeregte Gespräch der Frauen sei schlagartig verstummt, als die junge Mutter bekannt gab, das Töchterchen werde mit zweitem Vornamen Medea heißen.
„Auf unseren Gesichtern spiegelten sich die unterschiedlichsten Empfindungen, von Verwirrung und ungläubigem Erstaunen bis hin zu offener Bestürzung. Medea?"

Die Frau, die Jason half, das Goldene Vlies zu bekommen, hat seit über 2 000 Jahren Dichter, Maler, vor allem aber Schauspielerinnen fasziniert. Betrachte die folgenden Bilder, die alle Medea darstellen, und versuche, mit ihrer Hilfe zu erklären, warum die Freundinnen der Erzählerin so bestürzt auf die Namenswahl reagieren.

Gemälde von John William Waterhouse (1907)

Gemälde von Eugène Delacroix (1862)

Maria Callas im Film von Pier Paolo Pasolini (1969)

Grundwissen: Medea, die **Tochter des Königs Aietes** von Kolchis, verfügte über **Zauber- und Heilkräfte**, mit denen sie Jason half, in den sie sich Hals über Kopf verliebt hatte. Nach dem erfolgreichen **Raub des Goldenen Vlieses floh sie mit Jason**, der ihr die Ehe versprochen hatte.

Medea machte zwei schrecklichen Verwandten, der Zauberin Kirke und Hekate, der schaurigen Göttin der Nacht und der Magie, „alle Ehre". Um ihre Flucht zu ermöglichen, tötete sie erst ihren Bruder Absyrtos, dann in Iolkos König Pelias und musste daher mit Jason nach **Korinth** fliehen, wo sie ihm zwei Kinder gebar. Als Jason Medea wegen der Prinzessin von Korinth verließ, **tötete sie** auch diese und **ihre eigenen Kinder**. Auf einem Wagen, der von Drachen gezogen wurde, entschwand sie durch die Lüfte.

Der Übersetzungsprofi

Max hat ein neues System, schwierige Sätze aufzuschlüsseln, die „UEBS-Methode".

Postquam Hercules Eurystheo territo,
qui eum iam occidisse putabat,
pellem leonis praebuit,
is virum fortem hydram necare iussit.

Versuche, die Markierungen zu entschlüsseln.

Genauso wie Max kannst auch du vorgehen.

1. **U**nterstreiche den Hauptsatz.
2. Identifiziere die Gliedsätze anhand der Subjunktionen und / oder Relativpronomina. Kennzeichne diese durch **E**inkreisen.

Zusätzlich ist es hilfreich, wenn du den Hauptsatz ganz nach links außen schreibst und die Gliedsätze nach rechts einrückst.

3. Stelle z. B. durch Strichverbindungen die **B**ezüge her.
4. Finde **S**atzwertige Konstruktionen (AcI, PC) und markiere sie farbig oder klammere sie ein.

Analysiere dann wie gewohnt Hauptsatz und Gliedsätze nach den vorhandenen Satzgliedern.

Schlüssele nun selbst folgendes Satzgefüge nach der „UEBS-Methode" auf:
In insula Naxo Bacchus deus Theseum iussit virginem relinquere, qui magno dolore affectus subito paruit.

Soll das denn nie aufhören? Die dritte und vierte Arbeit des Herakles

Als Herakles König Eurystheus meldete, er habe die Hydra getötet, wollte sich dieser nicht damit zufriedengeben, da Herakles bei dieser Tat einen Helfer gehabt hatte. So schickte er ihn gleich wieder mit dem Auftrag los, er solle die Kerynitische Hirschkuh fangen. Dieses der Artemis heilige Tier hatte jedoch Hufe aus Erz, durch die es so schnell war, dass keiner es einholen konnte.

Hercules totum annum cervam[1] capere frustra studebat, dum ea tandem ad flumen[2] consedit. Iuvenis eam sagitta violavit, tum bestiam[!] vulneratam ad Eurystheum regem portare volebat. Subito autem ab Apolline Dianaque verbis acribus appellatus est. Dei ira incitati dixerunt: „Haec cerva[1] semper a nobis protecta erat. Te poena gravi afficiemus, si cerva[1] ab Eurystheo interfecta erit!“

Herakles versprach, dafür zu sorgen, dass Eurystheus die Hirschkuh wieder laufen ließe. Er konnte dies auch erreichen, erhielt aber sofort den nächsten Auftrag. Er sollte den Erymanthischen Eber fangen, ein Untier, viel größer als ein gewöhnliches Wildschwein, das in den Wäldern Arkadiens sein Unwesen trieb. Doch der Weg nach Arkadien war weit. Unterwegs kam Herakles auch in das Gebiet der Kentauren. Einer von ihnen, der Kentaur Pholus, lud ihn zu einer Rast in seiner Höhle ein.

Alii Centauri Herculem e finibus suis pellere studebant et eum saxis opprimebant. Sed is Centauros sagittis veneno[3] impletis occidit. Etiam Pholus interfectus est, ut sagittam veneno[3] impletam e vulnere alterius Centauri traxit[4]. Chiro Centaurus, filius Neptuni, sagitta transfixus[5] est. Iterum atque iterum clamabat se sagitta vulneratum esse et magno dolore vexari. Sed quia dono Neptuni immortalis factus erat, necari non potuit. Hercules maestus regionem Centaurorum reliquit et Arcadiam petivit. Ibi ei contigit aprum[6] in monte, qui nive[7] iam tectus erat, capere. Aper[6] nive[7] a fuga prohibitus est; sic Hercules eum opprimere potuit. Victor bestiam[!] superatam ad Eurystheum portavit. Is autem aspectu terribili apri[6] territus fugit.

1) **cerva, -ae** f: Hirschkuh
2) **flūmen, -minis** n: Fluss
3) **venēnum, -ī** n: Gift
4) **trahere (trahō, trāxī, tractum):** ziehen
5) **trānsfīgere (trānsfīgō, trānsfīxī, trānsfīxum):** durchbohren
6) **aper, aprī** m: Eber
7) **nix, nivis** f: Schnee

Herakles im Kampf mit dem Kentauren Nessos, Giambologna (1529–1608), Loggia dei Lanzi, Florenz

Wiederholungsübung

Infinitiv Präsens Aktiv oder Infinitiv Perfekt Aktiv? Bilde die passende Form.

1. Eurylochus Circam veneficam[1] ________ (esse) narrat. **2.** Legimus Ulixem unum annum in insula Circae ________ (manere). **3.** In patria amici non cognoscunt virum pauperem Ulixem ________ (esse), nam putant eum ________ (de vita decedere). **4.** Scitis Penelopam numquam ________ (desperare).

1) **venēfica, -ae** f: Zauberin

bis Lektion 41

Bilde vom Infinitiv in Klammern jeweils die zum Substantiv passende PPP-Form.

uxor (amare) – verba (audire) – venia (recusare) – Achelous (mutare) – pecunia (postulare) – viri (expedire)

Bilde vom Infinitiv in Klammern jeweils die zum Substantiv passende PPP-Form und setze dann den ganzen Ausdruck in den angegebenen Kasus.

serva (monere, *Dat. Pl.*) – vir (exercere, *Akk. Pl.*) – urbs (laudare, *Abl. Sg.*) – ludus (spectare, *Gen. Pl.*) – taurus (superare, *Gen. Sg.*)

bis Lektion 42

PPP-Staffel: Bilde die geforderte Form des PPP.

1. dare: Dat. n Sg. → perdere: Nom. f Sg. → implere: Abl. f Pl. → deficere: Gen. n Pl.
2. terrere: Gen. f Sg. → interficere: Dat. m Pl. → vincere: Abl. m Sg. → mittere: Nom. n Sg.
3. facere: Gen. m Pl. → secare: Dat. n Sg. → ponere: Akk. n Pl. → vulnerare: Abl. m Sg.

bis Lektion 43

Überlege, welches Sinnverhältnis zugrunde liegt, und übersetze entsprechend.

1. Deianira Acheloo destinata Herculem adamavit[1]. **2.** Achelous in taurum mutatus se e manibus Herculis expedire potuit. **3.** Deus ab Hercule superatus se non dedidit. **4.** Deianira e periculo servata Herculi grata erat. **5.** Leo pelle mira tectus sagittis vulnerari non poterat.

1) **adamāre:** lieb gewinnen

bis Lektion 44

Mache abhängig von* audimus *und übersetze.

1. Dentes a Iasone in agro sparsi sunt. **2.** Impetus taurorum facile prohibitus est. **3.** Iaso a militibus[1] saevis cinctus est. **4.** Milites[1] a Iasone oppressi sunt.

1) **mīles, mīlitis** m: Soldat

bis Lektion 45

Herakles bei den Amazonen

Hippolyta, die Königin der kriegerischen Amazonen, war von Mars mit einem wertvollen Gürtel beschenkt worden. Diesen sollte Herakles für die Tochter des Eurystheus besorgen.

1. Hippolyta admiratione incitata Herculi cingulum[1] dare voluit. **2.** Sed Iuno ira mota hoc consilium non probavit. **3.** Iuno subito clamavit Hippolytam ab hospite deceptam esse. **4.** Mulieres[2] Herculem vi opprimebant, sed is Hippolytam necavit et cingulum[1] promissum accepit.

1) **cingulum, -ī** n: Gürtel 2) **mulier, -is** f: Frau

Wiederholungsübung

Stelle aus den bisher gelernten Vokabeln ein Sachfeld zum Thema „Herrschaft und Staat" zusammen. Eine Mindmap kann dir helfen, sie besser zu behalten.

bis Lektion 41

Auf Spurensuche: Erschließe die Bedeutung der fett gedruckten italienischen Wörter.

1\. La pizza è molto **buona**. 2. Che **aspetto terribile**! 3. Il popolo saluta il **vittore**.
4\. Che **toro** forte! 5. **Libera**mi, per favore!

bis Lektion 42

Verbinde die Begriffe so, dass sieben sinnvolle Ausdrücke entstehen.

sagittas – vino – gladio – os – e manibus hostium – dominorum est – hostes
mittere – occidere – aperire – liberare – implere – vulnerari – iubere

bis Lektion 43

Spurensuche im Religionsunterricht: Erkläre die fett gedruckten Fremdwörter.

1. Neulich sprachen wir über die Ursprünge der Fronleichnams**prozession**.
2. In evangelischer Religionslehre werden die Schüler auf ihre **Konfirmation** vorbereitet.
3. Zu lebhaften Diskussionen führte das Thema **Okkultismus**.
4. Das bekannteste christliche Symbol ist das Kruzi**fix**.

bis Lektion 44

Welche Körperteile kannst du bereits lateinisch benennen? Stelle ein Sachfeld zum Thema „menschlicher Körper" zusammen.

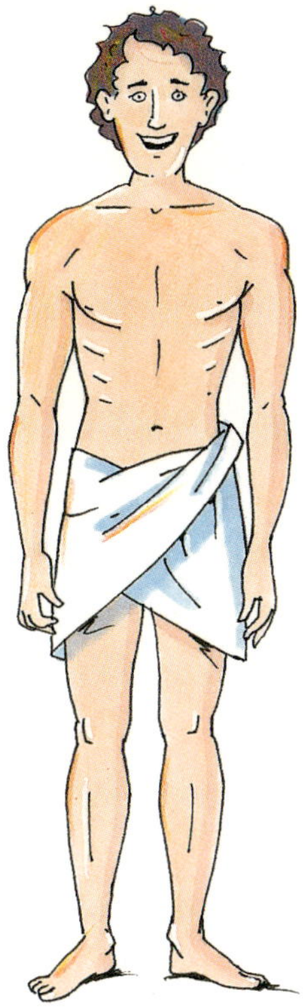

bis Lektion 45

*Wie gut ist euer Gedächtnis? Tragt aus den Lektionen 41 bis 45 zwei Komposita mit Stammformen und deutscher Bedeutung von **cedere**, drei von **ducere** und je eines von **facere** und **capere** zusammen.*

Sightseeing am Mittelmeer

Onkel Gabinius aus Ostia hat Flavia und ihre Freunde mit einer großartigen Neuigkeit überrascht. Sie sind eingeladen, ihn auf einer Geschäftsreise durch das Mittelmeer zu begleiten und zwei weltberühmte Orte zu besichtigen: Olympia in Griechenland und Alexandria in Ägypten. Sofort wälzen die Freunde begeistert in der Bibliothek Karten und Reiseführer, um sich auf die große Fahrt vorzubereiten.

1) **pūgnus, -ī** m: Faust 2) **ineptus, -a, -um:** albern 3) **mīrāculum, -ī** n: (Welt-)Wunder
4) **numerāre in** *(m. Abl.)*: zählen zu, rechnen unter

E1

Jetzt geht's rund – es kommt ein „und“!

Ariadna amore incensa Theseum adiuvit.

a. ***Übersetze das Partizip mit einem kausalen Adverbialsatz.***

Ariadne war von Liebe entflammt ______ ______ half sie Theseus.
Konjunktion Adverb

b. ***Fülle die beiden Platzhalter sinnvoll, sodass die Sinnrichtung des Partizips bei dieser Übersetzung erhalten bleibt.***

- Bilde aus der Partizipialkonstruktion einen Hauptsatz.
- Bestimme das Partizip und sein Bezugswort.
- Füge danach ein sinngebendes Adverb („dann, deshalb, trotzdem“) ein.
- Schließe den zweiten Teil des Satzes mit „und“ an.

c. ***Wie gehst du am besten vor, um eine Partizipialkonstruktion beiordnend, d. h. mit zwei gleichgeordneten Sätzen aufzulösen? Ordne die Regeln.***

1 ***Löse die Partizipialkonstruktion zunächst jeweils mit einem temporalen, kausalen und konzessiven Adverbialsatz auf. Übersetze anschließend beiordnend.***
Dacus a domina monitus in thermas[1] properavit.

E2

Stadt, Land, ... Insel

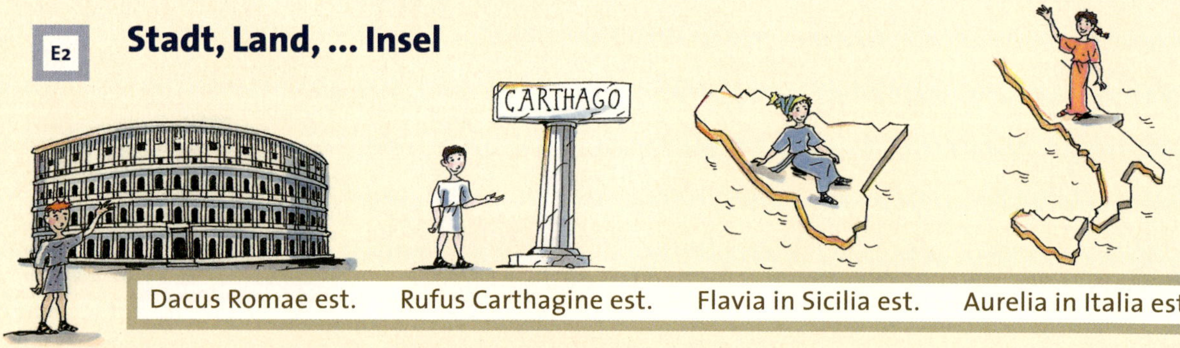

Dacus Romae est. Rufus Carthagine est. Flavia in Sicilia est. Aurelia in Italia est.

a. ***Welche Möglichkeiten gibt es im Lateinischen, eine Ortsangabe auf die Frage „Wo?“ auszudrücken?***

ā-/o-Dekl. Sg.		**ā-/o-Dekl. Pl./3. Dekl.**
Ostiae – in Osti**a**	⟷	Pompeiis – in Pompej**i**
Ephesi – in Ephes**us**		Carthagine – in Karthag**o**

b. ***Wann wird der Lokativ, der Form nach der Genitiv Singular, wann der Ablativ verwendet?***

2 ***Übersetze.***
in Rom – in Griechenland – in Ephesus – in Karthago – auf Sizilien – in Ostia – in Pompeji

L1

Das Wunder von Ephesos

Die Seereise nach Olympia nutzen die Freunde, um sich über die Weltwunder zu informieren. Gespannt lesen sie, was sich in einer Julinacht des Jahres 356 v. Chr. in Ephesos zugetragen hat.

„Vir tenebris tectus clam per vias Ephesi ad altum templum! Dianae accessit. Dextra facem[1] tenebat. A custodibus non impeditus templum! intrare potuit. Id auro ornatum tamen numquam claudebatur. Nam temporibus antiquis homines putabant templum! numine defendi.

Tum res incredibilis accidit: Is sceleratus illud aedificium sacrum incendit. Tectum e ligno[2] factum cito flammis! captum est.

Sceleratus postero die in ius vocatus dixit se eo flagitio nomen suum immortale reddere voluisse. Appellabatur Herostratus.

L2

Et Ephesi et toto orbe terrarum tale scelus nefas[3] ductum est.

Hoc templum! quondam immenso sumptu a Croeso, illo rege divite, loco idoneo conditum erat. Etiam portae auro ornatae erant. Nonnulli auctores contendunt columnas[4] marmoreas! eius templi! etiam altitudinem insularum, quae aetate nostra Romae exstruuntur[5], superavisse.

Incendio autem omnia deleta erant: Columnae[4] fractae humi iacebant.

Sed statua! Dianae salva inter ruinas! reperta est.

Graeci, quia hanc rem miram omen putabant, undique pecuniam Ephesum[6] miserunt. Ita Ephesii in loco templi! deleti immensum templum! novum exstruere[5] potuerunt."

1) **fax, facis** f: Fackel 2) **līgnum, -ī** n: Holz 3) **nefās** *(nur Nom./Akk. Sg.)* n: abscheuliche Freveltat *(gegen Götter)*
4) **columna, -ae** f: Säule 5) **exstruere (exstruō, exstrūxī, exstrūctum):** errichten 6) **Ephesum:** nach Ephesos

Herostratus vor Gericht

Nach seiner Schandtat wird Herostratus vor Gericht angeklagt. Beschreibt den Verlauf der Gerichtsverhandlung auf Lateinisch. Der deutsche Text gibt euch Anhaltspunkte.

accusator (Ankläger)	**Herostratus**	*iudex* (Richter)
„Nichts ist mehr übrig. Die Säulen sind zerbrochen und liegen am Boden. Der mit Gold geschmückte Tempel wurde von diesem Verbrecher zerstört. Nur die Statue der Diana ist wohlbehalten gefunden worden."	„Ich leugne das Verbrechen nicht, doch ich bin von keinem Wächter abgehalten worden. Weder war der Tempel verschlossen, noch hat die Gottheit den Tempel verteidigt. Ich wollte durch den Brand meinen Namen unsterblich machen."	„Du hast das heilige Gebäude angezündet. Das Dach ist aus Holz gemacht. Es ist deshalb durch die Flammen zerstört worden. Du hast ein unglaubliches Verbrechen begangen und wirst mit dem Tod bestraft werden."

Ü1

1 ***Wandle folgende Satzgefüge auf Deutsch in Satzreihen um. Verbinde sie mit „und" und einem sinngebenden Adverb.***

1. Weil die Kinder mit auf die Seereise genommen worden waren, freuten sie sich.
2. Nachdem das Schiff befestigt worden war, wurde es entladen.
3. Obwohl Flavia auf die Gefahren des Meees aufmerksam gemacht worden war, freute sie sich auf die Reise.

2 ***Auf der Reise: Übersetze mit Beiordnung.***

1. Navis ab amicis diu exspectata tandem appropinquavit.
2. Flavia periculis maris mota timuit.
3. Dacus saepe a Gabinio monitus clam cibos e doliis[1] sumpsit.
4. Epistulae ab Aurelia scriptae ad matrem missae sunt.

1) **dōlium, -ī** n: Fass

Ü2

3 ***Weise die Ortsangaben in folgenden Sätzen der richtigen Variante zu und übersetze.***
Lokativ – Ablativ des Ortes – Ortsangabe mit *in*
1. Dacus narrat: „Iam multis locis eram. **2.** Ostiae multas tabernas petivi. **3.** Romae cum Flavia amica in theatroˈ fui. **4.** Ante nonnullos annos puer cum patre Flaviae, qui Athenis negotia agebat, in Graecia eram. **5.** Nunc Olympiae templaˈ clara videbo et aliquando certe Ephesi illud templumˈ clarum Dianae visitabo."

4 ***Gabinius erzählt, wo er herumgekommen ist. Verwende die unten stehenden Städte, Länder und Inseln und rufe eine Mitschülerin oder einen Mitschüler zur Übersetzung auf.***
z. B. Saepe in Graecia eram.
Roma – Italia – Alexandria – Ephesus – Delphi – Olympia – Athenae – Pompeii – Creta – Sicilia – Ostia – Corinthus – Aegyptus

5 ***Sortiere nach dem Genus und gib den Genitiv sowie die Bedeutung an.***
sumptus – altitudo – numen – omen – auctor – ius – aurum – humus

6 ***Wörter mit Familiensinn: Nenne jeweils ein Wort aus der gleichen Wortfamilie.***
altus – credere – reddere – sumere – iurare – salve

7 ***Ein weiteres Weltwunder: der Koloss von Rhodos***
Als Gabinius die Begeisterung der Kinder für die Weltwunder bemerkt, berichtet er ihnen von dem berühmten Koloss von Rhodos.
1. „Toto orbe terrarum negotia agebam. **2.** Primo in Sicilia libros emi, deinde Corinthi merces novas in navem meam portari iussi. **3.** Postremo Rhodi eram, quia ibi imagines antiquas emere cupivi. **4.** In portu[1] partes immensae statuaeˈ humi iacere vidi. **5.** Certe talis statuaˈ propter altitudinem incredibilem omnia tecta superaverat. **6.** Magister navis[2] a me rogatus explicavit: **7.** ‚Insula aliquando ab hostibus oppressa a Rhodiis defensa est. **8.** Postquam hostes pulsi sunt, cives statuamˈ Solis magno sumptu factam statuerunt. **9.** Sed ea motu terrae[3] caesa fracta et deleta est. **10.** Tum Delphis hoc consilium compertum est: ‚Non omnia, quae bene[4] iacent, moveri debent.'"

1) **portus, -ūs** m: Hafen 2) **magister** (**-trī** m) **nāvis:** Kapitän 3) **mōtus** (**-ūs** m) **terrae:** Erdbeben
4) **bene** *(Adv.)*: gut

Der griechische Tempel – ein Erfolgsmodell

Wenn du auf der Straße eine Umfrage zum Thema „Griechenland und die Griechen" machen würdest, würden viele antworten: „Retsina, die Akropolis, Zaziki, Meer, Olympische Spiele ..." Einigen fielen vielleicht Homer und die Philosophie ein. Die meisten würden aber wahrscheinlich griechische Tempel nennen, die sie im Urlaub oder im Fernsehen gesehen haben – oder auf Bildern beim „Griechen um die Ecke". Man kann ohne Übertreibung sagen, dass die Griechen durch die Erfindung der Tempelarchitektur ein Fundament für die gesamte spätere Baukunst Europas gelegt haben.

Zahlreiche griechische Tempel sind in Süditalien erhalten. Arbeite aus den folgenden Abbildungen heraus, welches die besonderen Kennzeichen griechischer Tempel sind und worin sie sich von römischen Tempeln unterscheiden.

Concordiatempel in Agrigent

Athenatempel von Paestum

Grundwissen: Der griechische Tempel war das **Haus der Gottheit**. Die Götter, die in **Menschengestalt** dargestellt wurden, wohnten in ihm bei den Menschen und gewährten dem Ort ihren besonderen Schutz. Von einem normalen Haus unterschied sich der Tempel durch den **Säulenumgang**, das **Stufenpodest**, die **Giebelfelder** und den **Bilderschmuck**. Götterbilder wurden im Tempelinneren aufbewahrt. Vor dem Tempel stand der Altar, an dem Opfer dargebracht wurden. Die bekannteste Tempelform war der **Ringhallentempel**.

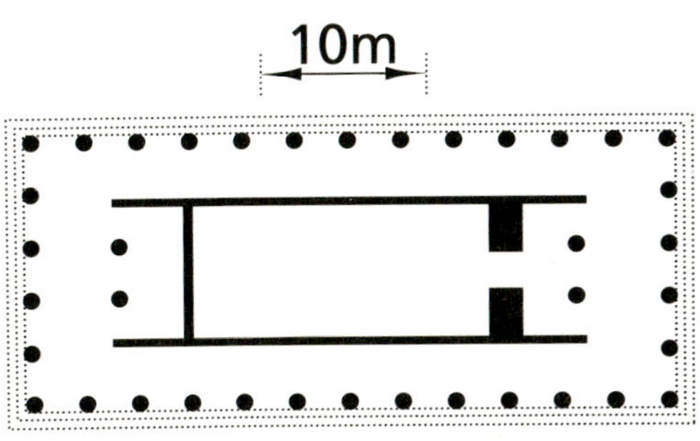

Grundriss eines Ringhallentempels aus dem 5. Jahrhundert v. Chr.

E1

Nach der Ankunft

1.	Aurelia freut sich, weil das Wetter schön ist. Aurelia freut sich ___ des schönen Wetters.	**kausal**
2.	Alle freuen sich auf Olympia, obwohl die Strapazen der Reise groß sind. Alle freuen sich auf Olympia ___ der großen Strapazen.	**konzessiv**
3.	Nachdem das Schiff angekommen ist, stürmen die Kinder an Land. ___ der Ankunft des Schiffes stürmen die Kinder an Land.	**temporal**

a. ***Fülle jeweils die Platzhalter, ohne den Sinn der Sätze zu verändern.***

b. ***Welche Wortart hast du dabei verwendet? Erkläre, wie sich Adverbialsätze ersetzen lassen.***

Aurelia ab amico adiuta tamen in aquam cadit.

c. ***Übersetze den Satz, indem du die Partizipialkonstruktion zunächst mit einem Adverbialsatz und anschließend einem Präpositionalausdruck auflöst.***

1 ***Übersetze das Participium coniunctum auf drei verschiedene Arten (Adverbialsatz, Beiordnung, Präpositionalausdruck).***

Sceleratus furore incitatus templum[1] incendit.

1. Weil ... 2. ... und deshalb ... 3. Wegen ...

E2

Eigenschaft per Substantiv

Rex superbus est.	Turris alta est.
Rex magn**ā** superbi**ā** est.	Rufus turrim magn**ae** altitudin**is** videt.

In welchen Kasus können im Lateinischen auch Substantive Eigenschaften ausdrücken?

2 ***Übersetze.***

1. Hercules magna audacia erat. 2. Ariadna formae pulchrae erat. 3. Templum[1] immensae altitudinis est. 4. Populus regem superbia terribili timet.

L1

Ein gewaltiger Göttervater in Olympia

Endlich kommen die Freunde in Olympia an. Obwohl Rufus und Dacus bedauern, dass gerade keine sportlichen Wettkämpfe stattfinden, sind sie doch interessiert an dem, was Flavia ihnen über den vielseitig begabten Bildhauer Phidias aus Athen vorliest, den Schöpfer der weltberühmten Zeusstatue.

„Phidias artifex[1] tot artium peritus erat! Antequam statuam[!] Iovis Olympii fecit, honorem patriae operibus suis auxit. Nam aetate eius Athenienses statuerant templa[!] in bello deleta restituere.

Inde Phidias a Pericle amico conductus signum clarum Minervae confecit. Sed propter illud opus egregium artifex[1] in ius vocatus est: Nam Phidias in clipeo[2] deae res gestas Thesei finxerat. Inimici eius invidia moti contenderunt vultus Thesei vultibus Periclis similes esse: ‚Phidias eo modo amicum suum immortalem reddidit. Sed ea re deos contempsit.‘

Ergo ille artifex[1] a Pericle protectus in vincula coniectus est."

L2

Dum amici per Olympiam ambulant,
Flavia deliberat et dicit:
„Profecto Phidias, quia vultus
tantae similitudinis[3] finxit,
artifex[1] praeclarus erat."
Subito tacet, nam liberi in aspectu Iovis stant.
Quanta altitudine est hoc ingens monumentum
ex auro et ebore[4] duro factum!
Iuppiter manu sinistra sceptrum[5],
in quo aquila[6] sedet,
dextera Victoriam, statuam[!]
magnae pulchritudinis, tenet.
Flavia admiratione completa vocat:
„Spectate Iovem, qui auctoritate egregia est!
Ego quoque probo sententiam Graecorum,
qui confirmant:
‚Is, qui hanc statuam[!] spectaverit,
numquam miser erit.‘"

1) **artifex, -ficis** m: Künstler 2) **clipeus, -ī** m: der *(runde)* Schild
3) **similitūdō, -dinis** f: Ähnlichkeit 4) **ebur, eboris** n: Elfenbein
5) **scēptrum, -ī** n: Zepter, Herrscherstab 6) **aquila, -ae** f: Adler

Führung im Zeustempel von Olympia

Ein Fremdenführer beschreibt gerade einer Reisegruppe aus Rom die berühmte Zeusstatue und beginnt folgendermaßen:

„Hic videtis statuam praeclaram a Phidia factam ..."

Setze seine Beschreibung fort und verwende dabei möglichst viele Genitive und Ablative der Beschaffenheit.

Ü1

1 ***Verbinde die Sätze, indem du aus dem ersten finiten Verb ein Participium coniunctum bildest, und übersetze sie anschließend mit einem Präpositionalausdruck.***

z. B. Rufus a Callimacho laudatus est. Rufus gaudet. → Rufus a Callimacho laudatus gaudet. Rufus freut sich wegen des Lobes von Callimachus.

1. Templa[1] in bello deleta sunt. Templa[1] ab Atheniensibus restituta sunt.
2. Opera Phidiae tota Graecia laudata sunt. Opera eum perdiderunt.
3. Tot inimici Phidiae odio moti sunt! Tot inimici eum in ius vocaverunt!
4. Is homo clarus captus est. Is homo clarus in vincula coniectus est.

2 ***Setze die Partizipien passend ein. Übersetze anschließend und gib das Participium coniunctum wenn möglich mit einem Präpositionalausdruck wieder.***

capti – exerciti – motus – incensi

1. Iuvenes diu ________ Olympiae certaminibus intersunt. 2. Sed nonnulli athletae[1] invidia ________ dolos adhibent. 3. Ei a custodibus ________ in vincula coniciuntur. 4. Etiam Dacus viribus athletarum[1] ________ corpus exercere statuit.

Ü2

3 ***Beschreibe die Abbildungen mit einem Ablativ oder Genitiv der Beschaffenheit. Rufe anschließend eine Mitschülerin oder einen Mitschüler zur Übersetzung auf.***

1. senator – magna auctoritas 2. gladiator[1] – tanta audacia 3. turris – ingens altitudo

4 ***Gib das Gegenteil auf Lateinisch an. Verwende dazu den neuen Wortschatz.***

mittelmäßig – winzig – rechts – weich – verschieden – Freund

5 ***Verwechslungsgefahr beim PPP: Unterscheide genau.***

contentum – contemptum – completum – compertum – conditum – conductum

6 ***Auf Spurensuche: Erschließe die Bedeutung der fett gedruckten italienischen Wörter.***

1. Il concerto è **incredibile**. 2. Le statue sono fatte con **arte**. 3. Ho comprato un **libro** antico. 4. **Tanti** saluti! 5. Il Colosseo è sulla **sinistra**. 6. Il lavoro è **duro**.

7 ***Wie alles anfing***

1. Daedalus artifex[1] sententia omnium ingenio[2] praeclaro erat. 2. Statuae[1] eius magna pulchritudine erant. 3. Sed Perdix ad Daedalum missus laboribus duris artem suam exercebat et postremo eum superavit. 4. Vultu tristi Daedalus ingenium[2] iuvenis cognovit. 5. Invidia motus iuvenem de saxo magnae altitudinis praecipitavit. 6. Sed Minerva misericordia incensa iuvenem servavit et in perdicem[3] mutavit. 7. Daedalus a custodibus captus exsilio punitus est.

1) **artifex, -ficis** m: Künstler 2) **ingenium, -ī** n: Begabung 3) **perdīx, -dīcis** f: Rebhuhn

„Schneller, höher, stärker" – die Olympischen Spiele in der Antike

a. *So könnte Olympia in der Antike ausgesehen haben. Was schließt du aus der Tatsache, dass im Mittelpunkt der Anlage ein gewaltiger Zeustempel stand, über die Eigenart der Olympischen Spiele der Antike?*

Grundwissen: Olympia war eine der heiligsten Stätten Griechenlands. Zu Ehren des Gottes Zeus fanden **alle vier Jahre** im Sommer **fünftägige Wettkämpfe** ausschließlich für **frei geborene, männliche Athleten aus der gesamten griechischen Welt** statt. Die Spiele sind erstmals **776 v. Chr.** nachweisbar. Im Jahr **393 n. Chr.** verbot sie der christliche römische Kaiser Theodosius, weil sie ein heidnischer Kult waren.

Man maß sich in folgenden Wettkampfdisziplinen: **Lauf über verschiedene Distanzen, Fünfkampf (Weitsprung, Lauf, Diskus- und Speerwerfen, Ringkampf), Ring- und Faustkampf, Pankration („Allkampf") sowie Pferde- und Wagenrennen**. Fast alle Disziplinen wurden nackt ausgeübt. Die Sieger wurden mit einem Zweig vom Ölbaum geehrt und durften eine Statue von sich in Olympia errichten lassen. Da ein Sieg in Olympia auch eine große Ehre für die Heimatstadt eines Siegers darstellte, war ein erfolgreicher Athlet auch zu Hause sein Leben lang hoch angesehen. Neben den Spielen in Olympia gab es in Delphi, Korinth und Nemea ähnliche Wettbewerbe. Für Frauen wurden zeitweise in Olympia eigene Wettkämpfe zu Ehren der Göttin Hera abgehalten.

Für die Olympischen Spiele 2008 wird das olympische Feuer entzündet.

b. *Seit 1896 gibt es wieder Olympische Spiele. Sie stehen unter dem Motto „Schneller, höher, stärker". Ihre Organisatoren betonen immer wieder, die modernen Spiele seien eine Fortsetzung der antiken. Überprüft diese Behauptung, indem ihr Kurzreferate über die Olympischen Spiele in der Antike und heute erarbeitet. Legt folgende Vergleichspunkte zugrunde: Ort, Zeit, Teilnehmer, Eid, Programm, Disziplinen, Regeln, Preise.*

E1 Alles zur gleichen Zeit

Partizip II	gegessen	gelacht	geschlafen	geschrieben	gemacht
Partizip I	ess**end**	lach**end**	schlaf**end**	schreib**end**	mach**end**

a. ***Erkläre den Unterschied zwischen Partizip I und II im Deutschen.***

PPA	cena-**ns**	ride-**ns**	dormi-*e*-**ns**	scrib-*e*-**ns**	faci-*e*-**ns**

b. ***Wie wird das Partizip Präsens Aktiv im Lateinischen in den verschiedenen Konjugationen gebildet?***

c. ***Schreibe eine Deklinationstabelle in dein Heft. Orientiere dich an dem Adjektiv ingens. Aber Achtung: Im Ablativ Singular lautet die Endung -e!***

1. Dacus dormit. Aurelia Dacum excitat. **2.** Aurelia Dacum dormientem excitat.
3. Aurelia Dacum in theatro[1] dormientem excitat.

d. ***Übersetze die Sätze 1 und 2. Trage die beiden Verbformen dormientem und excitat in einen Zeitstrahl ein. Welches Zeitverhältnis liegt vor?***

e. ***Übersetze den Satz 3 zunächst wörtlich, dann mit Relativsatz.***

1 ***Dekliniere folgende Ausdrücke.***
amicus ridens – dux vocans – comes accedens

2 ***Übersetze die Partizipialausdrücke mit Relativsatz.***
Dacus verba amicae audiens – Flavia pericula timens – Aurelia otium cupiens – Gabinius statuam[1] laudans – Rufus togam[1] gerens

E2 Enge Beziehungen

Dacus tantus est, quanta Aurelia est.

a. ***Übersetze den Satz. Welche beiden Wörter nehmen aufeinander Bezug?***

tam (so)	– **qu**___ (wie)	**tot** (so viele)	– ___ (___ ___)
totiens (so oft)	– ___ (wie oft)	**talis** (so beschaffen)	– ___ (___ ___)

b. ***Ergänze diese sogenannten Korrelativa.***

3 ***Bilde Sätze nach folgendem Muster und rufe eine Mitschülerin oder einen Mitschüler zur Übersetzung auf.***
z. B. Hic tot puellae sunt quot pueri.

L1

Stadt der „Erleuchtung“

Auf das nächste Reiseziel Alexandria freuen sich besonders Dacus und Rufus, denn sie haben sich schon immer für Alexander den Großen, den Gründer dieser Stadt, interessiert. Bei seinem Eroberungszug hatte der junge makedonische König in Ägypten einen Ort am Meer ausfindig gemacht, der ihm für die Gründung einer blühenden Metropole geeignet schien – eine Einschätzung, mit der er völlig richtig lag. Es ist schon später Abend, als sich das Schiff der Freunde Alexandria nähert.

Pericula noctis impendentis Aureliae timorem iniciunt. Amicos rogat: „Num vos in tenebris naves appropinquantes cognoscere potestis?“ Animo maesto addit: „Quotiens de naufragiis[1] homines perdentibus audiebam!“ Subito Aurelia re mira excitatur. Voce alacri clamat: „Me claram lucem solis videre puto.“ Pueri autem Aureliam attonitam[2] rident: „Lumen turris Phariae vides. Id lumen ad finem orbis terrarum perveniens – ut dicitur – navibus cursum ad portum monstrat.“ Immensa turris divisa est in partes tres, quarum summa lumen diffundit[3].

L2

Liberi admiratione completi aedificium spectant: „Talem turrim, qualis haec est, numquam vidimus. Haec turris, ut naves Alexandriam petentes salutat, ita naves urbem relinquentes dimittit.“

Vix in portum pervenerunt, cum viri ignoti navem ascendunt. Statim Gabinius liberis explicat: „Ecce bibliothecarii[!]! Nemo tam doctus est quam ii! Quotiens naves e terris diversis adsunt, totiens illi accedunt. Nam ei scholastici[4] coniciunt – ut puto – tot libros quot mures[5] in navibus esse. Omnia opera linguis alienis scripta, quae inveniunt, emunt, in sermonem Graecum convertunt, in bibliotheca[!] praeclara colligunt!“

1) **naufragium, -ī** n: Schiffbruch, Schiffsunglück 2) **attonitus, -a, -um:** verblüfft

3) **diffundere (diffundō, diffūdī, diffūsum):** aussenden 4) **scholasticus, -ī** m: Bücherwurm 5) **mūs, mūris** m: Maus

Kein gewöhnlicher Hafen

Beantworte folgende Fragen zum Text. Nimm in deiner Antwort die Frage wieder auf.

1. Cur Aurelia pericula noctis timet? → Aurelia pericula noctis timet, quia ...
2. Cur pueri Aureliam rident?
3. Cur liberi admiratione completi turrim spectant?
4. Cur bibliothecarii navem ascendunt?

Ü1

1 ***Suche alle PPA-Formen heraus und bestimme sie nach Kasus, Numerus und Genus.***

montibus – dividens – prudentis – pervenientia – ascendentis – diligentium – relinquente – ridentes – gentes – monentium – nuntium

2 ***Bilde anstelle des deutschen Relativsatzes eine lateinische Konstruktion mit PPA.***

1. Aurelia – *die die Gefahren der Dunkelheit fürchtet* – amicos quaerit.
2. Gabinius pueris – *die den Turm betrachten* – singulas partes aedificii explicat.
3. Turris naves – *die zum Hafen gelangen* – salutat.
4. Homines lumini turris – *das alle Schiffe zur Stadt führt* – se credunt.

Ü2

3 ***Setze die Korrelativa sinnvoll ein.***

quotiens – totiens   tanta – quantus   tales – quales   tot – quot

1. Gabinius narrat: „______ in urbem venio, ______ bibliothecarii[1] admirationem meam movent. **2.** ______ viros doctos, ______ hic sunt, numquam vidi. **3.** In hac urbe ______ libros invenis ______ equos. **4.** Bibliotheca[1] Alexandriae ______ est ______ Circus Maximus Romae."

4 ***Übersetze folgende Redewendungen.***

Quot homines tot sententiae. – Quot servi tot hostes. – Qualis rex talis grex[1].

1) **grex, gregis** m: Herde

5 ***Dreisprachig auf Spurensuche: Erschließe, was das italienische Wort bedeuten könnte, und ergänze den entsprechenden lateinischen und englischen Begriff.***

luce   notte   lingua   sole   porto

6 ***Verwechslungsgefahr: Unterscheide genau und nenne zu den Verbformen jeweils die Stammformenreihe und die Bedeutung. Sammle weitere Wörter mit Verwechslungsgefahr.***

cursus – cultus
colligere – deligere – legere
dimittere – decedere – descendere – dividere
lumen – numen – omen
tam – tum – dum
tot – tantus – talis

7 ***Ein bescheidener Wunsch an den Weltherrscher***

1. Diogenes philosophus[1] pecunia et divitiis carens in dolio[1] habitabat. **2.** Quotiens cives ea de causa eum ex urbe dimittere volebant, totiens eis explicabat homines prudentes divitiis non egere. **3.** Aliquando Alexander, magnus imperator, Diogenem ante dolium[1] suum sedentem visitavit. **4.** Alexander Diogenem spectans rogavit: „Quid petis, quid cupis, amice? Quot res desideras, tot tibi donabo!" **5.** Diogenes autem non diu deliberans respondit: „Decede e luce solis!" **6.** Alexander ridens cognovit: „Hic vir pauper profecto tam dives est, quam ego sum." **7.** Vocavit: „Tu es tam doctus quam audax[2]!"

Freundlich verabschiedete sich der große Feldherr von Diogenes und sagte: „Wenn ich nicht Alexander wäre, wäre ich gerne Diogenes."

1) **dōlium, -ī** n: Fass   2) **audāx;** *Gen.* **audācis:** frech

Bildungsreisen de luxe – die sieben Weltwunder

Der Eiffelturm in Paris, der Kölner Dom, Big Ben in London, der Rote Platz in Moskau, der Petersdom in Rom – die Reihe der touristischen Attraktionen, die man bei einer Rundreise durch Europa „gesehen haben muss", könnte man noch lange fortsetzen. In der Antike reiste man, wenn man es sich leisten konnte, wie unsere Helden zu den Hauptsehenswürdigkeiten, für die sich der Name „ sieben Weltwunder" eingebürgert hatte und die mit Ausnahme der Hängenden Gärten von Babylon alle rund um das Mittelmeer lagen. Merkwürdigerweise unterschieden sich antike Quellen darin, was alles zu den Weltwundern gezählt wurde. Einigkeit bestand aber in der Regel über die Zahl Sieben.

a. ***Die Sieben gilt seit jeher als besondere Zahl. Nenne weitere Beispiele für Siebenergruppen.***

Heute gelten folgende Bauwerke als die sieben Weltwunder der Antike:

Grundwissen: die **Pyramiden von Gizeh** in Ägypten, die **Hängenden Gärten von Babylon**, die zwölf Meter hohe **Zeusstatue**, die Phidias für den Tempel in **Olympia** schuf, der riesige **Artemistempel von Ephesos**, dessen Dach auf 127 Säulen ruhte, das **Grabmal des Königs Mausolos in Halikarnassos**, die etwa 36 Meter hohe Statue (*griech.* kolossós, daher **„der Koloss"**) des Sonnengottes Helios auf der Insel **Rhodos** sowie der **Leuchtturm von Pharos**, einer Insel vor Alexandria.

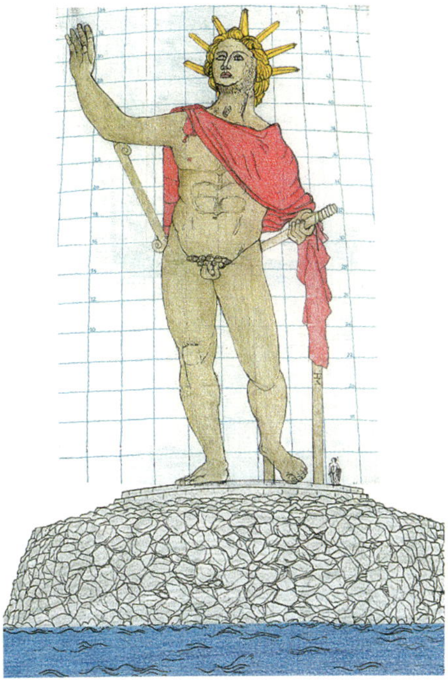

Der Koloss von Rhodos in einer modernen Rekonstruktion 2002

Rekonstruktion des Mausoleums von Halikarnassos

b. ***Überlege, welche Gebäude oder technischen Leistungen heute als Weltwunder bezeichnet werden könnten.***

c. ***Informiere dich im Internet über das Projekt „Die neuen sieben Weltwunder".***

E1

Auf der Suche nach dem Sinn

Daedalus	**artem Perdicis cognoscens**	tristis erat.
Daedalus	**Cretam insulam relinquere cupiens**	alas[1] invenit.
Icarus	**verba patris audiens**	non paruit.

1) **āla, -ae** f: Flügel

temporal	**kausal**	**konzessiv**
als, während	da, weil	obwohl

Suche dir eine passende Subjunktion aus dem Kasten aus und löse die Partizipialkonstruktionen jeweils mit einem Adverbialsatz auf.

1 ***Bilde Partizipialkonstruktionen nach folgendem Muster und übersetze.***
z. B. amici / Olympiam / petere → amici Olympiam petentes → während, (als) / weil / obwohl die Freunde Olympia aufsuchen
1. uxor / aedificium / relinquere 2. Rufus / montem / ascendere
3. Aurelia / monumentum / spectare 4. viri / consilia imperatoris / probare
5. homines docti / multis linguis / studere

E2

Ein Leuchtturm weist in eine neue Richtung

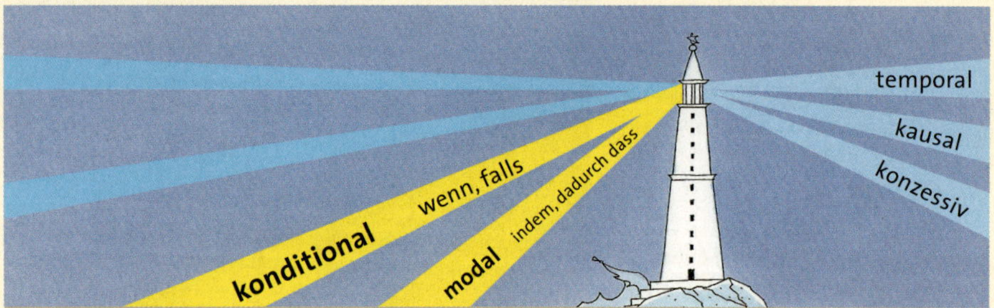

Nautae[1] periculis maris territi sunt.
Nautae[1] lumen turris conspicientes sciebant se pericula effugere posse.
Lumen turris cursum monstrans naves ad portum ducebat.

1) **nauta, -ae** m: Seemann

a. ***Der Leuchtturm hilft dir dabei, zwei noch bessere Übersetzungen für die Sätze zu finden. Wende sie an.***
b. ***Auf welche lateinischen Substantive lassen sich die Bezeichnungen für die beiden neuen Sinnrichtungen zurückführen?***

2 ***Übersetze die Sätze und löse dabei die Partizipialkonstruktionen mit der angegebenen Sinnrichtung auf.***
1. Rufus originem luminis miri explicans animum Aureliae placare[1] potest. (modal)
2. Nautae[2] cursum non tenentes in summo periculo sunt. (konditional)
3. Aurelia tenebras timens tandem ad portum pervenire vult. (kausal)

1) **plācāre:** beruhigen 2) **nauta, -ae** m: Seemann

L1

Die Kunst der Verführung

Nach ihrer anstrengenden Reise wollen sich alle erst einmal stärken. In dem Gasthaus, in dem sie zu Abend essen, haben sich auch andere Handelsreisende eingefunden. Interessiert und zugleich amüsiert hören die Kinder, was einen jungen Geschäftsmann und seine Freunde an der Küstenstadt Knidos besonders fasziniert hat.

„Nos iter per Asiam provinciam[!] facientes Cnidum visitare constituimus. Nam Cnidus homines et artis et litterarum studiosos delectat. Multa monumenta animo attento exspectantes imprimis illam statuam[!] a Praxitele confectam inspicere cupivimus. Illud simulacrum in aede Veneris positum animos hominum excitat: Alii hoc artificium[1] spernunt, quod dea paene nuda est, alii motum corporis naturalem[2] probantes statuam[!] laudant.

L2

Aedem petentes odorem[3] dulcem arborum et florum[4] ibi crescentium animadvertimus: Inde deam quasi praesentem esse putavimus. Ut statuam[!] conspeximus, profecto animi nostri pulchritudine Veneris excitati sunt. Deam e mari modo[5] emersisse[6] putavimus: Illa dea corpus nudum dextera manu tegens ab aspectu nostro se protegit. Sinistra manu vestem in litore depositam capit. Audivimus custodem spectatores[7] etiam tergum deae spectare cupientes nonnumquam adiuvare. Nam custos portam post simulacrum praeclarum aperiens eis tergum Veneris inspicere permittit. Homines narrant iuvenem aliquando in aede latentem deam amoris totam noctem spectavisse. Postero die a custodibus comprehensus ex aede pulsus est. Pudore motus urbem cito reliquit."

1) **artificium, -ī** n: Kunstwerk 2) **nātūrālis, -is, -e:** natürlich 3) **odor, -ōris** m: Geruch 4) **flōs, flōris** m: Blume 5) **modo:** eben, gerade 6) **ēmergere (ēmergō, ēmersī, ēmersum):** auftauchen 7) **spectātor, -ōris** m: *Subst. zu* **spectāre**

Eine außerordentliche Statue

Welche der drei Statuen hat der Geschäftsmann beschrieben? Begründe deine Meinung, indem du die entsprechenden Stellen aus dem Lesestück heranziehst.

Ü1

1 ***Forme folgende Sätze um, indem du die Adverbialsätze durch Partizipialkonstruktionen ersetzt. Übersetze anschließend.***

1. Multi homines, quod imprimis simulacrum Veneris spectare cupiunt, templum' intrant. **2.** Vir, dum templum' Veneris intrat, venustatem[1] statuae' laudat. **3.** Statua' deae, quamquam admirationem hominum excitat, a multis spernitur.

1) **venustās, -ātis** f: Liebreiz, Anmut

2 ***Mit welcher Sinnrichtung kannst du alle drei Partizipien auflösen?***

	uxorem suam desiderans	
Ulixes	multos dolos inveniens	in patriam non perveniebat.
	multa pericula sustinens	

Ü2

3 ***Unter welcher Bedingung? Setze ein passendes Partizip in der richtigen Form ein und übersetze.***

cavens – spernens – probans – deponens – curans

1. Mercatores[1] pericula maris _____ naves et merces amittunt. **2.** Gladiatores' adversarios[2] non _____ facile a tergo necabantur. **3.** Nemo imperatori consilia civium non _____ favet. **4.** Vestalis pudorem _____ puniebatur. **5.** Homines magna cura arbores _____ mox fructu[3] dulci gaudere poterunt.

1) **mercātor, -ōris** m: Kaufmann 2) **adversārius, -ī** m: Gegner 3) **frūctus, -ūs** m: Ertrag

4 ***Ein weit gereister Händler gibt gute Ratschläge: Übersetze.***

1. Multas terras petens simulacra deorum, aedificia praeclara, immensa templa' conspicies. **2.** Imprimis omnia negotia studioso animo suscipiens magnas divitias merebis. **3.** Hominibus te hospitem recipientibus semper gratus esse debes. **4.** Da piratis' te comprehendentibus pecuniam!

5 ***Auf Spurensuche: Mission possible! Unterscheide folgende Wörter aus dem Englischen, die auf die Komposita von mittere zurückzuführen sind.***

to promise – permission – to admit – commission

6 ***Überlege dir das passende Gegenteil auf Lateinisch.***

bekleidet – Stillstand – verbinden – bewundern – aufheben – verbieten – abwesend

Z

7 ***Pygmalion***

1. Der berühmte Künstler[1] Pygmalion beschloss, eine Statue[2], die alle Mädchen durch ihre Schönheit übertraf *(PC)*, zu schaffen (machen). **2.** Während er sie anfertigte *(PC)*, wurde er von großer Liebe ergriffen. **3.** Indem er der Statue[2] manchmal Geschenke machte (gab) *(PC)*, zeigte er ihr seine Liebe. **4.** Die einen lachten den Künstler[1] aus, die anderen wurden wegen seiner Kunstfertigkeit von Bewunderung bewegt. **5.** Weil Pygmalion eine der Statue[2] ähnliche Ehefrau begehrte *(PC)*, bat er Venus (erstrebte er von Venus): **6.** „Mach die Statue[2] zu einer echten Ehefrau! **7.** Wenn du meine Bitten erfüllst, wirst du bei mir immer in Ehren stehen (sein).“

Venus erfüllte ihm die Bitte und machte seine Statue lebendig.

1) Künstler: **artifex, -ficis** m 2) Statue: **statua, -ae** f ◄

Zum Verlieben schön – griechische Plastik

Das Bildnis der allerschönsten Frau umarmen: Dieser Traum manches antiken Knidos-Touristen geht in einem berühmten griechischen Mythos in Erfüllung. Der Künstler Pygmalion erschafft aus Elfenbein eine wunderschöne Frau – und verliebt sich in sein Geschöpf. Als er daraufhin zur Liebesgöttin betet, sie möge die Statue lebendig machen, erfüllt diese seinen Wunsch.

Für ihre Plastik (von griech. *plattein* „formen") sind die griechischen Bildhauer so berühmt geworden, dass ihre Werke die Kunst bis in die Gegenwart beeinflussen. Obwohl die Originale vieler griechischer Plastiken verloren sind, verraten uns außer den erhaltenen Stücken zahlreiche schriftliche Nachrichten und römische Kopien einiges.

Grundwissen: Griechische Plastiken stellen **Götter oder Menschen** meist **nackt** dar. Die Statuen sind aus Marmor, Bronze oder Elfenbein und waren bunt bemalt und manchmal vergoldet. Man unterscheidet **drei Stile**. Typisch für die **Archaik** (ca. 700–500 v. Chr.) sind muskulöse, aufrechte, fast starr wirkende Statuen, deren „archaisches Lächeln" den Eindruck von Lebensfreude und Ruhe vermittelt. Die Figuren der **Klassik** (ca. 500–323 v. Chr.) strahlen vollkommene Harmonie und Schönheit aus. Der Körper wird äußert lebendig dargestellt, seine Last ruht auf dem rechten Bein, das linke ist zurückgesetzt. Man bezeichnet diese Stellung als „Kontrapost". Im **Hellenismus** schließlich (323–ca. 30 v. Chr.) werden Menschen oft in besonders dramatischen Situationen, in äußerster Anspannung oder voller Leidenschaft dargestellt.

Beschreibe die drei abgebildeten Plastiken und ordne sie je einer Epoche zu.

Laokoon

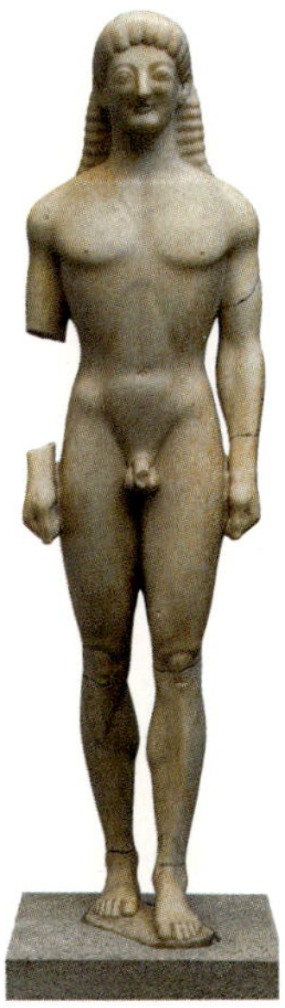

Kuros von Tenea

Apollon von Belvedere

E1

Die Qual der Wahl

Statuam[1] Veneris conspicientes admiratione affecti sumus.

1. Während wir die Venusstatue betrachteten, wurden wir von Bewunderung ergriffen.
2. Beim Betrachten der Venusstatue wurden wir von Bewunderung ergriffen.
3. Wir betrachteten die Venusstatue und wurden dabei von Bewunderung ergriffen.

Vergleiche die drei Übersetzungsvarianten miteinander und nenne jeweils das Wort, das die Sinnrichtung des Partizips zum Ausdruck bringt.

1 ***Beachte bei der Übersetzung die in Klammern stehenden Angaben.***

1. Iuvenis in templo[1] **latens** a custodibus comprehensus est. **(Beiordnung, konzessiv)**
2. Custodes aspectum tergi Veneris **permittentes** iuvenes delectabant. **(Unterordnung, modal)**
3. Rufus templum[1] **relinquens** statuam[1] Veneris laudavit. **(Präpositionalausdruck, temporal)**

E2

Ein Tempel für alle Sinnrichtungen

als, während – und deshalb –
wegen, aus – während, bei –
weil, da – und dabei –
als, nachdem – trotz –
und in diesem Fall – obwohl –
indem, dadurch dass –
und dennoch – wenn –
und dadurch – im Falle –
durch – und danach

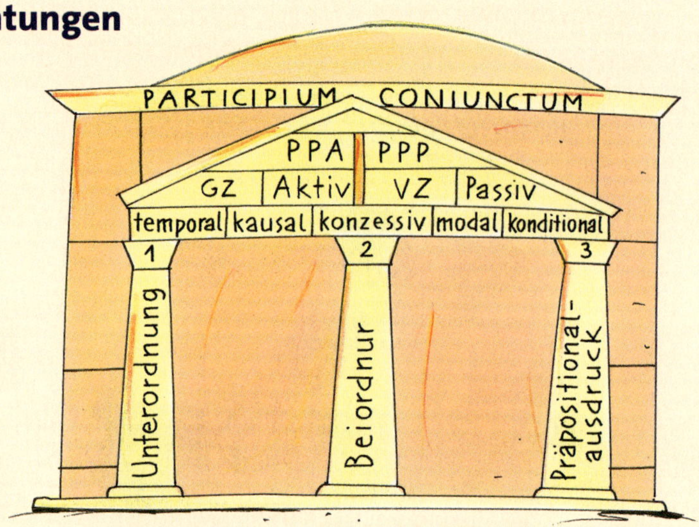

Ordne den Säulen 1–3 in der Abbildung alle Subjunktionen, Präpositionen und Konjunktionen mit Adverbien richtig zu. Welche Sinnrichtung drücken sie jeweils aus?

2 ***Wähle eine Übersetzungsmöglichkeit sowie eine Sinnrichtung und rufe anschließend eine Mitschülerin oder einen Mitschüler zur Übersetzung auf.***

	temporal	kausal	konzessiv	modal	konditional
Unterordnung	templa[1] conspecta – senator consilia capiens – uxor manus				
Beiordnung	ad caelum tollens – consilia ab amico contempta – animi spe				
Präpositionalausdruck	expleti – puer miser ab amicis risus				

L1

Ein Tempel für alle Götter

Zum Abschluss der Reise besucht Gabinius mit den Kindern das Pantheon in Rom, den Tempel „für alle Götter", wie sein griechischer Name besagt. Anfangs sind die Freunde wenig begeistert: Was sollte es denn an dem Tempel, an dem sie schon so oft vorbeigekommen sind, Neues zu entdecken geben?

Amici Pantheum, templum[!] ingentis magnitudinis, petentes multa volvunt. Flavia: „Cur Romani singulis deis singula templa[!] aedificantes omnes deos sine discrimine[1] in hoc uno templo[!] colunt? Num dignitatem Iovis, summi dei, tali modo neglegi licet? Nonne Iuppiter quondam fulmen de caelo mittens Pantheum delevit? Certe Iuppiter templum[!] evertens iram suam hominibus aperuit. Timeo furorem Iovis."
Dacus vultum tristem amicae animadvertens religionem Flaviae ridet: „Quanta superstitione[2] es! Num existimas Iovem te hoc templum[!] intrantem vindicare?"
Amici iter pergunt; tandem ad templum[!] perveniunt.

L2

Gabinius manum Flaviae tenens cellam rotundam[3] intrat. Intus Gabinius oculos tollens dicit: „Architectus[!] tectum globosum[4] caelo simile exstruxit: Foramen[5] medio in tecto factum soli simile est. Ut orbis terrarum sole illuminatur[6], ita templum[!] luce solis expletur. Videsne ‚omnes deos' Panthei?"
Circumspiciens Flavia bis[7] septem aediculas[8] statuis[!] deorum ornatas cognoscit. Gabinius explicare pergit: „Haec simulacra nos docent spiritum divinum ubique in mundo esse. Nos quoque sub caelo communi viventes partes mundi sumus."

1) **discrīmen, -minis** n: Unterschied 2) **superstitiō, -ōnis** f: Aberglaube 3) **rotundus, -a, -um:** rund
4) **globōsus, -a, -um:** rund gewölbt 5) **forāmen, -minis** n: Öffnung 6) **illūmināre:** erleuchten 7) **bis:** zwei Mal
8) **aedicula, -ae** f: Wandnische

Das Pantheon – eine Touristenattraktion

Lies dir folgende Beschreibung des Pantheons aus einem modernen Reiseführer aufmerksam durch. Suche anschließend Parallelen aus dem Lesestück.

„Das Pantheon, ein allen Göttern geweihter Tempel, zählt zu den bedeutendsten und außerordentlichsten Bauwerken der spätrömischen Antike. Der Bau wurde im 2. Jahrhundert n. Chr. vermutlich nach einem Entwurf Kaiser Hadrians fertiggestellt. Das kuppelförmige Dach mit einem Durchmesser von etwa 43 Metern ist dem Himmel nachempfunden. Durch eine einzige Öffnung, das sogenannte Kuppelauge, dringt das Tageslicht in das Tempelinnere. Die Götterstatuen befanden sich in Wandnischen. Das Pantheon wurde 608 n. Chr. in eine christliche Kirche umgewandelt. Heute findet man dort Grabmäler bekannter Persönlichkeiten."

Ü1

1 ***Führe alle Partizipien auf den Infinitiv Präsens zurück und gib dessen deutsche Bedeutung an.***
animadversum – perrectas – dictum – sublatos – aedificantibus – tenti – nocens – volventes – neglegenti – legentium – convertentem – intellegentibus – eversus

2 ***Übertrage die Teilsätze ins Lateinische, indem du die Präpositionalausdrücke als Partizipien übersetzt.***
1. *Wegen der Vernachlässigung der Götter* cives puniti sunt. **2.** *Beim Bau des Tempels*[1] viri multa saxa volverunt. **3.** *Im Falle der Geringschätzung des Ansehens der Senatoren* cives in vincula coniecti sunt. **4.** *Bei der Einschätzung der Größe des Tempels*[1] architecti[1] diu secum volvebant.

1) Tempel: **templum, -ī** n

Ü2

3 ***Hier dreht sich alles um das Participium coniunctum. Ordne die Begriffe den einzelnen Säulen des Tempels zu.***
konzessiv – Beiordnung – modal – gleichzeitig – temporal – Präpositionalausdruck – Unterordnung – vorzeitig – kausal – konditional

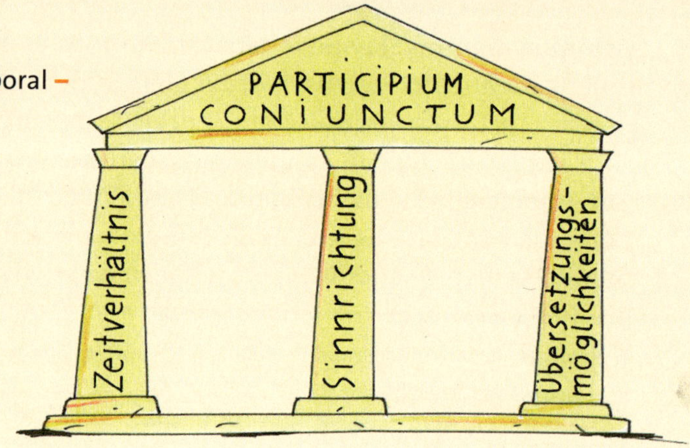

4 ***Ein Partizip passt sich an: Übersetze und löse dabei die Partizipialkonstruktion mit der jeweiligen Sinnrichtung auf.***

Rufus		magna admiratione affectus est. (kausal)
Dacus	Pantheum intrans	ridere non desiit. (konzessiv)
Flavia		manum Gabinii tenuit. (temporal)
Aurelia		templum[1] omnibus deis commune esse cognovit. (modal)

5 ***Du baust ein Haus: Erstelle ein Sachfeld mit allen dir bekannten lateinischen Begriffen.***

6 ***Wörter mit Familiensinn: Nenne jeweils ein Wort aus der gleichen Wortfamilie.***
aedificium – magnitudo – doctus – turbare – movere – studere

7 ***Endlich zu Hause!***
1. Rufus: „Tandem iter finivimus. **2.** Oppida praeclara visitantes ubique multas res novas cognovimus. **3.** Non solum monumenta exstructa, sed etiam statuas[1] immensa magnitudine et dignitate spectavimus.“ **4.** Aurelia: „Gabinius nos docuit Romae templum[1] omnibus deis commune esse. Dixit spiritum divinum ubique in mundo esse.“ **5.** Flavia: „In cella circumspicientes statuas[1] deorum vidimus.“ **6.** Dacus ridens addit: „Nunc scimus etiam Romam urbem praeclaram esse.“

Interpretatio Romana – ein „Who's who?" der griechisch-römischen Götter

Für die Römer, die sich als das frömmste Volk bezeichneten, war es selbstverständlich, die Gottheiten fremder Völker, vor allem derer, die sie unterworfen hatten, in ihre eigene Religion aufzunehmen und ihnen die Namen römischer Gottheiten zu geben. Sie bezeichneten z. B. die griechische Göttin Demeter, die für den Landbau zuständig war, als Ceres, da diese Göttin in ihrer Religion dieselbe Funktion hatte. Dieses Vorgehen bezeichnet man als *interpretatio Romana*, „römische Deutung".

Grundwissen: Folgende zwölf griechische Götter werden auch **olympische Götter** genannt, da die Griechen glaubten, sie wohnten auf dem höchsten Berg ihres Landes, dem 2917 Meter hohen Olymp: **Zeus (Iuppiter), Hera (Iuno), Athene (Minerva), Apollon (Apollo), Artemis (iana), Aphrodite (Venus), Poseidon (Neptunus), Hermes (Mercurius), Ares (Mars), Hephaistos (Vulcanus), Demeter (Ceres), Hestia (Vesta)**. Wichtig war auch der **Weingott Dionysos**, der dem römischen **Bacchus** gleichgesetzt wurde.

a. *In einem römischen Palast hat der berühmte Maler Raffael, der im Pantheon begraben liegt, die olympischen Götter dargestellt. Identifiziere möglichst viele von ihnen.*

b. *Übersetze und erkläre folgende Sentenz des römischen Philosophen Cicero:*
„Quot hominum linguae tot nomina deorum."

Internetrecherche: im Dreisprung zum Ziel

Lisa hat sich als Sportfan begeistert gemeldet, als ihre Lateinlehrkraft ein Referat zum Thema „Olympische Sportarten in der Antike“ vergeben hat. Nun sitzt sie zu Hause am Computer und recherchiert im Internet. Sie findet eine Flut von Informationen. Wie geht man bei einer solchen Recherche zielgerichtet vor?

Sprung 1: Gib einen **Oberbegriff** ein, wie z. B. „Olympische Spiele“. Auf diese Weise gelangst du zu sehr vielen Treffern.

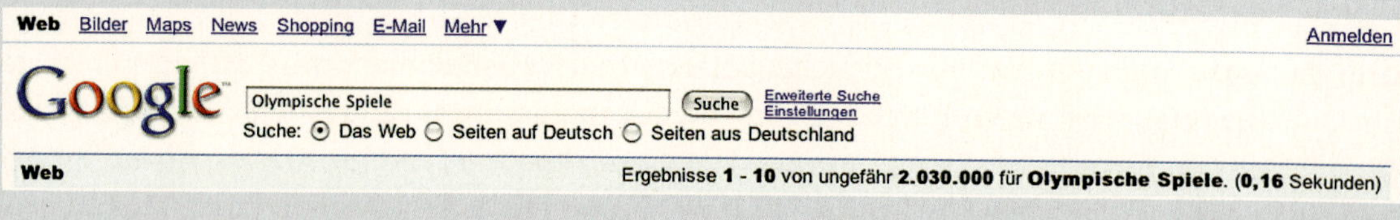

Wichtige Internetseiten wie Lexikonartikel und Darstellungen, die einen Gesamtüberblick enthalten, werden meist als Erstes aufgeführt. Häufig liefern sie jedoch auch Informationen, die du für das eigentliche Thema gar nicht verwenden willst oder kannst.

Sprung 2: Schränke die Suche mithilfe spezieller Begriffe **ein**. Verbinde die Begriffe durch ein „+“, hier z. B. „Olympische Spiele + Antike + Sportarten“. Die Anzahl der erzielten Treffer wird dadurch wesentlich geringer.

Sprung 3: In umfangreicheren Artikeln wirst du durch **Hyperlinks** (in der Regel blau und unterstrichen) zu wichtigen Unterbegriffen „weiterverlinkt“. Auf diese Weise erhältst du nähere Informationen z. B. zu einer bestimmten Sportart oder zu Athleten, die diese Sportarten ausübten.

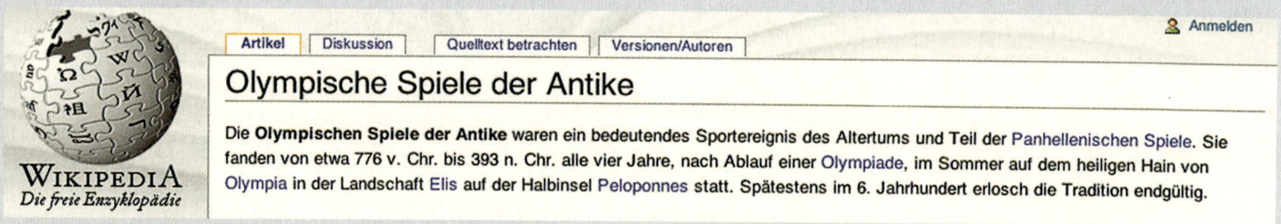

Weitere Tipps:

- Manchmal ist es hilfreich, Begriffe etwas umzuformulieren oder nach verwandten Begriffen zu suchen, z. B. „Athleten“ statt „Olympiasieger“.
- Suchst du nach Bildern, um dein Referat aufzubereiten, gib entweder den gesuchten Begriff ein und klicke dann „Bilder“ an oder benütze Bilder, die bereits auf einer Internetseite gezeigt werden.
- Werte nie nur die erste oder die ersten beiden Internetseiten für ein Referat aus, sondern sieh mehrere Quellen kritisch auf ihre Qualität hin durch.
- Nur seriöse Links dürfen für Arbeiten in der Schule benutzt werden.
- Ziehe auf alle Fälle auch gedruckte Quellen zur Sicherheit heran.

Finde auf die beschriebene Weise fünf Olympiasieger der Antike und ihre jeweilige Sportart heraus.

Semiramis – die sagenhafte Königin von Babylon

Das siebte Weltwunder, die sogenannten Hängenden Gärten von Babylon, sollen von der sagenhaften Königin Semiramis erbaut worden sein. Sie war die Tochter einer Göttin, die sie jedoch nach der Geburt ausgesetzt hatte. Hirten fanden damals das kleine Mädchen.

Pastores[1] puellam formae pulchrae inspicientes inter se dixerunt: „Numquam talem puellam vidimus, qualis haec est. Quis illam puellam praeclaram reliquit? Quis tanta crudelitate[2] est?" Misericordia moti puellam summo pastori[1] regis tradiderunt, qui eam ut pater educabat[3].

Virgo – tum Semiramis nominata[4] – tam prudens quam pulchra erat. Ninus, rex magna dignitate, qui sibi in Asia magnum imperium paraverat, eam in matrimonium duxit. Sed mox aetate confectus de vita decessit. Semiramis gloriam[5] mariti superare cupiens Babylonem urbem condidit eamque aedificiis et monumentis magna arte exstructis ornavit. Posteri existimabant reginam[6] etiam illos „hortos pendentes" aedificari iussisse. Sed viri docti nostrae aetatis hanc sententiam negant[7].

So bleiben Entstehung und Aussehen der Hängenden Gärten ein Rätsel, auch wenn griechische Schriftsteller über Semiramis viele Geschichten überlieferten.

1) **pāstor, -ōris** m: Hirte 2) **crūdēlitās, -ātis** f: Grausamkeit 3) **ēducāre:** erziehen 4) **nōmināre:** nennen 5) **glōria, -ae** f: Ruhm 6) **rēgīna, -ae** f: Königin 7) **negāre:** leugnen

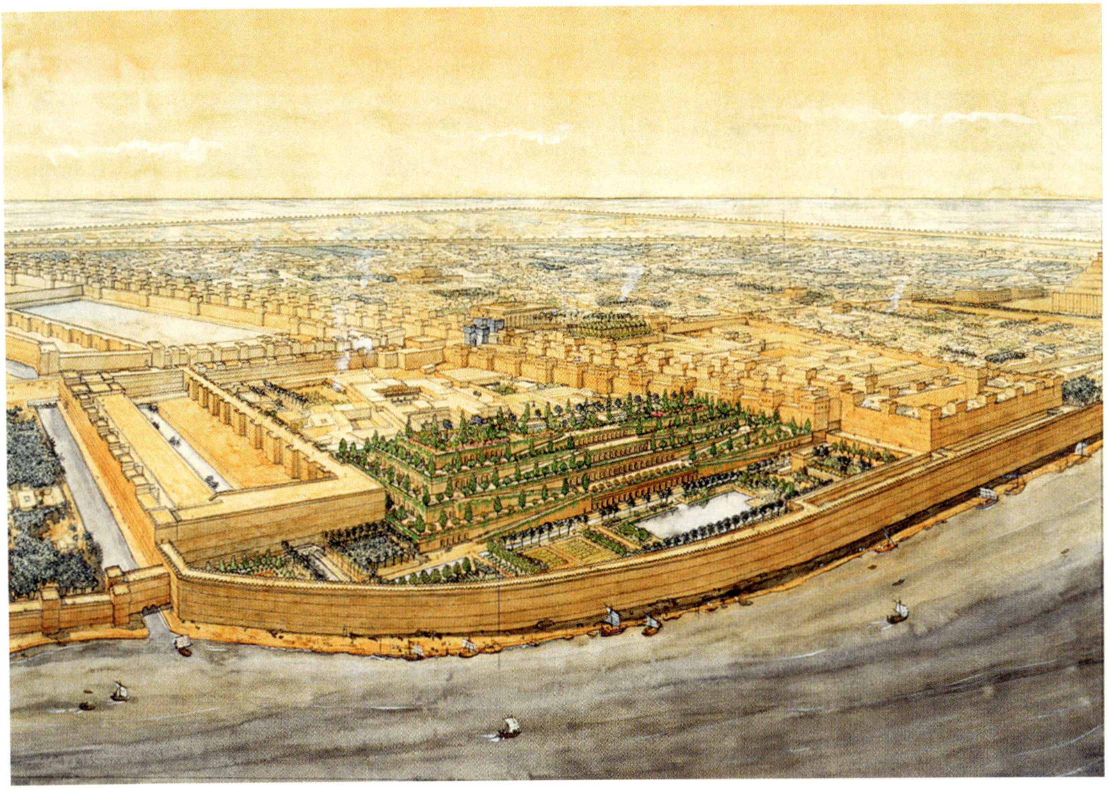

Rekonstruktionszeichnung der Hängenden Gärten der Semiramis

Wiederholungsübung

Bestimme nach Kasus, Numerus und Genus und gibt jeweils die Bedeutung an.

agmina – aeris – multitudinis – victorum – populum – animo – moenium – comiti – turri – nuntiorum – scelerati – navi – interitus – uxor – virginem – impetum – tempestatibus

bis Lektion 46

Übersetze die Ortsangaben.

auf Sizilien – nach Rom – in Rom – an einem geeigneten Ort – in Athen – nach Griechenland – in Afrika – in Ephesus – auf dem Boden

bis Lektion 47

Übersetze die folgenden adverbialen Partizipien mit Präpositionalausdruck. Die Angabe der Sinnrichtung hilft dir dabei.

1. Cena bene[1] parata omnes delectavit. (kausal)
2. Monumentum antiquum saepe deletum tamen restitutum est. (konzessiv)
3. Portae basilicae[1] auro ornatae ab omnibus laudabantur. (kausal)

Übersetze die folgenden adverbialen Partizipien mit Präpositionalausdruck.

1. Monumenta a praeclaris artificibus[2] aedificata[3] liberis placebant.
2. Paulus apostolus[1] Ephesi in vincula coniectus tamen epistulas amicis tradere potuit.
3. Bibliothecarii[1] naves investigantes[4] nonnullos libros invenerunt.

1) **bene:** gut 2) **artifex, -ficis** m: Künstler
3) **aedificāre:** bauen 4) **investīgāre:** durchstöbern

bis Lektion 48

Setze jeweils das passende Korrelativum ein und übersetze.

1. Mihi non tot libri sunt __________ amico. **2.** __________ in domum eius venio, totiens eum rogo: „Libros tuos legere cupio. Da mihi nonnullos libros, quaeso[1]!" **3.** Amicus profecto tam diligens __________ fidus[2] est. **4.** Talem amicum, __________ ille est, numquam habui.

1) **quaesō:** bitte 2) **fīdus, -a, -um:** treu, zuverlässig

bis Lektion 49

Übersetze die folgenden Sätze. Gib dabei den Partizipialausdruck möglichst treffend wieder.

1. Inimici Phidiae clipeum[1] Minervae spectantes contenderunt vultus Thesei vultibus Periclis similes esse. **2.** Phidias ab omnibus propter artificia[2] praeclara laudatus in vincula coniectus est. **3.** Liberi ante turrim Phariam stantes diu tacent. **4.** Bibliothecarii[1] opera linguis alienis scripta tamen emunt. **5.** Iuvenis in templo[1] Veneris comprehensus pudore motus est.

1) **clipeus, -ī** m: der Schild 2) **artificium, -ī** n: Kunstwerk

bis Lektion 50

Ein Reiseführer erläutert seiner Gruppe das Colosseum.

1. „Amphitheatrum Flavium immenso sumptu ab imperatore Vespasiano aedificatum est. **2.** Quanta altitudine hoc ingens aedificium est! **3.** Ibi homines ludos spectantes sedebant. **4.** Multi gladiatores[1] summa vi pugnantes necabantur. **5.** Imperatores gladiatoribus[1] veniam petentibus non semper vitam donabant."

Wiederholungsübung

Zerbrochene Steine nicht nur bei alten Tempeln: Setze die folgenden Silbenbausteine so zusammen, dass Wörter entstehen, die mit dem Sachfeld „Bauwerke, Kunstwerke und ihre Beschreibung" zu tun haben. Übersetze die Wörter.

z. B. resti / tuere: wiederherstellen

bis Lektion 46

Vokalschwund: Welche Vokabeln verbergen sich? Wie lautet jeweils die deutsche Bedeutung?

s■mpt■s ■lt■s n■m■n t■l■s h■m■s ■nt■qu■s

bis Lektion 47

Wörter mit Familiensinn: Nenne jeweils ein Wort aus der gleichen Wortfamilie.

altus – augere – pulcher – sumere – iniuria – salutare

bis Lektion 48

Ordne den folgenden Substantivformen die der Form und dem Sinn nach passenden Adjektive zu. Übersetze dann den ganzen Ausdruck.

1. solem 2. artium 3. vultui 4. linguae 5. auctoritatis 6. omina 7. sumptu 8. lucem

a. immenso b. claram c. bonarum d. tristi e. bona f. clarum g. magnae h. Latinae

bis Lektion 49

Ein Wächter kommt am Morgen in sein Museum und findet einiges verändert vor. Führe die Geschichte weiter und verwende dabei die angegebenen Wörter.

Porta non iam clausa est. Multa opera praeclara video. Partes statuae[1] fractae humi iacent. Quid accidit?

sceleratus – tollere – delere – reperire – salvus – nox – in vincula conicere – restituere

bis Lektion 50

Übertrage jeweils den als Zahl in Klammern angegebenen Buchstaben des lateinischen Wortes in dein Heft. Daraus ergibt sich eine aus zwei Wörtern bestehende Lösung, deren Bedeutung du leicht erschließen kannst.

Boden (5) – Licht (4) – Hafen (1) – solch (1) – links (7) – ähnlich (3)
Gold (5) – unglaublich (1) – liegen (5) – Baum (1) – Götterbild (7) – nackt (2) – süß (3) – so groß (2)

■■■■■■
■■■■■■■■

Römische Urgeschichten

Rufus führt kein Hausaufgabenheft. Daher ist er ganz schön in der Klemme. Er soll sich auf den morgigen Schultag beim *grammaticus* Callimachus vorbereiten. Da er aber heute nur Unsinn im Kopf hatte, weiß er gerade noch, dass es morgen um die römische Urgeschichte gehen soll – mehr aber auch nicht. Verzweifelt bittet er seinen Vater um Hilfe. Der drückt ihm ein Buch aus seiner Privatbibliothek in die Hand und nimmt sich etwas Zeit für seinen Sohn.

** Doch die Königin, die schon längst von schwerem Liebeskummer verletzt ist, nährt die Wunde in ihren Adern und wird von einem geheimen Feuer verzehrt …*

1) **rēctē** *(Adv.)*: richtig 2) **metrum, -ī** n: Versmaß 3) **rēgīna, -ae** f: Königin
4) **mī fīlī** *(Vok.)*: mein Sohn 5) **prīncipium, -ī** n: Anfang

E1 Wenn das Wörtchen „wenn“ nicht wär’, …

Rufus:
1. „Wenn ich in der Schule achtgebe, mache ich keine falschen Hausaufgaben.“
2. „Wenn ich in der Schule achtgäbe, würde ich keine falschen Hausaufgaben machen.“

a. Vergleiche die beiden Beispielsätze miteinander. Worin besteht der Unterschied?
b. Wie drückt man im Deutschen aus, dass im Satz 2 keine Tatsache, sondern nur eine gedachte Handlung vorliegt?

Si Daco servo verba Callimachi audire lice-**re**-t, fabulas novas cognosc-*e*-**re**-t.

c. Erkläre, wie der Konjunktiv Imperfekt im Lateinischen gebildet wird.

laudarem – gauderem – venirem – caperem – agerem – essem

d. Vervollständige jeweils das Konjugationsschema.

1 ***Setze vom Indikativ in den Konjunktiv und übersetze anschließend die gebildeten Formen.***
volvebas – exspectabatis – pergebamus – conciliabam – perveniebant – movebat

2 ***Setze den Konjunktiv Imperfekt in der jeweiligen Person ein und übersetze.***
1. Dominus: „Serve, si studiosus (es), officia (exples).“
2. Servus: „Si verbis domini semper (pareo), otio me dare numquam (possum).“
3. Dominus: „Si servus officia non (neglegit), eum (laudo).“

E2 Wenn das Wörtchen „wenn“ nicht wär’, wär’ das Passiv nicht so schwer!

a. Erkläre die Bildungsweise des Konjunktivs Imperfekt im Passiv.
b. Wie lauten die übrigen Personen? Vervollständige das Konjugationsschema.

3 ***Setze ins Passiv und übersetze dann die gebildeten Formen.***
verterem – tolleret – doceremus – aedificarent – neglegeret – existimaretis

4 ***Übersetze.***
es würde abgelegt werden – wir würden ausgelacht werden – ihr würdet verlassen werden – sie würden gehindert werden – du würdest vertrieben werden

L1

Der Beginn einer Liebe ...

Der Dichter Vergil erzählt in seinem Epos „Äneis", wie Äneas, Sohn der Venus und Ahnherr der Römer, während seiner Reise von Troia nach Italien durch einen schweren Sturm an die Küste Nordafrikas verschlagen wird. Für ihn und seine Gefährten dauert der Aufenthalt dort länger als beabsichtigt.

Eo tempore, quo Troiani litus Africae tetigerunt, Dido, regina Libyae, cum Poenis suis Carthaginem urbem condebat. Regina pia hospites auxilium petentes comiter[1] recepit, nam deliberaverat: „Si Troianis miseris hospitium[2] recusarem pietatemque neglegerem, dei me punirent." Praeterea Dido sorte Aeneae, qui et patria et coniuge privatus erat, movebatur. Nam ea sicut Aeneas e patria pulsa sedes novas quaesiverat, postquam Sychaeus maritus a fratre necatus est.

Venus autem curis gravibus commota cogitavit: „Iuno perpetuo odio in Troianos impleta est. Itaque eos exstinguere studet. Certe Troianis perniciem non pararet, si filius meus amore commoveretur et maritus Didonis esset. Iuno enim Didoni et Poenis favet."

L2

Itaque Venus Didoni amorem iniecit. Dido Annae sorori[3] haec aperuit: „Anna, scis me Sychaeo fidem perpetuam iuravisse. Numquam iusiurandum[4] violarem, nisi amore recenti vexarer. Quid mihi suades, soror[3]?"

Anna Didoni multas lacrimas fundenti hoc consilium dedit: „Concede pectori tuo hunc amorem!

Num totam iuventutem sola agere vis? Cogita pericula instantia: Femina infirma[5] es. Si rege forti carentes ab hostibus oppugnaremur, facile opprimeremur. Denique Carthago tua caperetur; tu, Dido, invita viro alieno nubere cogereris."

1) **cōmiter** *(Adv.)*: freundlich 2) **hospitium, -ī** n: Gastfreundschaft 3) **soror, -ōris** f: Schwester
4) **iūsiūrandum, -ī** n: Eid, Schwur 5) **īnfīrmus, -a, -um:** schwach

Keine leichte Entscheidung

Wähle aus, aufgrund welcher Überlegungen Anna Dido zur Heirat mit Äneas rät.

1. Dido will nicht ihre ganze Jugend allein verbringen.
2. Äneas verspricht ihr großen Reichtum.
3. Sie muss ihre Stadt vielleicht vor Feinden verteidigen und braucht deshalb Unterstützung.
4. Äneas könnte ihr beim Regieren helfen.
5. Die Troianer können beim Aufbau von Karthago helfen.

Ü1

1 ***Bilde zu den Verben jeweils den Konjunktiv Imperfekt und übersetze.***

commovebatis – eveniebat – tangebas – exstruebant – docebam – colligebamus – deponebas – iuvabatis – eram – volebant

2 ***Didos Überlegungen: Fülle die Lücken mit einem Verb im Konjunktiv Imperfekt.***

posse – manere – punire – relinquere – impendere – recipere

1. Nisi Troianos hospites ______, dei me ______. 2. Troiani enim, si apud me, reginam Libyae, ______, mecum urbem novam aedificare ______. 3. Si Troiani Carthaginem ______, pericula nova eis ______.

Ü2

3 ***Dreisprung: Plusquamperfekt → Perfekt → Imperfekt → Konjunktiv Imperfekt***

quaesita eras – oppugnata erat – commoti eramus – aperta erant – actum erat – contacti eratis – coactus eram – pulsi erant – possessum erat

4 ***Was wäre, wenn? Übersetze die deutschen Hauptsätze ins Lateinische und ordne sie den lateinischen Gliedsätzen richtig zu.***

1. Si Dido amore in Aeneam commoveretur, ... 2. Si totam iuventutem sola ageret, ... 3. Si Troiani denique apud reginam manerent, ... 4. Si Aeneas Didonem amore captam relinqueret, ...

a. ... würde sie Tränen vergießen. b. ... würde Iuno Aeneas mit ihrem ewigen Hass nicht mehr vernichten wollen. c. ... würden drohende Gefahren abgehalten werden. d. ... würde die Treue gegenüber Sychaeus nicht verletzt werden.

5 ***Gefühlvoll: Finde für das Verb eine bedeutungsgleiche Wendung.***

z. B. gaudere – gaudio compleri

flere – amare – dolere – timere

6 ***Frauenpower: Stelle lateinische Wörter für weibliche Personen zusammen.***

7 ***Äneas veranstaltet zu Ehren seines verstorbenen Vaters Wettkämpfe***

1. Denique Aeneas cum sociis litora Siciliae tetigit, ubi Anchises pater superiore anno[1] occiderat. 2. Sed Troiani, quos itineribus atque multis periculis vires defecerant, dixerunt: 3. „Si tandem sedes novas inveniremus, domos, sicut Carthaginienses, aedificare possemus.“ 4. Tum Aeneas secum cogitavit: „Si ludi pararentur, pectora iuventutis delectarentur.“ 5. Itaque ludos parari iussit, quos patri dedicavit[2].

1) **superiōre annō:** im vorhergehenden Jahr 2) **dedicāre:** weihen

Vergil – der Dichter der „Äneis“

Schülerinnen und Schüler kommen im Unterricht manchmal auf dumme Ideen: Ausgrabungen in Pompeji zeigen, dass die Unsitte, Schulwände zu beschmieren, bereits in der Antike herrschte. In Pompeji wurde folgende unvollständige Wandkritzelei gefunden:

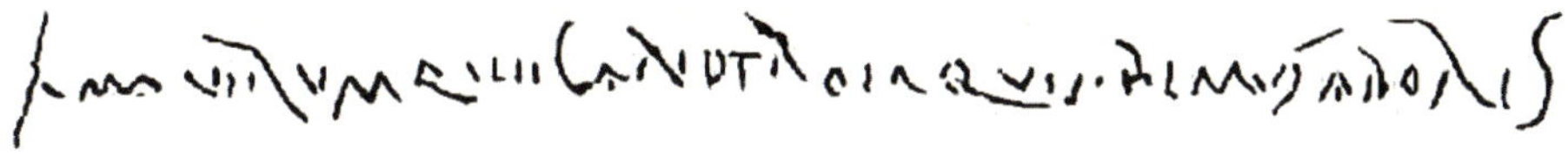

„Arma virumque cano Troiae qui primus ab oris“

a. ***Grenze die einzelnen Wörter der Inschrift voneinander ab. Finde in der Inschrift den entsprechenden Buchstaben für „r“ und versuche dann, sie zu lesen – auf Deutsch: „Die Waffen(taten) und den Mann (be)singe ich, der als erster von Troias Küsten …“***

Jeder römische Grammatikschüler kannte diese Worte. Es handelt sich nämlich um den ersten Vers von Vergils „Äneis“, einem der berühmtesten Werke der lateinischen Literatur.

Grundwissen: Die **„Äneis“**, das **Nationalepos der Römer**, wurde **Ende des 1. Jahrhunderts v. Chr.** von **Publius Vergilius Maro** (70–19 v. Chr.), einem Freund des **Kaisers Augustus**, in **Hexametern** verfasst. Vergil, der vorher bereits zwei bedeutende Werke veröffentlicht hatte, arbeitete an seinem Meisterwerk etwa zehn Jahre. Die **zwölf Bücher** des Epos enthalten die **Fahrt des Äneas** und seiner Begleiter **von Troia nach Italien** (I–VI) und den **Krieg**, den die Troianer gegen die Einheimischen in Italien führen und der mit dem Sieg der Troianer und ihrer Verbündeten endet (VII–XII).

Schon zu seinen Lebzeiten galt Vergil als „Klassiker“, vergleichbar dem deutschen Dichter Goethe. Daher wurde seine „Äneis“ im Schulunterricht auswendig gelernt, ausführlich erklärt und in Aufsätzen von den Schülern nacherzählt. Außerdem war das Epos noch jahrhundertelang Vorbild für Dichter.

In Vergils Heimatstadt Mantua erinnert unter anderem diese Statue an den großen Dichter.

Welch hohes Ansehen Vergil genoss, lässt sich zudem daran sehen, dass er auch in christlichen Gotteshäusern, wie hier im Dom von Orvieto (Fresko von Luca Signorelli um 1500), abgebildet wurde.

b. ***Vergil hatte selbst ein großes Vorbild: Homer (vgl. die Sachinformationen 36 bis 38). Welche Parallelen zwischen beiden Dichter erkennst du in Inhalt und Form ihrer Werke?***

E1 Verpasste Chance

1. Si nunc taceres, philosophus[1] maneres.
2. Si tum *tacu-**isse**-s*, philosophus[1] *mans-**isse**-s*.
3. Si Dacus *tacu-**isse**-t*, a domino non *monitus **esset***.

a. ***Erkläre die Bildungsweisen der kursiv gedruckten Verbformen. Von welchem Tempusstamm aus werden sie gebildet?***

b. ***Finde heraus, wann im Irrealis der Konjunktiv Plusquamperfekt verwendet wird, indem du Satz 1 und 2 miteinander vergleichst.***

1 ***Bilde den Konjunktiv Plusquamperfekt und übersetze.***
dixit – fleverunt – exstructum est – quaesivit – contacti sunt – neglexistis – nupsi – consederunt – aperta sunt – volvi – dimisisti – collegit – conciliavisti – fuisti – voluistis

2 ***Setze vom Irrealis der Gegenwart in den Irrealis der Vergangenheit und übersetze dann.***
1. Nisi Ulixes dolum inveniret, Graeci urbem non caperent.
2. Nisi Graeci Troiam occuparent, Aeneas uxorem non amitteret.
3. Si dei Ulixem adiuvarent, is statim in patriam perveniret.

E2 Zielgerichtet

Speisen sind mir zur Freude. Speisen bereiten mir Freude. Speisen erfreuen mich.

a. ***Wie fragst du nach dem fett gedruckten Substantiv? Was drückt der Fall hier aus?***

b. ***Vergleiche die Übersetzungsvarianten miteinander. Welche Übersetzung vermeidet man im Deutschen eher? Erkläre, warum.***

3 ***Übersetze die Wendungen zunächst wörtlich. Finde anschließend eine freiere Übersetzung.***
1. Filii et filiae matri curae sunt. **2.** Virtus Ulixis nobis admirationi est. **3.** Oratio acris senatori honori est.

L1

... und ihr tragisches Ende

Merkur ermahnt Äneas, Karthago zu verlassen (1757), Fresko von Giambattista Tiepolo, Villa Valmarana bei Vicenza

Tatsächlich werden Dido und Äneas ein Liebespaar. Doch ihr Glück währt nicht lange, da Jupiter Äneas durch Merkur ausrichten lässt, er habe schleunigst nach Italien aufzubrechen. Dort nämlich hätten die Götter ihm eine neue Heimat zugedacht. Als Dido bemerkt, dass die Troianer die Abreise vorbereiten, stellt sie ihren Geliebten zur Rede.

Dido: „Vir perfide, inceptum tuum – vel potius scelus tuum – me non fallit."

Aeneas: „O regina, voluntati deorum immortalium parens discedam. Si fatum me mea ex voluntate vitam agere sivisset, Troiam eversam restituissem. Nunc autem iussu deorum in Italia regnum mihi promissum capiemus. Tibi magnam gratiam debeo." Suntne saxa parentes tui? Nonne amore misericordiaque moveris?

Dido: „Si saltem[1] filium e te, Aenea amate, peperissem, non omnino a te desererer. Mane, Aenea!"

Das Gespräch endet ohne Ergebnis. Noch vor Tagesanbruch sticht Äneas heimlich in See. Als die Königin am Morgen die abfahrende Flotte sieht, schreit sie ihr voller Wut hinterher.

Dido: „Nefarii Troiani! Nisi clam fugissetis, fuga a me impedita esset: Faces[2] in naves vestras a me iactae essent."

Verzweifelt tötet sie sich mit einem Schwert, das ihr Äneas geschenkt hat. Der Rauch des Scheiterhaufens, auf dem die tote Königin verbrannt wird, ist das Letzte, was Äneas von Karthago sieht.

L2

Tandem Troiani in Italiam pervenerunt. Tum Iuno secum hoc volvit: „Troianos, qui mihi odio sunt, ab Italia prohibuissem, si fatum id concessisset. Itaque bellum in eos excitabo, antequam sedes novas invenerint."

Numine Iunonis complures gentes Italicae foedus adversus Troianos fecerunt. Venus autem, cui salus Aeneae cordi erat, filio clipeum[3] a Vulcano factum imaginibusque praeclaris ornatum praebuit et „Hic clipeus[3]", inquit, „tibi magno usui erit."

Una natio sua sponte Aeneae auxilio venit: Euander, rex Arcadum, Troianis copias misit. Ita Aeneae contigit Latinos infestos superare.

1) **saltem** *(Adv.)*: wenigstens 2) **fax, facis** f: Fackel 3) **clipeus, -ī** m: der *(runde)* Schild

Und dir habe ich vertraut!

Mit welchen Wörtern und Wendungen äußert Dido ihre Verzweiflung und ihre Empörung?

Ü1

1 ***Formenstaffel***

sino → Impf. → Pass. → Plqupf. → Konj. → Akt. → Ind. → Präs.
deseris → Plqupf. → Konj. → Impf. → Pass. → Ind. → Präs. → Akt.
parit → Impf. → Pass. → Konj. → Plqupf. → Akt. → Ind. → Präs.

2 ***Entscheidende Ereignisse in der Antike: Übersetze.***

1. Vesuvius Pompeios non exstinxisset, nisi saxa et cinerem in caelum iecisset.
2. Nisi turris Alexandriae aedificata esset, illa urbs non tam praeclara fuisset.
3. Nisi homo nefarius templum[1] Dianae incendisset, illud deletum non esset.

Ü2

3 ***Übersetze.***

1. Troiani Didoni cordi sunt. 2. Consilium domino usui est. 3. Virtutes mihi honori sunt. 4. Complures nationes sua sponte sociis auxilio veniunt. 5. Homines nefarii vel infesti deis odio sunt.

4 ***Erkläre die jeweilige Funktion des Dativs.***

1. Dominus Dacum in tabernam properare non sivit, quod salus Daci ei **cordi** est. 2. Dacus putat dominum **sibi** non favere. 3. Scit autem **domino** magnam auctoritatem esse. 4. Itaque servus **domino** paret.

5 ***Durchblick gefragt: Übersetze die Formen von parare, parēre und parĕre.***

pario – pareo – paro – peperit – paruit – paravit – partum – paratum – parent – pariunt – parant – parient – parebunt

6 ***Übersetze jedes deutsche Wort mit zwei unterschiedlichen lateinischen Vokabeln.***

meinen – das Schicksal – das Licht – verlassen – gegen – das Volk – oder – bevorstehen

Z

7 ***Eine neue Frau für Äneas***

1. König Latinus wollte sein Volk mit den Troianern durch ein Bündnis verbinden[1]. 2. Deshalb beschloss er, seine Tochter Lavinia dem Aeneas zur Frau zu geben. 3. Er sprach: „Wenn die Troianer nicht in mein Land gekommen wären, könnte meine Tochter nicht heiraten. 4. Denn ein Götterspruch hatte verboten, dass ich meine Tochter einem Mann unseres Volkes zur Frau gebe. 5. Mir liegt das Wohlergehen meiner Tochter am Herzen.“ 6. Aber auch Turnus, der König der Rutuler, bemühte sich, Lavinia für sich° zu gewinnen. 7. Deshalb bereitete er Krieg gegen die Troianer vor.

1) verbinden: **coniungere (coniungō, coniūnxī, coniūnctum)** ◀

Der Palatin – von der Königshütte zum Kaiserpalast

Der Dichter Properz, ein Zeitgenosse Vergils, gibt einem Romtouristen eine ungewöhnliche Stadtführung. Er erzählt, wie es in Rom vor der Stadtgründung ausgesehen haben muss: „Alles, was du hier siehst, Fremder, wo sich heute das riesige Rom erstreckt, war vor Äneas' Ankunft nur Hügel und Gras. Und da, wo jetzt auf dem Palatin das Heiligtum des Apollo steht, weideten vor langer Zeit die Rinder Euanders. Die Götter, für die jetzt goldene Tempel errichtet werden, waren ursprünglich aus Ton; und wer nur eine einfache Hütte besaß, musste sich dafür nicht schämen ..."

a. ***Kennst du alte Ansichten deines Wohnortes? Überlege, welchen Sinn ein Vergleich zwischen einst und jetzt haben kann.***

An eben diesen Ort kommt Äneas, als er sich nach seiner Landung in Italien auf die Suche nach Verbündeten begibt. Vergil erzählt, dass er in der Stadt Pallanteum von König Euander gastfreundlich empfangen wird. Euander ist kein reicher König. Er bewohnt eine einfache Hütte, führt ein bescheidenes Leben und ist sich nicht zu schade, höchstpersönlich für Äneas eine Stadtführung zu machen. Pallanteum ist das „Ur-Rom". Genauer gesagt liegt es auf dem *Palatium* bzw. *mons Palatinus*, dem heutigen, ca. 50 Meter hohen Palatinhügel.

Grundwissen: Wissenschaftler vermuten, dass auf dem **Palatin** die **älteste Ansiedlung Roms** lag. Hier wurde eine Göttin namens Palas verehrt, deren Fest, der 21. April, in Rom als Geburtstag der Stadt gefeiert wurde. Im Laufe der Stadtgeschichte Roms wurde der Palatin **Wohnort der reichen Oberschicht**. Kaiser **Augustus** wurde auf diesem Hügel geboren und ließ sich dort einen Palast errichten. Auch in den folgenden Jahrhunderten blieb der Hügel **Wohnsitz der Kaiserfamilie**.

Daran erinnern nicht nur eindrucksvolle Ruinen, sondern auch die Begriffe **„Palast"** und **„Pfalz"**, die sich aus dem Namen *Palatium* entwickelt haben.

b. ***Informiere dich, was „Palast" auf Italienisch, Französisch und Englisch heißt.***

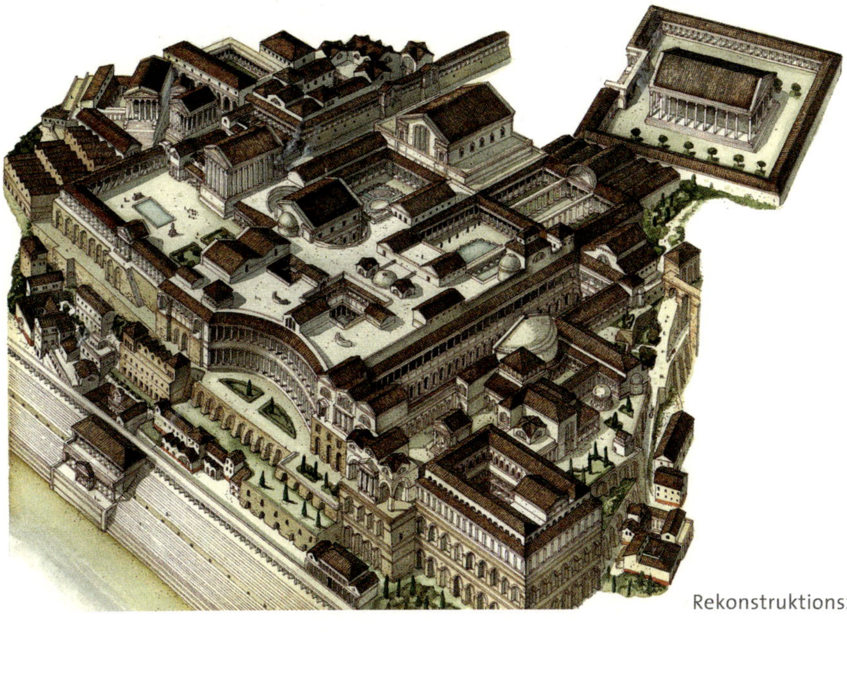

Rekonstruktionszeichnung des Palatin

E1 Ein Wort – viele Bedeutungen

Troiani in Italiam pervenerunt,
- { postquam multa pericula sustinuerunt.
- { **cum** multa pericula **sustinuissent**.
- { quod ibi sedes novas invenire debebant.
- { **cum** ibi sedes novas invenire **deberent**.
- { quamquam Iuno Troianos exstinguere studuerat.
- { **cum** Iuno Troianos exstinguere **studuisset**.

a. *Erschließe die Bedeutungen der Subjunktion* ***cum*** *in den Beispielen. In welchem Modus stehen die Verben in diesen* ***cum****-Sätzen?*

b. *Welchen Modus hat das Prädikat des Gliedsatzes im Deutschen?*

1 ***Ersetze die fett gedruckten Subjunktionen durch*** *cum*.

1. **Postquam** Euander Troianos adiuvit, Aeneae contigit Latinos infestos superare.
2. **Quod** Veneri salus Aeneae cordi erat, ei saepe auxilio veniebat.
3. **Quamquam** Latini infesti erant, foedus cum Troianis fecerunt.

E2 Neue (An-)Forderungen!

Callimachus postulabat, **ut** pueri origines Romanorum **cognoscerent**.
ne pueri se otio **darent**.

a. *Erschließe die Bedeutung von* ***ut*** *bzw.* ***ne****.*

postulare – rogare – monere – imperare – petere – impetrare

putare – dicere – clamare – sentire – videre – animadvertere

b. *Vergleiche die Verben in den beiden Kästen miteinander und ergänze folgende Regeln:*

Ein „dass“-Satz nach Verben des Bittens, Forderns und Wünschens wird im Lateinischen mit ________ ausgedrückt.
Ein „dass“-Satz nach Verben des Sagens, Meinens und Wahrnehmens wird im Lateinischen mit ________ ausgedrückt.

2 ***Entscheide, ob im Lateinischen der AcI stehen muss oder ein Gliedsatz, der mit*** *ut* ***oder*** *ne* ***eingeleitet wird.***

1. Rufus erzählte, dass er das falsche Buch gelesen hatte.
2. Rufus bat, dass Callimachus mehr über die alten Römer erzählte.
3. Callimachus forderte, dass die Jungen aufmerksam zuhörten.
4. Callimachus verlangte, dass die Jungen nicht schwätzten.

L1

Romulus und Remus

Als sich Rufus am Morgen nach seiner spannenden Vergil-Lektüre mit seinem Mitschüler Quintus trifft, erfährt er, dass dummerweise nicht Vergil Hausaufgabe war, sondern der Geschichtsschreiber Livius. Trotzdem bleibt er gelassen; denn die Geschichten vom Anfang Roms hat er sich schon einmal von seinem Vater erzählen lassen.

„Fabulas ad origines nostras pertinentes e memoria recitabo. Demonstrabo me doctum esse neque libris egere:

Cum Troiani Latium occupavissent, Ascanius Albam Longam condidit. Posteri Ascanii hoc regnum obtinebant.

Proca rex duos filios, Numitorem et Amulium, habuit. Numitor post mortem patris regnum accepit, cum maior natu[1] esset. Sed Amulius invidia permotus fratrem expulit et Ream Silviam, filiam Numitoris, Vestalem fecit. Rea Silvia, cum perpetuam virginitatem[2] iuravisset, geminos[3] peperit. Cum Martem patrem esse confirmaret, Amulius impius eam in custodiam dari puerosque modo partos in Tiberim conici iussit."

L2

Quintus autem sollicitatus dicit: „At Callimachus postulavit, ut fabulam de Romulo Remoque legeremus."

Rufus ridens respondet: „Hoc officium iam dudum[4] praestiti. Audi: Vergilius poeta[!] scripsit *lambere matrem impavidos**." Quintus stupet[5].

Itaque Rufus ei verbis simplicibus explicat: „Lupa[6] pueros e Tiberi servatos ut mater curavit. Postea liberi originis nobilis a pastoribus[7] alebantur. Adulescentes, cum optarent, ut scelera Amulii vindicarentur, regem nefarium interfecerunt."

Quintus: „Equidem existimo hoc scelus fratribus honori fuisse."

Rufus: „At mortem Remi Romulo crimini do: Impium erat fratrem occidere, quamquam Romulus eum monuerat, ne moenia Romae transiliret[8]."

* Rufus zitiert Vergil hier wörtlich: *„dass die Mutter die furchtlosen (Zwillinge) ableckte".*

1) **māior nātū:** der ältere *(Bruder)* 2) **virginitās, -ātis** f: Jungfräulichkeit 3) **geminī, -ōrum** m: *(männliche)* Zwillinge 4) **dūdum:** längst 5) **stupēre:** staunen 6) **lupa, -ae** f: Wölfin 7) **pāstor, -ōris** m: Hirte 8) **trānsilīre (trānsiliō, trānsiluī):** überspringen

Eine große Familie

Übertrage den Stammbaum in dein Heft und vervollständige ihn.

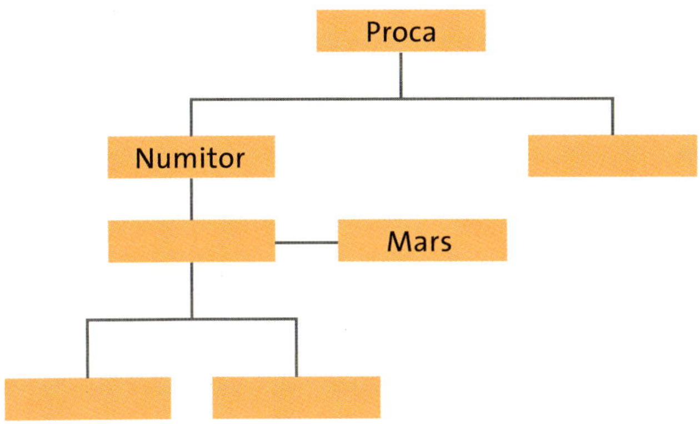

Ü1

1 ***Ersetze die Subjunktion cum im ersten Teil des Lesestücks 53 jeweils durch eine Subjunktion mit dem Indikativ. Passe den Modus bzw. das Tempus an.***

2 ***Bestimme die Sinnrichtung der Subjunktion cum und übersetze.***

1. Aeneas, **cum** fato coactus sedes novas invenire studeret, Didonem reliquit. **2. Cum** amore incensus esset, naves parare et Didonem deserere decrevit. **3.** Dido, **cum** Troianos Carthaginem relinquere animadvertisset, Aeneam impium duxit.

Ü2

3 ***Was folgt, AcI oder abhängiger Begehrsatz? Ordne die Verben in eine Tabelle ein.***

monere – clamare – optare – nuntiare – postulare – sentire – credere – imperare – tradere – dicere – demonstrare

4 ***Rufus erzählt von seinem Lehrer Callimachus: Setze entweder ut oder ne ein.***

1. Callimachus nos monuit, _____ omnia ad origines Romanorum pertinentia e memoria recitaremus. **2.** Optavit, _____ officia neglegeremus. **3.** Postulavit, _____ summo studio[1] libros legeremus. **4.** Imperavit, _____ otio nos daremus. **5.** Immo petivit, _____ semper magna cum cura litteris studeremus et officia praestaremus. **6.** Postulavit, _____ verbis simplicibus fabulas narraremus.

1) **studium, -ī** n: Eifer

5 ***Einsilbig: Nenne die deutsche Bedeutung der Wörter. Versucht gemeinsam, weitere einsilbige Wörter zu finden.***

ut – at – id – is – ad – in – ne – ex – vel – cum – quod – dum – tum

6 ***Setze die Nomina sinnvoll ein und übersetze die Wendungen.***

crimini – pium – regnum – religionem – urbe – custodiam

in _____ dare – se _____ praestare – _____ dare – ad _____ pertinere – _____ obtinere – ex _____ expellere

7 ***Faustulus***

1. Amulius, cum Numitorem expulisset et imperium obtineret, Romulum et Remum a Rea Silvia partos in Tiberim conici iussit. **2.** Sed Faustulus, pastor[1] Amulii, eos invenit. **3.** Cum filius Faustuli et Accae Larentiae, uxoris eius, modo vita decessisset, eos in domum suam portavit. **4.** Nam optavit, ut pueri salvi vitam simplicem agerent. **5.** Profecto Acca Larentia fratres sibi creditos magno amore et cura alebat et Faustulus se semper patrem bonum praestabat. **6.** Cum Romulus et Remus post multos annos de imperio certarent, Faustulus magnis doloribus affectus occidit.

1) **pāstor, -ōris** m: Hirte

Der Traum vom alten Adel – Roms Gründung zwischen Mythos und Geschichte

Gestatten, die Kapitolinische Wölfin, Ziehmutter von Romulus und Remus, Bronzestatue aus dem 5. Jahrhundert v. Chr., Hauptattraktion der Kapitolinischen Museen in Rom – und ein absolutes Muss für alle Romtouristen. Was die meisten Touristen nicht wissen: Diese Wölfin hatte ursprünglich gar nichts mit dem Romulus-Mythos zu tun, sondern wurde als heiliges Tier des Gottes Mars verehrt. Die Zwillinge wurden ihr erst im 15. Jahrhundert von einem Künstler „untergeschoben". Ähnlich verhält es sich mit dem schwierigen Thema „Wann, wie und von wem wurde Rom gegründet?". In dieser Frage tappten schon die Geschichtsschreiber der Antike im Dunkeln, da sie keine sicheren historischen Informationen darüber hatten. Mehrere unterschiedliche Versionen waren im Umlauf, denen gemeinsam war, dass die römischen Adeligen mit ihnen das hohe Alter und die besonders vornehme Herkunft ihrer Familien beweisen wollten (z. B. sollte die gens Iulia, aus der Cäsar stammte, direkt auf Julus / Ascanius zurückgehen). Und da man sich sowieso erzählte, einige flüchtige Troianer seien in Italien gelandet, wollte natürlich jeder seine Familie auf sie zurückführen. Den Historikern überließ man die undankbare Aufgabe, die zeitliche Verbindung zum Troianischen Krieg herzustellen – notfalls mit einiger Phantasie.

Grundwissen: Über die **Gründung Roms** liegen **keine gesicherten Informationen** vor. Römische Historiker versuchten, sie durch **Mythen** wie den von **Romulus und Remus** mit dem Troianer Äneas zu verbinden.

Nicht ganz ernst gemeint ist die Zeichnung „Der Hirt Faustulus entdeckt die Zwillinge" (Karikatur 1852). Was stimmt hier nicht?

a. ***Kennst du weitere Beispiele dafür, dass Menschen von Tieren „adoptiert" werden?***

b. ***Mit Wörtern kann man spielen, indem man sie z. B. von hinten liest oder sonst wie verändert. Aus der Antike kennen wir mindestens zwei Wortspielereien mit dem Namen*** **Roma**. ***Von hinten gelesen ergibt sich*** **amor**, ***und ganz ähnlich wie*** **Roma** ***klingt das griechische Wort*** **rhōmē** ***„Kraft". Versuche, zwischen den beiden Wortspielen und der römischen Urgeschichte einen sinnvollen Zusammenhang herzustellen.***

E1 *ut*, *ut* und nochmal *ut*

(so …) dass	Callimachus optavit, **ut** pueri fabulas e memoria recitarent.	Absicht
dass	Callimachus pueris libros dedit, **ut** eos legerent. Callimachus fabulas **tanto** studio[1] explicavit, **ut** omnes pueri eas magna admiratione audirent.	Folge
damit	1) **studium, -ī** n: Eifer	Begehren

a. ***Ordne die Bedeutungen und die Sinnrichtungen von* ut *den jeweiligen Sätzen richtig zu.***

b. ***Auf welches Wort nimmt* ut *im dritten Satz Bezug?***

1 ***Bestimme, ob die deutschen Gliedsätze eine Absicht, eine Folge oder ein Begehren ausdrücken.***

1. Romulus umgab seine Stadt mit einer Mauer, **damit** er die Einwohner beschützte. 2. Er befahl, **dass** niemand über die Mauer lachte. 3. Dennoch kam Remus herbei, **damit** er den Bruder beleidigte. 4. Dies erfüllte Romulus mit **so** großem Zorn, **dass** er seinen eigenen Bruder tötete.

E2 Hinderungsgründe

Primo Romulus omnes prohibuit, **ne** urbem suam intrarent.
Etiam timuit, **ne** Remus moenia urbis rideret.

a. ***Erschließe anhand des Inhalts der Beispielsätze die Bedeutung von* ne.**

metuere – cavere – timere – prohibere – periculum est – recusare

b. ***Teile die Verben nach ihrer Bedeutung in zwei Gruppen ein und ergänze dann folgende Regel.***

Nach Ausdrücken des __________ und des __________ heißt *ne* __________.

2 ***Übersetze.***

1. Timui, ne me relinqueres. 2. Nonne cavistis, ne amicos verbis acribus violaretis? 3. Periculum erat, ne hostes urbem oppugnarent. 4. Dei me impediverunt, ne id facerem.

3 ***ne oder ut? Setze richtig ein.***

1. Rufus optavit, __________ Callimachus de Romanis antiquis complures fabulas narraret. 2. Nonnulli pueri recusaverunt, __________ fabulas audirent. 3. Itaque timuerunt, __________ ira Callimachi incenderetur. 4. Callimachus petebat, __________ pueri officia neglegerent.

L1

Rom braucht Menschen

Beeindruckt fordert Quintus seinen Freund auf, den „Raub der Sabinerinnen" – eine weitere Hausaufgabe – nachzuerzählen, ohne Papyrusrollen zu wälzen. Auch das gelingt Rufus mühelos und er kann sogar wieder mit einem frisch gelernten Vergilzitat auftrumpfen.

„Etiam versus! de virginibus Sabinis a Vergilio compositos didici: Scripsit „*Sabinas sine more raptas esse.*" Audi illam quoque fabulam, Quinte! Cum Roma a Romulo condita esset, incolae[1] deerant. Ne urbs nova inanis maneret, Romulus hoc consilium audax cepit: Locum prope urbem novam situm[2] asylum[3] fecit, ut homines alienos adduceret. Profecto tot viri omnis generis – etiam scelerati – convenerunt, ut Roma cito cresceret et brevi oppidis finitimis par esset.

L2

Cum Roma tantopere aucta esset, tamen periculum erat, ne cito occideret; nam uxores deerant. Inde Romulus legatos ad gentes finitimas misit, ut conubia[4] peterent. Finitimi autem recusabant, ne Romanis virgines darent. Timebant enim, ne civitas nova potestatem suam minueret. Inde Romulus finitimis ludos praeclaros indixit. Multi homines convenerunt, ut ludos spectarent Romamque viserent, imprimis Sabini. Hospites se totos ludis dabant, cum Romani iussu Romuli repente virgines Sabinas rapuerunt. Id quidem factum Romuli probo. Nam, nisi Sabini se superbos praebuissent, periculum non fuisset, ne Romani virgines Sabinas vi atque armis in matrimonium ducerent."

1) **incola, -ae** m / f: Einwohner 2) **situs, -a, -um**: gelegen 3) **asȳlum, -ī** n: Freistätte *(in der Antike ein Ort, an dem sich Leute, die straffällig geworden waren, straflos aufhalten konnten)* 4) **cōnūbium, -ī** n: Ehe

Der Raub der Sabinerinnen (17. Jh.), Claude Deruet, Alte Pinakothek, München

Eine Stadt bekommt neue Bürger

Kläre, ob folgende Aussagen zum Lesestück wahr oder falsch sind oder nicht im Text vorkommen.

1. Cum Roma a Romulo condita esset, multi cives ibi habitabant.
2. Donis homines alieni adducti sunt.
3. Romani frustra legatos ad gentes finitimas miserunt, ut virgines peterent.
4. Sabini sua sponte Romanis filias suas dabant.
5. Sabinae magno timore affectae sunt.

Ü1

1 ***Bestimme die Art der Gliedsätze und übersetze.***

1. Rufus Daco hanc fabulam narravit, ut is originem urbis cognosceret: 2. „Romulus optavit, ut multi cives in urbe nova vitam agerent. 3. Ne civitati homines deessent, Romulus hoc consilium audax cepit: 4. Locum prope urbem novam situm[1] asylum[2] fecit, ut homines adducerentur."

1) **situs, -a, -um:** gelegen 2) **asȳlum, -ī** n: Freistätte, Asyl

2 ***Setze ein Signalwort ein, das auf einen Konsekutivsatz hinweist, und übersetze.***

1. Rufus fabulas ______ studio[1] didicit, ut puer Callimacho admirationi esset.
2. ______ viri in urbem pervenerunt, ut urbi Romae brevi multi cives essent.
3. Roma ______ crevit, ut finitimis par esset.

1) **studium, -ī** n: Eifer

Ü2

3 ***ut* und *ne*: *Welcher Nebensatz liegt vor? Entscheide und übersetze anschließend.***

1. Romulus timebat, ne genus Romanorum occideret. 2. Itaque repente legatos ad gentes finitimas misit, ut feminae in urbem novam adducerentur. 3. Illae gentes autem recusaverunt, ne virgines Romanis traderent. 4. Incolae Romae uxores tantopere desiderabant, ut Sabinas raperent.

4 ***Setze ein passendes Verb ein und übersetze.***

timuerunt – prohibere – recusavit – periculum erat

1. Aurelia ______, ne factum Romanorum probaret. 2. Dixit: „Certe Sabinae a Romanis raptae ______, ne occiderentur. 3. Nonne Sabini ______ studuerunt, ne virgines vi atque armis in matrimonium ducerentur? 4. Certe ______, ne fugerent."

5 ***Stelle alle Begriffe zum Sachfeld „Volk, Staat" zusammen, die du bereits gelernt hast. Rufe eine Mitschülerin oder einen Mitschüler zur Übersetzung auf.***

6 ***Auf Spurensuche: Nenne die lateinischen Wörter, auf die sich die englischen Vokabeln zurückführen lassen.***

pair – general – to visit – fact – composition – indication

7 ***Die Sabiner schließen mit den Römern Frieden***

1. Cum Romani audaces Sabinas rapuissent, periculum erat, ne ii virgines servas ducerent. 2. Itaque Tatius, rex Sabinorum, magna ira incensus suos monuit: 3. „Romulus nobis odio est. Is vir et potestatem et auctoritatem nostram risit. 4. Virgines in urbem novam traductas liberari necesse est." 5. Itaque Romanis bellum indixit et viros suos prope urbem finitimam coegit. 6. Cum Romani et Sabini diu inter se certavissent, Sabinae postulaverunt, ut viri – et Romani et Sabini – bellum finirent. 7. Profecto reges bellum finire et gentes foedere coniungere[1] constituerunt.

1) **coniungere (coniungō, coniūnxī, coniūnctum):** verbinden, vereinigen

Rom wird zur Stadt – die Zeit der Könige

Für die ersten Jahrhunderte der Stadtgeschichte Roms gilt dasselbe wie für die Gründung der Stadt: Gesicherte Informationen gibt es nicht, dafür wurden um einen historischen Kern Mythen erfunden.
Nach der **mythischen** Version wurde Rom zuerst nacheinander von **sieben Königen** regiert, denen jeweils bestimmte Leistungen zugeschrieben wurden. **Romulus** gründete die Stadt, verschaffte ihr mit ungewöhnlichen Methoden Bewohner, gründete den Senat und ließ einen Tempel für Jupiter errichten. **Numa Pompilius** führte die Verehrung der Göttin Vesta sowie den Kalender ein. **Tullus Hostilius** eroberte Alba Longa. **Ancus Martius** gründete Ostia. Der Etrusker **Tarquinius Priscus** erweiterte das Gebiet Roms durch Eroberungen. **Servius Tullius**, sein Schwiegersohn, ließ die erste Stadtmauer erbauen. **Tarquinius Superbus**, der Sohn des Tarquinius Priscus, kam durch die Ermordung seines Vorgängers an die Macht. Er führte mehrere erfolgreiche Kriege und ließ den Jupitertempel auf dem Kapitol errichten sowie die Cloaca Maxima, einen Entwässerungskanal für das Forum, anlegen.

Aus **historischer** Sicht ergibt sich etwa folgendes Bild: Schon Jahrhunderte vor der vermeintlichen Stadtgründung lebten auf zwei der sieben Hügel Roms Hirten und Bauern, auf dem Palatin die Sabiner, auf dem Quirinal die Latiner. Wann und wie aus diesen Siedlungen eine Stadt wurde, weiß man nicht genau. Sicher ist, dass die Etrusker eine wichtige Rolle bei der Stadtwerdung Roms spielten (der Name „Rom" wird sogar von einem etruskischen Familiennamen abgeleitet). Eine Tatsache ist ebenso, dass in den ersten Jahrhunderten Könige sowohl die politische und militärische als auch die religiöse Führung in Rom innehatten. Diese wurden von einer Versammlung von Adeligen, dem Senat, unterstützt. Um 510 v. Chr wurde die Königsherrschaft beendet.

Grundwissen: Mythos und **Geschichte** stimmen darin überein, dass **in den ersten Jahrhunderten Könige** Rom regierten, die über die politische, militärische und religiöse Macht verfügten und von einem Gremium von Adeligen, dem **Senat**, beraten wurden, sowie dass die **Etrusker** zeitweise großen Einfluss auf die Stadt hatten.

Fresko von Giuseppe Cesari, Sala degli Orazi e Curiazi, Konservatorenpalast, Rom

Dieses Fresko ist im römischen Konservatorenpalast zu sehen. Finde heraus, welcher mythische König Roms dargestellt ist.

E1 Ein Fall – zwei Möglichkeiten

timor **leonis**	timor **leonis**

a. ***Betrachte die beiden Abbildungen und übersetze anschließend die Wortverbindung so, dass sie jeweils zum Bild passt.***

LEO Dacum timet.	Dacus LEONEM timet.

b. ***Erkläre anhand der Beispielsätze, warum der obige Fall einmal als Genitivus subiectivus und einmal als Genitivus obiectivus bezeichnet wird.***

1 ***Übersetze als Genitivus subiectivus.***
spes Romanorum – odium hostium – audacia gentis – admiratio legatorum

2 ***Übersetze als Genitivus obiectivus.***
timor reginae – admiratio ducis – amor patris – fides deorum

E2 Irgendjemand muss es doch gewesen sein!

„**Jemand** hat von meinem Schüsselchen gegessen. **Jemand** hat in meinem Bettchen geschlafen. **Jemand** hat aus meinem Becherchen getrunken.“

a. ***Erkläre, weshalb die sieben Zwerge das fett gedruckte Pronomen verwenden. Was gibt es an?***

1. **Ali-quis** cibos meos rapuit. **Ali-quid** raptum est.
2. **Ali-qui** vir cibos meos rapuit. **Ali-qua** femina **ali-quos** cibos rapuit.

b. ***Vergleiche die Beispiele 1 und 2 miteinander. In welcher Wortart werden sie jeweils verwendet?***

c. ***Welches dir bekannte Pronomen liegt der Deklination von*** **ali-qui** ***zugrunde?***

3 ***Nichts als*** *aliqui, aliqua, aliquod:* ***Wer sortiert die Formen am schnellsten in ein Deklinationsschema ein? Welche Formen müssen ergänzt werden?***
aliqui – alicuius – aliquas – aliquibus – aliquorum – aliquae – aliquo

4 ***Bestimme die Formen und setze sie anschließend in den Plural.***
aliquem hostem – alicuius legati – aliqua femina – alicui generi – aliquo facto

L1

Das Ende der Königszeit

Rufus hat mit seinem Wissen nicht nur Quintus, sondern auch Callimachus imponiert. Zur Belohnung erzählt der grammaticus *seinerseits den Schülern eine weitere dramatische Geschichte aus der römischen Frühzeit.*

„Tarquinius Superbus, ultimus rex Romanorum, cupiditate[1] regni adductus Servium Tullium regem, socerum[2] suum, interfecerat regnumque vi occupaverat. Tum summa crudelitate superbiaque regens Romanos multis sceleribus vexabat. Consilia belli pacisque solus capiebat. Bella prospere[3] gerebat, sed animos civium neque victoriis hostium neque praeda conciliabat. Immo desiderium libertatis paulatim crescebat. Sextus Tarquinius, filius regis, culpam patris facinore turpi auxit. Ita invitus effecit, ut gens sua expelleretur.

L2

Sextus Tarquinius de pulchritudine et virtute Lucretiae, coniugis alicuius viri nobilis, audiverat. Profecto libidine Lucretiae incensus est, ubi eam conspexit. Itaque iuvenis nefarius mulierem impetu nocturno coegit stuprum[4] secum committere: Lucretia vi prohibita est, ne quem auxilio arcesseret. Postea pudore commota sua sponte de vita decessit. Itaque maritus eiusque amici ira incensi Romanos convocaverunt, de scelere Sexti narraverunt, clamaverunt: ‚Vae nos[5] servos miseros! Adhuc regibus vel potius tyrannis', si quod scelus committere cupiunt, id sine poena facere licet. Nunc autem necesse est Tarquinios puniri! Spoliate hanc gentem impiam imperio! Liberate vos!' Iis verbis cives Romanos impulerunt, ut Tarquinios Roma eicerent. Ergo res publica Romana liberata est."

1) **cupiditās, -ātis** f: Wunsch, Verlangen 2) **socer, -ī** m: Schwiegervater 3) **prosperē:** erfolgreich
4) **stuprum, -ī** n: Ehebruch 5) **vae nōs!:** ach wir ...! / ach, was sind wir doch für ...!

Tarquinius und Lucretia (um 1570), Tizian, Gemäldegalerie der Akademie der Bildenden Künste, Wien

Revolution in Rom

Du lebst zu Regierungszeiten des Tarquinius Superbus in Rom. Was wirfst du deinem König vor? Formuliere deine Vorwürfe auf Lateinisch.

Ü1

1 ***Liegt ein Genitivus subiectivus oder ein Genitivus obiectivus vor? In welchen Fällen ist beides möglich?***

cura librorum – cura liberorum – amor patriae – amor patris – spes regis – spes regni – timor hostium

2 ***Bestimme die Funktion der fett gedruckten Genitive und übersetze.***

1. Nonnulli Romani cupiditate[1] **imperii** commoti facinora turpia committunt. 2. Tarquinius, ultimus rex Romanorum, crudelitate effecit, ut odium **omnium civium** commoveret. 3. Desiderium **libertatis** paulatim crescebat. 4. Filius Tarquinii culpam **patris** auxit, cum scelus crudele commisisset.

1) **cupiditās, -ātis** f: Wunsch, Verlangen

Ü2

3 ***Ersetze die Formen von alius durch die entsprechenden Formen von aliquis.***

alius – alio – alii – alterius – alium – aliud – aliam – alia

4 ***Ergänze die entsprechenden Formen von aliqui, aliquae, aliquod und übersetze.***

_____ culpam – _____ libidinis – _____ legatos – _____ arti – _____ facinoribus – _____ cellis – _____ praedae – _____ generum – _____ vincula – _____ religionis – _____ mulieribus

5 ***Wörter mit Familiensinn: Finde Wörter aus der gleichen Wortfamilie.***

1. facinus – _____ – _____ 2. crudelis – _____ 3. nocturnus – _____ 4. liber – _____ – _____ 5. sumere – _____

6 ***Verwechslungsgefahr auch beim PPP: Unterscheide genau.***

1. captum – cupitum – cultum 2. eiectum – effectum – emptum – exceptum 3. traditum – traductum – tributum – tectum 4. impulsum – iniectum – incensum 5. cognitum – compositum – conspectum 6. fautum – factum – fractum 7. aversum – arcessitum – amissum

7 ***Rufus' grenzenlose Bewunderung für Vergil***

1. Vergilius poeta[l] Rufo tantae admirationi erat, ut alicui amico haec narraret: 2. „Fortuna Vergilio non semper favebat. 3. Post bellum turpe e domo sua eiectus est. 4. Imperator Augustus effecit, ut Vergilio agris spoliato bona redderentur. 5. Cum poeta[l] vita decederet, optavit, ut carmina[1] sua imperfecta[2] delerentur. 6. Sed aliqui amicus admiratione poetae[l] commotus impetravit, ut omnia carmina[1] servarentur. 7. Ita nobis illa ‚Aeneis' tradita est."

1) **carmen, -minis** n: Dichtung 2) **imperfectus, -a, -um:** unvollendet

Freiheit, nur mit Gewalt? – Wie Rom zur Republik wurde

Der folgende Zeitungsartikel hätte so oder ähnlich 44 v. Chr. in den *Acta diurna*, der Tageszeitung der Hauptstadt des Römischen Reiches, stehen können:

Cäsar will nicht König sein

Rom, 16. Februar. Der Konsul Gaius Julius Cäsar, der vom Senat erst kürzlich zum Diktator auf Lebenszeit ernannt worden ist, hat gestern in aller Öffentlichkeit deutlich gemacht, dass er kein König von Rom sein will. Als er auf dem Forum dem Luperkalienfest beiwohnte, setzte ihm sein Konsulatskollege Marcus Antonius überraschend ein Diadem, das Zeichen der Königswürde, aufs Haupt. Cäsar wies dies umgehend zurück und ließ eine Jupiterstatue damit schmücken. Ob nun die Gerüchte, der allmächtige Diktator wolle den Titel *rex* annehmen und so an die alten Könige Roms anknüpfen, endgültig verstummen werden, bleibt allerdings fraglich.

Versuche, Cäsars Reaktion auf diese Ehrung zu erklären.

Trotz dieses Auftritts konnte Cäsar die Befürchtungen der Römer nicht zerstreuen, er werde die freie *res publica* beseitigen und Rom wie ein Tyrann beherrschen. Am 15. März 44 v. Chr. wurde er von einer Gruppe von Senatoren um Marcus Iunius Brutus im Senat ermordet. Dass ausgerechnet Brutus die Verschwörer anführte, hatte einen guten Grund. Er sah sich nämlich als einen Nachkommen jenes legendären Lucius Iunius Brutus, der Rom von den etruskischen Königen befreit haben soll.

Grundwissen: Der **Übergang von der Monarchie zur Republik**, den die römischen Historiker ungefähr auf das Jahr **510 v. Chr.** datieren, soll ebenso gewaltsam verlaufen sein wie das Ende der Republik – zumindest in der sagenhaften Darstellung des Geschichtsschreibers **Livius**. Als **Befreier** von der Königsherrschaft gilt Lucius Iunius **Brutus**. Der Titel „König“ aber war den Römern seitdem zutiefst verhasst.

Diese Bronzestatue (4./3. Jahrhundert v. Chr., Kapitolinische Museen, Rom) stellt angeblich L. Iunius Brutus, den Begründer der Republik, dar.

Referieren wie ein Profi

Aus Lisas Recherche ist eine beachtliche Materialsammlung erwachsen.
Nun geht sie an die Planung ihres Referates.

Was sollst du bei der Planung eines Referates berücksichtigen?

Wichtig ist auf alle Fälle eine **gute Vorbereitung**.

- Triff eine sinnvolle Auswahl aus dem gesamten Stoffgebiet und erstelle eine schlüssige Gliederung.
- Verfasse eine kurze Einleitung, in der du z. B. das Thema erklärst und einen Ausblick auf die wichtigsten Gliederungspunkte gibst. Eine ebenfalls kurze Zusammenfassung am Ende hilft den Zuhörern zum Gesamtverständnis.
- Schaffe zwischen den einzelnen Punkten sinnvolle Überleitungen.
- Notiere die wichtigsten Stichwörter auf Zetteln oder Karteikarten.
- Gehe den Inhalt des Referates so oft durch, bis du die grundlegenden Punkte weitgehend frei erklären kannst.
- Übe das Referat am besten einige Male, wenn möglich vor Zuhörern.

Lisas Freundinnen geben ihr nun Tipps:
„Mach's nur nicht so wie Philipp neulich, bei dem haben wir gar nichts verstanden, weil alles so kompliziert erklärt war! Außerdem hat er nur auf seinen Notizzettel geschaut, wahnsinnig schnell abgelesen und mit Fachbegriffen um sich geworfen, die wir zum großen Teil nicht kannten." – „Und außerdem wollen wir wissen, welche Teile des Referates genau wir für die Schulaufgabe vorbereiten müssen, denn sonst lernen wir für den Aufgabenteil wieder viel zu viel." – „Geh bitte auch nicht gleich an deinen Platz, bevor wir Fragen stellen können, nur weil du ihnen ausweichen willst!" – „Aber bitte auch nicht so langweilig wie Susanne, die alles nur heruntergeleiert und kein einziges Bild gezeigt hat!"

Welche Fehler zählen Lisas Klassenkameradinnen hier auf? Welche wichtigen Regeln kannst du aus ihren Tipps ableiten?

Hilfe für die Troianer

Als die Latiner und ihre Nachbarvölker sich zum Kampf rüsten, sind die Troianer in großer Gefahr. Äneas ist dies sehr wohl bewusst. Doch woher sollte Hilfe kommen?

Cum Latini Troianis bellum indixissent, Aeneas curis gravibus commotus secum deliberavit: „Socios conciliare debemus. Aliter[1] enim Turnus omnesque, qui foedus in nos fecerunt, nos vincent. E patria promissa pellemur, multi e nobis occidentur. Nisi Troia a Graecis deleta esset, ibi mansissemus neque in tanta pericula incideremus[2]." Cum paene desperaret, ei dormienti Tiberinus deus, seni similis, apparuit dicens: „Desine timere! Socios invenietis, qui vobis magno auxilio erunt. Pete Pallanteum! Arcades ibi habitantes vos adiuvabunt!"

Profecto Aeneas ab Euandro, rege Arcadum, qui admiratione Troianorum audacium movebatur, his verbis receptus est:

„Cum pater tuus quondam cum Priamo rege iter faceret, etiam Arcadiam terram tetigit. Nisi illum virum cognovissem, te fortasse non adiuvarem. Sed filium hospitis atque tanti viri numquam desererem. Vos adversus Latinos infestos defendam. Me amicum verum praestabo. Pallas, filius meus, comes vester erit."

Deinde effecit, ut viri sui arma caperent equosque expedirent. Dixit: „Hi viri vobis magno usui erunt!"

Tum amore filii motus multis cum lacrimis manum Pallantis pectori suo admovit[3]: „Nisi senex essem, ego quoque Troianis auxilio venirem."

Pater infelix[4] enim timebat, ne filius de vita decederet.

Euander sollte mit seinen Ahnungen Recht behalten. Er sah seinen Sohn lebend nicht wieder, denn Pallas wurde später im Kampf von Turnus getötet.

1) **aliter:** andernfalls, sonst 2) **incidere (incidō, incidī):** hineinfallen, geraten

3) **admovēre (admoveō, admōvī, admōtum)** *(m. Dat.)*: legen auf 4) **īnfēlix;** *Gen.* **īnfēlīcis:** unglücklich

Zweikampf von Äneas und Turnus (1722), Deckenfresko von Jacopo Amigoni im Neuen Schloß Schleißheim

Wiederholungsübung

Welcher Pfeil trifft wohin?

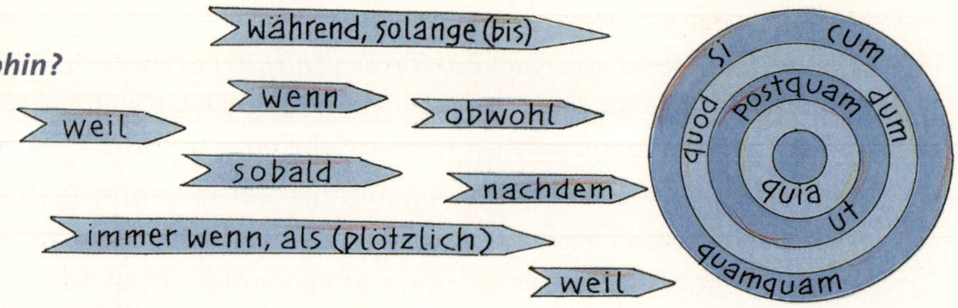

bis Lektion 51

Setze in den Konjunktiv und übersetze.

ascendebat – augebas – currebam – spernebamini – probabamus – providebatis – erant

bis Lektion 52

Bilde die richtige Form des in Klammern angegebenen Verbs und achte dabei auf das Genus verbi.

1. Si officia neglegeremus, parentes nos ______ (monere).
2. Si gratiam omnium conciliavissem, felix ______ (esse).
3. Nisi curis gravibus opprimereris, felix ______ (existimare).

Finde eigene freie Ergänzungen für die Gliedsätze.

1. Dido ius iurandum[1] non violavisset, nisi ______.
2. Dido fortasse amori non cessisset, si ______.
3. Dido felix putaretur, nisi ______.

1) **iūs iūrandum** n: Eid

bis Lektion 53

Unterscheide, in welcher Sinnrichtung ***cum*** *in folgenden Sätzen verwendet wird.*

1. Rufus, **cum** amicum conveniret, ei de lupa[1] et de fratribus servatis narravit. **2.** **Cum** Rufus fabulam a Vergilio scriptam legisset, Quintus eum adiuvare non debuit. **3.** **Cum** Callimachus intrabat, amici statim tacuerunt. **4.** **Cum** fabulae a Callimacho narratae amicos commoverent, omnes garrire[2] desierunt.

1) **lupa, -ae** f: Wölfin 2) **garrīre:** schwätzen

bis Lektion 54

Was passt – ***ut*** *oder* ***ne****? Setze die jeweils richtige der beiden Subjunktionen ein und übersetze dann. Entscheide, welche Art von Gliedsatz vorliegt.*

1. Callimachus liberis imperaverat, ___ fabulas a Livio traditas legerent. **2.** Sed Rufus multa de Didone legit: Venus timens, ___ filio pericula impenderent, animum Didonis amore incendit. **3.** Dido optabat, ___ Aeneas se in matrimonium duceret. **4.** Sed Iuppiter Mercurium de caelo misit, ___ Aeneam de fato eius moneret. **5.** Is Aeneam tantopere verbis excitavit, ___ ille statim ad litus properaret. **6.** Cito fugere studebat, ___ Dido consilium cognosceret.

bis Lektion 55

Rache für Pallas

1. Troiani fortasse ab hostibus oppressi essent, nisi Euander rex eos adiuvisset. **2.** Pallas, filius eius, non timebat, ne in periculum veniret. **3.** Sed Turnus eum tanta vi petivit, ut Pallas de vita decederet. **4.** Turnus, cum in manus Aeneae venisset, rogavit, ut is sibi parceret. **5.** Aeneas, cum vir pius esset, ira captus est. **6.** Nam Turnus filium Euandri magna cum crudelitate necaverat.

Wiederholungsübung

Finde jeweils Wörter mit gleicher oder ähnlicher Bedeutung.

appropinquare – cupere – animadvertere – sed – cingere – properare – dignitas – ergo – pulchritudo – crimen – existimare – decernere – mandare – arcessere – fortis

bis Lektion 51

Stelle pantomimisch dar.

lacrimas fundere – pellere – commovere – oppugnare

bis Lektion 52

Finde jeweils das Gegenteil zu folgenden Wörtern.

pauci – coactus – pius – nunc – defendere

bis Lektion 53

Unterscheide jeweils die verschiedenen Bedeutungen der Verben.

1. manum tangere – litus tangere
2. comites cogere – servos ad labores cogere
3. victoriam parere – filium parere – odium parere – honores parere
4. aliis praestare – officium praestare – se fortem praestare
5. colles ad mare pertinent – ad salutem pertinere
6. urbem obtinere – imperium obtinere

bis Lektion 54

(Halb)dutzendweise Adverbien: Stelle mindestens sechs Adverbien, die du in Lektion 51 bis 54 gelernt hast, mit ihrer deutschen Bedeutung zusammen.

bis Lektion 55

Helden über Helden!

Stelle in deinem Heft eine Mindmap zusammen, in der du sammelst, welche Eigenschaften Helden auszeichnen und welche Handlungen für sie charakteristisch sind. Gehe von Lektion 51 bis 55 aus, beziehe aber auch früher gelernte Wörter mit ein.

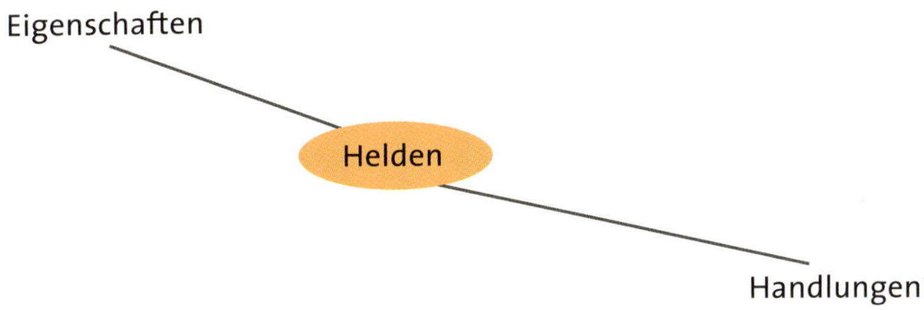

Welche Weltmacht währt ewig? – Schicksalstage der Antike

Es ist Juli. Zum ersten Mal hat Flavias Onkel Gabinius die beiden besten Freunde seiner Nichte zu sich nach Ostia eingeladen. Der Ausflug in die Stadt am Meer ist für die jungen Leute nicht nur eine willkommene Abwechslung, sondern auch eine echte Abkühlung, da die hochsommerliche Hitze in Rom kaum zu ertragen ist. Neugierig inspizieren Rufus und Aurelia unter Flavias Führung das prachtvolle Haus des Kaufmanns. Im Speisesaal überraschen sie den Hausherren dabei, wie er an einem Wandkalender das Tagesdatum, den 18. Juli, mit einem schwarzen Knopf markiert. Neugierig fragen sie ihn nach dem Grund dafür. Gabinius erklärt, der 18. Juli sei ein *dies ater*[1]. An solchen „schwarzen Tagen“ erinnert man sich in Rom an große nationale Katastrophen.

1) **āter, ātra, ātrum:** schwarz 2) **quid dē …?:** was ist mit …? 3) **longē** *(Adv.)*: weit, bei Weitem

E1

Wie geht's?

Dacus: „Hodie in thermas[1] **ire** cupio." Statim Dacus ad thermas[1] **it**. In via Aureliae et Rufo occurrit. Rogant: „Quo[1] **is**?" Dacus: „In thermas[1] **eo**. Quo[1] **itis** vos?"
Aurelia respondet: „Etiam nos in thermas[1] **imus**. **I** nobiscum!" Dacus ridet: „**Ite** mecum!"
Tum Rufus et Dacus et Aurelia in thermas[1] **eunt**.

1) **quō?**: wohin?

a. ***Erschließe die Bedeutung des Wortes ire und gib die Formen im Indikativ Präsens und im Imperativ an.***

ibam – ibo – ii – ieram – iero – ibimus – isti – ieras – iimus – issem – irem

b. ***Ordne die Formen den jeweiligen Tempora und Modi zu und ergänze die fehlenden Personen.***

1 ***Ersetze die Formen von properare durch die entsprechenden von ire.***
properas – properarem – properabat – properabimus – properant – properaverat – properavissetis – properavisti – propero – properavi – properavero – propera

2 ***Übersetze.***
ich gehe – wir sind gegangen – er ging – sie gehen – sie geht – ich werde gehen

E2

Wohin des Weges?

ab Italia ⟶ in Graeciam   a Sicilia ⟶ in Cretam

a. ***Wie wird im Lateinischen bei Ländern und großen Inseln der Ausgangspunkt bzw. die Richtung ausgedrückt?***

Rufus Roma Athenas properat.

b. ***Was ändert sich bei Städten?***

3 ***Übersetze.***
nach Sizilien – von Rom – von Athen – nach Kreta – nach Italien – nach Rom – nach Athen – von Italien – auf Kreta – von Griechenland

L1

Von einem, der auszog, die Welt zu beherrschen

Zu Beginn des Feldzuges gegen die Perser eroberte Alexander 334 v. Chr. die Stadt Gordion. Dort stand in einem Tempel ein Wagen, der mit einer komplizierten Knotenkombination – dem berühmten Gordischen Knoten – am Joch befestigt war. Wer diesen Knoten löse – so hieß es –, werde Herr über ganz Asien werden. Alexander nahm diese Herausforderung an.

Dum Alexander ad currum[1] it, milites timebant, ne res in malum verteretur. Ille autem non dubitans se regno Asiae dignum esse ad iugum iit et ... nodum[2] gladio rupit[3]. Cum ea res bene evenisset, se dominum futurum Asiae putabat. Sed antequam Asiam cepit, Aegyptum ab imperio Persarum liberavit. Tum decrevit in deserta[4] ire, ut oraculum[!] Iovis Hammonis peteret. Milites autem per loca vasta[5] euntes aestum vix sustinebant. Itinere confecti ad oraculum[!] pervenerunt. Ibi statim sacerdotes Alexandrum filium Iovis salutaverunt. Inde rex se deum coli iussit.

L2

Voll Selbstbewusstsein forderte der neu ernannte Gott den persischen Großkönig zu einer Entscheidungsschlacht heraus. Die Prophezeiung von Gordion erfüllte sich.

Alexander, cum Persas ingenti pugna vicisset, Persepolim properavit et illud caput Persarum cepit. Is desiderio honoris impulsus alias regiones ignotas invadere cupiebat, sed duces exercitus his verbis resistebant: „Pella quondam in Asiam discessimus, ut Persas vinceremus. Nunc autem more Persarum te salutamus nos humum iacientes. Iam multos annos per totum orbem terrarum erramus, postquam domo decessimus. Vires nos deficiunt. Domum ire volumus."

Tum rex furore commotus est. Milites enim eum impediverunt, ne per Indiam ad finem mundi iret. Invitus Babylonem perrexit, ubi morbo gravi affectus est. De vita decedens iussit corpus suum non domi, sed in Aegypto sepeliri[6].

1) **currus, -ūs** m: Wagen 2) **nōdus, -ī** m: Knoten 3) **rumpere (rumpō, rūpī, ruptum):** durchhauen
4) **dēserta, -ōrum** n *(Pl.)*: Wüste 5) **vāstus, -a, -um:** menschenleer, öde 6) **sepelīre:** bestatten

Alexanders Charakter

Charakterisiere Alexander. Finde treffende lateinische Adjektive, Substantive und Verben, die sein Wesen beschreiben.

Szene aus dem Film „Alexander" (2004)

Ü1

1 ***Bestimme die Formen von ire nach Person, Numerus, Modus und Tempus. Welche Formen können auch von is, ea, id kommen?***

iit – ierunt – issem – iret – isti – is – i – eo – eunt – ibam – ite – imus – iimus

Ü2

2 ***Setze jeweils einen der Orte als Ausgangspunkt und einen als Ziel ein und rufe eine Mitschülerin oder einen Mitschüler zur Übersetzung auf.***

Roma – Italia – Alexandria – Ephesus – Delphi – Olympia – Athenae – Pompeii – Rhodus – Sicilia – Ostia – Corinthus – Aegyptus

_____ decedo et _____ venio / propero / navigo / eo.

3 ***Ergänze die passenden Endungen und übersetze.***

1. Alexander, cum se arm___ Achillis dignum putaret, primo Troi___ iit et sepulcrum[1] illius viri visitavit. **2.** Rex Gordi___ iit, ubi nodum[2] gladi___ rupit[3]. **3.** Milites aest___ vexati dom___ ire voluerunt. **4.** Alexander morb___ mal___ affectus est.

1) **sepulcrum, -ī** n: Grab 2) **nōdus, -ī** m: Knoten 3) **rumpere (rumpō, rūpī, ruptum):** durchhauen

4 ***Setze passende Formen von domus ein.***

Dacus _____ est. Dacus _____ properat. Dacus _____ decedit.

5 ***Übersetze folgende Redensarten und erkläre sie.***

1. Errare humanum[1] est. **2.** De mortuis[2] n(ih)il nisi bene. **3.** Ubi bene, ibi patria.

1) **hūmānus, -a, -um:** menschlich 2) **mortuus, -a, -um:** tot

6 ***Auf Spurensuche im Garten: Erkläre die fett gedruckten Fremdwörter.***

1. Die **Invasion** der Blattläuse bereitet dem Gärtner Sorgen. **2.** Trotz einer dicken **Humus**schicht wachsen die Rosen nur langsam. **3.** Die Schädlinge sind gegen das Pflanzenschutzmittel **resistent**.

7 ***Bukephalas: ein bemerkenswertes Pferd***

1. Alexander patri rusticum[1], qui equum mirum secum ducebat, monstravit. **2.** „Vide, pater, ille vir domo Pellam iit, quia regi equum vendere[2] vult. **3.** Sed equus omnes de tergo suo humum iaciens etiam viris fortibus resistit.“ **4.** Rusticus[1]: „Quid dubitas? Eme equum, nam dominus huius equi dominus futurus orbis terrarum erit.“ **5.** Philippus risit: „Erras, amice. Equum tali morbo affectum non emam.“ **6.** Tamen Alexander appropinquavit et equum diu spectabat. **7.** Tum equum adversus solem vertit et sine periculo equum ascendit.

Alexander hatte erkannt, dass das Pferd sich nur vor dem eigenen Schatten fürchtete. Voll Bewunderung soll sein Vater ausgerufen haben: „Alexander, such dir ein Reich, das deiner würdig ist! Makedonien wird für dich nicht genügen.“

1) **rūsticus, -ī** m: Bauer 2) **vendere (vendō, vendidī, venditum):** verkaufen

Der Alexanderzug – die Leistung eines „Großen“

Um die herausragende Leistung Alexanders zu würdigen, verliehen ihm die Römer im 2. Jahrhundert v. Chr. den Beinamen *Magnus*.

Grundwissen: Alexander eroberte in **weniger als zehn Jahren Ägypten, das Weltreich der Perser** und Teile von **Indien**, bevor er im Alter von 33 Jahren völlig überraschend **323 v. Chr.** in Babylon starb. Während seines Eroberungszuges stieg Alexander vom **makedonischen Heerführer** zum **ägyptischen Pharao** und schließlich zum **persischen Großkönig** auf. Viele verehrten ihn sogar als Gott.

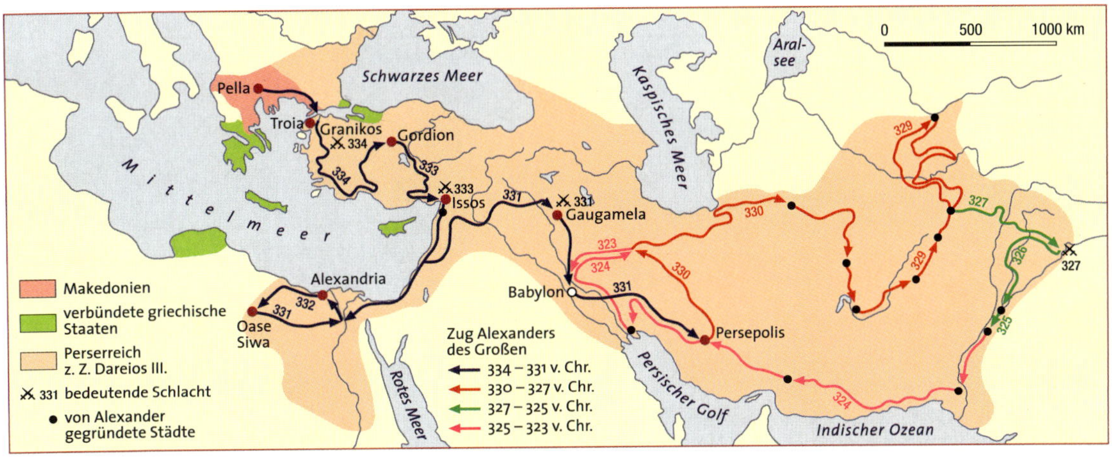

Auf der Karte kannst du erkennen, dass die Eroberung des **westlichen Perserreiches** (Kleinasien, Syrien, Ägypten) verhältnismäßig lange dauerte. Mit seinen Siegen am Fluss Granikos (334 v. Chr.), bei Issos (333 v. Chr.) und Gaugamela (331 v. Chr.) konnte sich Alexander gegen den Perserkönig Dareios durchsetzen und trat dessen Nachfolge an. Weitere vier Jahre dauerte die Eroberung des riesigen **östlichen Teils des Perserreiches**. Mit seinem **Zug nach Indien** (327–325 v. Chr.) wollte Alexander nicht nur das Ende der Welt sehen, sondern auch zum Weltherrscher werden. Da ihn aber seine Soldaten zur **Umkehr** zwangen, widmete er sich bis zu seinem Tod der **Neuordnung** des eroberten Perserreiches.

Grundwissen: Neu angelegte Städte, vor allem **Alexandria** in Ägypten, förderten die **Ausbreitung der griechischen Kultur nach Süden und Osten.** Griechisch wurde die wichtigste Sprache der damals bekannten Welt. Alexanders Todesjahr markiert den Beginn einer neuen Epoche, des **Hellenismus (323–ca. 30 v. Chr.)**.

Mit dem Alexanderzug war auch eine außergewöhnliche **wissenschaftliche Leistung** verbunden. Zahlreiche Gelehrte (Geographen, Zoologen, Botaniker) sammelten alles Wissenswerte und übermittelten es nach Griechenland an Alexanders **Lehrer Aristoteles**, der seinen Schüler in frühen Jahren für griechische Wissenschaften, Kunst und Literatur begeistert hatte. Den Spuren **Homers** folgend, besuchte Alexander daher zu Beginn des Feldzuges in **Troia** das Grab seines Vorbildes **Achilles**.

Überlege anhand der Karte, welche Länder und Kulturen das Alexanderreich heute umfassen würde.

E1 Immer in Bewegung bleiben

Dacus **ad**-it.

Dacus **in**-it.

Dacus **ex**-it.

Dacus **ab**-it.

Dacus **red**-it.

Dacus **praeter**-it.

*Erschließe die Bedeutungen der Komposita von **ire**.*

1 ***Ersetze die Formen von** currere **durch ein Kompositum von** ire **und rufe eine Mitschülerin oder einen Mitschüler zur Übersetzung auf.***

curris – cucurri – cucurrerat – currunt – curram – currerem – currimus – cucurrisset

2 ***Ergänze die fehlenden Buchstaben, sodass Formen der Komposita von** ire **entstehen und übersetze.***

a■■it – ■■dieram – ■xibo – abeu■t – i■i■us – ad■o

E2 Ein vorteilhafter Fall

Bucephalas **Alexandro** semper usui erat. Nam ille equus **pugnis** valde idoneus erat.

a. *Wie fragst du nach den fett gedruckten Wörtern?*
b. *Welches deutsche Wort musst du in der Übersetzung meist einfügen?*
c. *Erkläre, warum der Fall als „Dativ des Vorteils“ bezeichnet wird.*

3 ***Nenne jeweils den Dativ des Vorteils und übersetze anschließend.***

1. Thermae[1] mihi gaudio sunt. **2.** Ibi homines corporibus provident. **3.** Thermae[1] otio idoneae sunt. **4.** In thermis[1] tibi facile amicos conciliare potes.

L1

Gefahr von Norden

Zur Zeit Alexanders stieg Rom in Italien zu einer neuen Macht auf. Doch auch Rom war schon mehrfach dem Untergang geweiht gewesen, wie zum Beispiel im Jahr 387 v. Chr., als die Gallier das Römische Reich bedrohten.

Galli Italiam invaserunt Romamque adierunt. Ii barbari[!], cum exercitum Romanum ad Alliam vicissent, moribus crudelibus Romanos terruerunt; nam omnes captivos sine mora interfecerant. Nemo e Romanis domum redierat. Tum profecto periculum erat, ne Roma periret. Nam post illum diem atrum[1] pleraeque feminae metu permotae cum liberis Roma exierunt salutemque fuga petiverunt. Itaque Galli, cum Romam inissent, solis senibus occurrerunt, qui non abierant: In foro sedentes interitum Romae exspectabant. Galli senes praetereuntes credebant eos statuas[!] esse.

Brennus, der Anführer der Gallier, Bronzehalbstatue (1899)

L2

Cum unus e Gallis barbam[2] alicuius senis tetigisset, is saluti suae non providens barbarum[!] baculo[3] pepulit. Statim Gallus ira excitatus omnes senes gladio occidit. Ita illi senes et hostibus et civibus exemplum[4] dignitatis Romanae erant. Tum Galli Capitolium parvo praesidio defensum obsederunt. Milites autem inopiam sustinentes arcem non dediderunt. Cum Galli nocte clam arcem ascenderent, subito anseres[5] Capitolini – Romani fame vexati eos non comederant[6], quia Iunoni sacri erant – clamaverunt. Tum Manlius Torquatus, dux Romanorum, e somno excitatus cum ceteris militibus Capitolium servavit. Eo modo ii viri et virtute et pietate saluti Romae consuluerunt.

1) **āter, ātra, ātrum:** schwarz 2) **barba, -ae** f: Bart 3) **baculum, -ī** n: Gehstock 4) **exemplum, -ī** n: Beispiel 5) **ānser, -eris** m: Gans 6) **comedere (comedō, comēdī, comēsum):** verspeisen

Gefahr erkannt, Gefahr gebannt!

Ergänze die „quia"-Sätze mithilfe des Lesestücks.

1. Magnum periculum erat, ne Roma periret, quia ______.
2. Galli Romanos moribus crudelibus terruerunt, quia ______.
3. Galli solis senibus occurrerunt, quia ______.
4. Senex barbarum baculo pepulit, quia ______.
5. Romani fame vexati anseres non comederant, quia ______.
6. Manlius Torquatus cum ceteris viris Capitolium servavit, quia ______.

Ü1

1 ***Unterscheide genau. Welche Formen sind doppeldeutig?***

ades – adis – adisti – addis – abestis – abitis – abistis – reddo – redeo – reddidimus – rediimus – perdebant – peribant – perdis – peris – pedis – iis – is – ite – ita – aditu – adite

2 ***Finde geeignete Übersetzungen.***

urbem adeunt – oraculum adeo – senatorem adis – iter inimus – pugnam init – consilium initis – morbo perit – tempus praeterit – de Sicilia abeo

Ü2

3 ***Übersetze und erkläre folgende berühmte Redensarten. Bestimme die Funktion des fett gedruckten Kasus.***

1. Homo **homini** lupus[1] (est). 2. Non **scholae**[2], sed **vitae** discimus. 3. **Cui** bono (est)?

1) **lupus, -ī** m: Wolf 2) **schola, -ae** f: Schule

4 ***Bestimme die jeweilige Funktion des fett gedruckten Kasus.***

1. Manlius Torquatus cum parva manu militum **saluti Romanorum** consuluit. 2. Romani **cibo** et **aqua** egebant. 3. **Fame** et **inopia** vexabantur, quia Galli arcem obsederant. 4. Multi viri fortes **pugna** occiderunt, quod arcem defenderunt. 5. Anseres[1] **Romanis usui** fuerunt, cum clamarent.

1) **ānser, -eris** m: Gans

5 ***Komposita-Sammlung: Ergänze mit deiner Banknachbarin oder deinem Banknachbarn möglichst viele Verben zu folgenden Vorsilben und gib ihre Bedeutungen an.***

ad / ac – per – re – e(x) – in – a(b) – praeter

6 ***Gegenteil gesucht***

inire – magnus – divitiae – pauci – obsidere

7 ***Stelle die Komposita von ire pantomimisch dar.***

8 ***Eine Frau von wahrer Größe***

Der Etruskerkönig Porsenna belagerte nach der Vertreibung des letzten etruskischen Königs Tarquinius Superbus lange Zeit Rom. Er schloss mit den Römern einen Pakt: Für den Janiculum-Hügel bekamen die Etrusker römische Geiseln.

1. Cloelia virgo, una ex obsidibus[1], quas Etrusci acceperant, custodes et praesidia fallens clam cum manu virginum e castris[2] Etruscorum exiit. 2. Castra[2] eorum prope Tiberim erant. Etrusci autem fugam obsidum[1] animadvertentes sagittas miserunt. 3. Cloelia ceteris virginibus providit, dum eae Tiberim tranant[3]. 4. Porsenna ira incensus tamen admiratione puellae movebatur. 5. Itaque legati regis Romanis nuntiaverunt: „Foedus fractum est. Sed Cloelia, si ad Porsennam redierit, non punietur." 6. Profecto Cloelia ad regem abiit. 7. Is virginem laudavit: „Bene patriae consuluisti. Tibi permitto cum parte obsidum[1] ad familiam tuam redire."

Cloelia leitete durch ihre Tat freundliche Beziehungen zwischen den Etruskern und der jungen römischen Republik ein.

1) **obses, obsidis** m / f: Geisel 2) **castra, -ōrum** n *(Pl.)*: Lager 3) **trānāre:** durchschwimmen

Die Gallier – ein römischer Alptraum

Diesen Angstschrei der Römer hat es nicht erst zu Cäsars Zeiten gegeben. Beim Historiker Livius lesen wir, dass die Menschen in Italien im 4. Jahrhundert v. Chr. in Panik gerieten, „als sie die Menge, als sie die noch nie gesehenen Gestalten der Menschen und die Art ihrer Waffen erblickten."

Wie passt die Darstellung der Gallier im Comic zu Livius' Beschreibung?

Livius erzählt weiter, dass die Römer für den Abzug der Gallier sogar die Zahlung eines hohen „Lösegeldes" in Kauf nahmen. Als sich die Römer beim Wiegen des zu zahlenden Goldes über die Verwendung gefälschter Gewichte beklagten, warf der gallische König Brennus aufbrausend auch noch sein Schwert in die Waagschale und rief: *Vae victis!* – „Wehe den Besiegten!"

Die Gallier!!! Was war das für ein Volk, das so große Panik bei den Römern auslöste?

Grundwissen: Die Gallier gehörten zur Familie der **Kelten**, die ihr Ursprungsgebiet an Oberrhein und Oberdonau verließen und **sich in ganz Europa ausbreiteten**. Sie drangen nach Frankreich, Spanien, England und bis nach Griechenland vor. Durch den Angriff der **Gallier 387 v. Chr.** verlor **Rom** kurzzeitig seine **noch nicht gesicherte Vormachtstellung in Latium** und musste durch die Angriffe der benachbarten Stämme um seine Existenz fürchten.

E1

Immer dasselbe

liber	**īdem** liber	navis	**eadem** navis	tectum	**ĭdem** tectum

a. ***Erschließe die Bedeutung des fett gedruckten Pronomens.***

vestigia eiusdem equi	eidem imperatori	iidem senatores	eadem nomina
eaedem feminae	ad eandem viam	in eodem horto	nuntius eorundem amicorum

b. ***Erschließe jeweils den Kasus und das Genus des Demonstrativpronomens idem. Welcher Bestandteil des Wortes ändert sich bei der Deklination?***

c. ***Vervollständige das Deklinationsschema.***

1 ***Wettdeklinieren: Wähle ein Substantiv aus und dekliniere es zusammen mit idem, eadem, idem.***

senator – fatum – natio – foedus – potestas – mulier – vir – poena – omen

2 ***Passe das Pronomen idem an das Substantiv an.***

exercitum – aestui – morbos – generis – iuventuti – libido – crudelitate – sedis

E2

Anschluss nicht verpassen

1. Anseres[1] Iunonis, **qui** aliquando arcem servaverant, Romanis sacri erant.
2. Anseres[1] Iunonis Romanis sacri erant. **Ei** aliquando arcem servaverant.
3. Anseres[1] Iunonis Romanis sacri erant. **Qui** aliquando arcem servaverant.

1) **ānser, -eris** m: Gans

a. ***Worauf bezieht sich qui in Satz 1?***

b. ***Um welche Satzart handelt es sich beim qui-Satz im Beispiel 3 im Vergleich zu dem im Beispiel 1?***

c. ***Wie musst du also das Relativpronomen in Satz 3 übersetzen?***

3 ***Übersetze.***

1. Gabinius de Alexandro imperatore narrat. Qui paene omnes gentes superavit.
2. Plerique homines putant Alexandrum magna superbia fuisse. Quem Aegyptii deum colebant.
3. Babylone Alexander morbo gravi affectus est. Quo morbo imperator periit.

L1

Gefahr von Süden

Im 3. Jahrhundert v. Chr. drohte Rom eine neue Gefahr: Die alte Großmacht Karthago versuchte, den Aufstieg des lästigen Konkurrenten zu bremsen.

Galli Romanis quondam ingentem metum excitaverant.

Eundem metum Hannibal Romanis iniecit, cum Italiam expugnare studeret.

Hannibal enim iam puer novem annorum patri hoc iuraverat: „Numquam amicus Romanorum ero!“ Ex eo tempore Hannibal eodem odio Romanorum completus erat quo Hamilcar pater. Itaque adulescens eosdem labores vitae militaris in castris et in acie subibat quos milites.

Post mortem Hamilcaris patris Poeni Hannibalem imperatorem fecerunt, quia iuvenis summa prudentia erat et idem volebat atque pater: Romanos subicere cupiebat.

L2

Paulo post Hannibal celeritate incredibili ad Alpes pervenit. Quas nemo nisi Hercules transierat. Hannibal ibi itinera munivit. Quo modo effecit, ut elephanti[!], quibuscum ad Alpes pervenerat, eisdem viis ire possent atque milites. Hannibal ex omnibus proeliis victor discessit. Qui cum Cannis legiones Romanas undique cinctas exstinxisset, tres modios[1] anulorum[2] plenos Carthaginem misit. Quos de digitis[3] militum et equitum Romanorum in proelio interfectorum detrahi[4] iusserat. Cum hostes urbi appropinquarent, Romani desperati clamaverunt: „Hannibal ad portas!“

1) **modius, -ī** m: Scheffel *(Maßeinheit, entspricht etwa einem 10-l-Eimer)*
2) **ānulus, -ī** m: Ring 3) **digitus, -ī** m: Finger
4) **dētrahere (dētrahō, dētrāxī, dētractum):** abziehen

Römische Soldatenringe

Hannibal – ein herausragender Feldherr

Ergänze auf Lateinisch die Fähigkeiten und Leistungen Hannibals. Das Lesestück hilft dir dabei.

geistige und körperliche Fähigkeiten	militärische Leistungen
–	– Celeritate incredibili ad Alpes pervenit.
–	–

Ü1

1 ***Ersetze die Formen von hic bzw. ille durch die entsprechenden von idem.***

huius – illum – hanc – illorum – hos – hi – illi – his – illas – illud – hae – illo

2 ***Suche jeweils eine geeignete Übersetzung für idem.***

1. In eadem villa[1] habitamus. **2.** Scipio Africanus imperator egregius erat idemque vir doctus. **3.** Mihi idem nomen est atque tibi.

Ü2

3 ***Vermeide die Wortwiederholungen, indem du einen relativen Satzanschluss verwendest, und übersetze anschließend.***

1. **Hannibal** iam puer magno odio Romanorum completus erat. **Hannibal** civibus suis victoriam Romanorum promisit. **2.** Hannibal **exercitum** paravit. Cum **exercitu** Alpes transiit. **3.** In castris Hannibal eosdem labores subibat quos **milites**. **Milites** in proeliis non dubitabant pro[1] patria occidere. **4.** **Hannibal** magna prudentia erat. **Hannibal** Romanis magno odio erat.

1) **prō** *(m. Abl.)*: für

4 ***Bilde sinnvolle Kombinationen und rufe eine Mitschülerin oder einen Mitschüler zur Übersetzung auf.***

1. Galli Italiam invaserunt.
2. Bucephalas comes bonus Alexandri erat.
3. Roma a Romulo condita est.
4. Iuno summo odio Troianorum completa erat.

a. Quos exstinguere semper studebat.
b. Cui urbi autem feminae deerant.
c. Qui Capitolium obsederunt.
d. Quem equum nemo nisi Alexander domare[1] potuit.

1) **domāre (domō, domuī, domitum):** zähmen

5 ***Übersetze und erkläre folgende Redensarten.***

1. Idem velle atque idem nolle[1] vera amicitia[2] est. **2.** Duo cum faciunt idem, non est idem. **3.** Idem ius omnibus.

1) **nōlle (nōlō, nōluī):** nicht wollen 2) **amīcitia, -ae** f: Freundschaft

6 ***Stelle ein Sachfeld zum Thema „Kriegswesen" zusammen.***

7 ***Stelle folgende Wörter pantomimisch dar.***

celeritas – eques – transire – subicere – plenus

8 ***Schlacht gewonnen – Krieg verloren***

1. Hannibal, imperator magnae prudentiae, easdem copias, quae Alpes transierant et milites Romanos exstinxerant, Romam duxit. **2.** Romani timebant, ne caput imperii magna cum celeritate ab Hannibale subiceretur. **3.** Qui autem castra in montibus urbi propinquis[1] munivit. **4.** Feminae Romanae timoris plenae a deis immortalibus petiverunt, ne eandem fortunam subirent atque equites et milites ad Cannas necati. **5.** Quae supplices clamaverunt: „Exstinguite hostem crudelem, di[2] immortales!" **6.** Profecto Hannibal Romam expugnare dubitavit. **7.** Postremo cum exercitu suo in Africam redire coactus est. **8.** Quem paulo post P. Scipio ibi vicit. **9.** Idem post victoriam Romae magnum triumphum habuit. Quo ex tempore „Africanus" appellabatur.

1) **propinquus, -a, -um:** nahe 2) **dī:** *Vok. zu* **deī**

Die Punischen Kriege – ein Drama in drei Akten

Im 3. Jahrhundert v. Chr. begannen die Nachfahren des einstigen Liebespaares Dido und Äneas, gegeneinander erbittert Krieg zu führen. Vieles hatte sich inzwischen verändert:

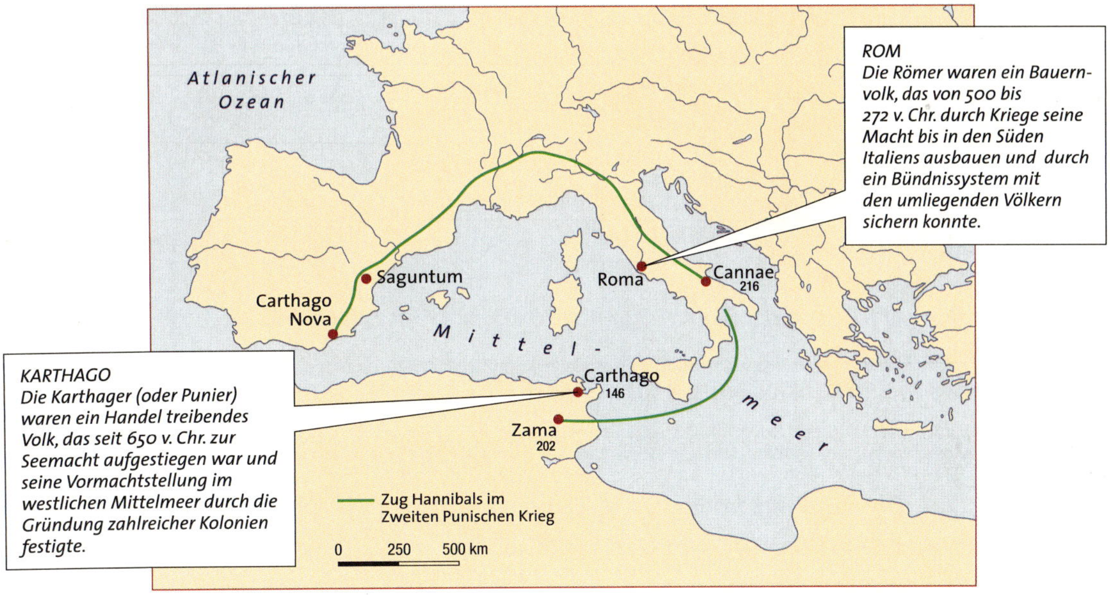

Im **Ersten Punischen Krieg** (264–241 v. Chr.) kämpften Karthago und Rom um das an Getreide reiche **Sizilien**. Die Karthager verfolgten dort Handelsinteressen, für die Römer war die Insel von strategischer Bedeutung. Sizilien fiel schließlich an den Sieger Rom. Die Karthager eroberten daraufhin Spanien mit seinen Silberminen.

Grundwissen: Mit dem Überfall auf Sagunt, eine mit Rom befreundete Stadt, lösten die Karthager den **Zweiten Punischen Krieg** (218–201 v. Chr.) aus. **Hannibal** führte sein Heer von Spanien über die Pyrenäen und Alpen nach Italien. Am **Trasimenischen See** (217 v. Chr.) lockte er ein römisches Heer in einen Hinterhalt, bei **Cannae** (216 v. Chr.) vernichtete er ein letztes, gewaltiges Aufgebot der Römer. Trotzdem fiel er nicht in Rom ein, sondern versuchte, im Süden die römischen Bündnispartner für sich zu gewinnen. **Publius Cornelius Scipio** schnitt schließlich von Spanien aus Hannibal von seinem Nachschub ab, setzte nach Afrika über und griff Karthago an. Hannibal, aus Italien zurückgerufen, unterlag ihm bei **Zama** (202 v. Chr.).

Publius Cornelius Scipio erhielt den ehrenvollen Beinamen ***Africanus***. Durch einen harten Friedensvertrag verlor Karthago seine Flotte bis auf zehn Schiffe und alle Besitzungen außerhalb Afrikas. Kriege, selbst zur Verteidigung geführt, bedurften der Zustimmung Roms. Weil die Karthager sich aber gegen ständige Grenzverletzungen durch ihre Nachbarn wehrten, warf ihnen Rom Vertragsbruch vor. Der **Dritte Punische Krieg** (149–146 v. Chr.) brachte letztlich die Entscheidung.

Ordne folgende Überschriften den zwei harten Auseinandersetzungen zwischen Rom und Karthago zu und begründe deine Entscheidung.

1. Sieg trotz Niederlagen **2.** David schlägt Goliath

E1 Wie von selbst

a. ***Erschließe die Bedeutung des Pronomens* ipse, ipsa, ipsum.**

ipse – ipsum – ipsius – ipsi – ipso – ipsam – ipsius – ipsi – ipsa – ipsum – ipsius – ipsi – ipsa – ipso – ipsum

b. *Die Singularformen von* ***ipse, ipsa, ipsum*** *sind hier durcheinandergeraten. Sortiere sie und bilde selbstständig den Plural.*

1 ***Wettdeklinieren: Stoppt die Zeit.***
dux ipse – mater ipsa – fatum ipsum

2 ***Bestimme die Formen von ipse nach Kasus, Numerus und Genus.***
ipsorum – ipsius – ipsas – ipsa – ipsi – ipsum – ipso – ipsis

E2 Allerlei Fälle zu lösen

1. **Multos dies** (a) **Romae** (b) eram. Tum **Roma** (c) **Athenas** (d) properavi.
2. Homo **magnae prudentiae** (e) rei publicae **usui** (f) est.
3. **Imperatoris** (g) est **militibus suis** (h) providere.
4. **Gabinio** (i) statuae[1] **egregia forma** (j) sunt.
5. Dacus **amore** (k) **puellae** (l) incensus in urbem properat.
6. Semper **pecunia** (m) careo.
7. Dominus **gladio** (n) inimicum terruit.
8. **Eo anno** (o) in Graeciam navigavimus.

Ordne die Bezeichnungen für die Kasusfunktionen den fett gedruckten Ausdrücken korrekt zu.

Akkusativ der zeitlichen Ausdehnung – Genitiv der Beschaffenheit – Dativ des Vorteils – Ablativ der Trennung – Ablativ des Mittels – Ablativ der Beschaffenheit – Ablativ der Zeit – Akkusativ der Richtung – Ablativ des Grundes – Genitiv des Besitzers – Dativ des Besitzers – Genitivus obiectivus – Dativ des Zwecks – Ablativ des Ausgangspunktes – Lokativ

L1

„Früher war alles besser!“

Hannibal konnte zwar zurückgeschlagen und besiegt werden, doch steckte die Furcht vor den Karthagern vielen Römern noch lange in den Knochen. Deshalb warnte der Politiker Marcus Porcius Cato unermüdlich vor dem besiegten Feind und mahnte die Römer in zahlreichen Reden, bei allen Erfolgen ihre alten Werte nicht zu vergessen.

Vor den Augen der verblüfften Kinder springt Gabinius auf seinen Schreibtisch und hält eine Rede, die von Cato hätte stammen können.

„Quirites[1], homines probos bonis suis contentos esse necesse est. Nimia fortuna nostrae civitati ipsi dedit frumentum Siciliae, argentum Hispaniae, victoriam Carthaginis. Supplices deis gratias agere debemus. Respicite virtutes pristinas[2]! Quibus virtutibus maiores nostri impetus Hannibalis ipsius sustinuerunt. Retinete memoria illos mores maiorum! Qui pii erant, vitam parcam in agris a se ipsis cultis agebant neque opes gentium subiectarum cupiebant. Ea ipsa mente imperium nostrum auxerunt.

L2

Eadem mens nobis his ipsis temporibus necessaria est. Pacem enim fallacem[3] puto. Pax longa Romanis detrimento, Poenis usui est. Quibus iterum magna potentia est. Ego ipse, cum nonnullos dies Carthagine essem, urbem vidi, quae bene munita et marmoreis[!] aedibus forisque vastis ornata est. Quirites[1], Romae opus est iuventute mentis durae et bellicosae[4]. At multos iuvenes amore philosophiae[!] inductos animos in verba inania intendere video. Iuvenis autem Romani est corpus in Campo Martio exercere et labores subire. Ceterum censeo Carthaginem esse delendam[5].“

1) **Quirītēs, -um** m: *(feierliche Anrede an die)* Römer 2) **prīstinus, -a, -um:** altehrwürdig

3) **fallāx;** *Gen.* **fallācis:** trügerisch 4) **bellicōsus, -a, -um:** kriegerisch

5) **Carthāginem esse dēlendam:** *übersetze* **Carthāginem dēlērī necesse esse**

Gabinius – ein großer Redner

a. ***Gabinius gestaltet seine Rede ganz bewusst. Ordne folgende Überschriften den jeweils passenden Sinnabschnitten des Lesestücks zu, indem du die entsprechenden Zeilen benennst.***

1. Appell an die Jugend Roms: Z. ▬ **2.** Das bescheidene und tugendhafte Leben der Vorfahren: Z. ▬ **3.** Macht und Wohlstand der Römer: Z. ▬ **4.** Die wieder aufkeimende Gefahr Karthago: Z. ▬

b. ***Was fällt dir beim Bau und dem Klang folgender Sätze aus dem Lesestück auf?***

1. frumentum Siciliae, argentum Hispaniae, victoriam Carthaginis (Z. 3/4) **2.** Pax longa Romanis detrimento, Poenis usui est. (Z. 13) **3.** Ceterum censeo Carthaginem esse delendam. (Z. 18)

Ü1

1 ***Passe das Pronomen ipse an das Substantiv an und übersetze.***

omine – opum – calamitate – equitis – exercitum – arce – dominis – imperatori – mulieris – viro (2)

2 ***Wähle eine geeignete Übersetzung für ipse aus.***

selbst / persönlich – gerade / unmittelbar – allein / bloß

1. Ego ipse matrem exspectabo. **2.** Ego matrem ipsam exspectabo. **3.** Eo ipso tempore amici venerunt. **4.** Milites ex ipso periculo effugerunt. **5.** Spe ipsa salutis homines impulsi sunt. **6.** Virtus ipsa militum nos servavit. **7.** Imperator ipse orationem habuit.

Ü2

3 ***Formuliere mithilfe der folgenden Wörter kleine Sätze und rufe eine Mitschülerin oder einen Mitschüler zur Übersetzung auf.***

1. homo – virtus – magna (Genitiv der Beschaffenheit)
2. Roma – properare – velle (Akkusativ der Richtung)
3. aqua – usus – homines (Dativ des Zwecks und des Vorteils)
4. Dacus – amor – incensus (Ablativ des Grundes)

4 ***Setze im richtigen Kasus ein. Wo gibt es zwei Möglichkeiten?***

1. Postquam Sicilia subiecta est, Romani _____ (frumentum) non carebant. **2.** Res alienae Catoni _____ (odium) erant. **3.** _____ (Consul) est _____ (salus) rei publicae providere. **4.** _____ (nonnulli dies) _____ (Roma) eram, tum _____ (Roma) _____ (Carthago) iter perrexi. **5.** Haec statua[1] _____ (egregia forma) est. **6.** Frumentum _____ (homines) necessarium est.

5 ***Was entspricht sich, was widerspricht sich?***

argentum – longus – respicere – educere – plenus – retinere – opes

inopia – inducere – vastus – providere – aurum – brevis – dimittere

6 ***Nimm zwei: Im Wortschatz 59 hast du je zwei Wörter mit gleichen Anfangsbuchstaben gelernt. Ergänze die fehlenden Buchstaben und gib die Bedeutungen der Vokabeln an.***

n_____ p_____ in_____ re_____

7 ***Marcus Porcius Cato: kein Freund der Griechen***

1. M. Porcio Catoni ipsi Graeci semper odio erant: „Cavete, Romani! Multi Graeculi[1] disciplina[2] carentes neque deos colentes Romam ipsam veniunt. **2.** Quorum potentia crescit. **3.** Liberos vestros amorem philosophiae[!] docent. **4.** At Romani hostes non philosophia[!], sed disciplina[2], audacia, virtute ipsa superaverunt. **5.** Viri Romani est patriae consulere. **6.** Ceterum spectate me ipsum: Semper parcus eram. Semper mores maiorum respiciebam. Semper aurum et argentum contemnebam. Opes mihi non sunt. **7.** Quis mihi iuvenem Romanum magnae virtutis monstrare potest, quis iuvenem Romanum pecunia non corruptum[3]? **8.** Frustra vos multos annos monebam. **9.** Tamen iterum vos moneo: Graeci iuvenibus Romanis detrimento fuerunt, detrimento sunt, detrimento erunt."

1) **Graeculus, -ī** m: Griechlein *(verächtlich)* 2) **disciplīna, -ae** f: Disziplin 3) **corruptus, -a, -um:** verdorben

Rom wird „modern" – die Hellenisierung der römischen Welt

Sicherlich habt ihr schon einmal ältere Menschen den Wortschatz der Jugend kritisieren hören. Sie beklagen den Niedergang der deutschen Sprache in einer von der Weltsprache Englisch geprägten Welt. Für viele dagegen ist es selbstverständlich, in einem *Chat-Room* ein *Date* zum *Chill-out* auszumachen.

Ähnliche Erfahrungen machten schon die Römer, als sie nach dem Zweiten Punischen Krieg auch die Länder des **östlichen Mittelmeerraums** eroberten und dadurch mit dem **Hellenismus** in Kontakt kamen. **Griechische Kunst** und **Wissenschaft** begeisterten sie. Oft wurden griechische Kriegsgefangene in Rom als Lehrer eingesetzt und unterrichteten die **griechische Sprache** und **Literatur**. Viele gebildete Römer interessierten sich für **Rhetorik** (Redekunst), **Philosophie** und **Musik**.
Nach dem Vorbild der hellenistischen Großstädte änderte sich auch das **Stadtbild Roms**, der ehemaligen Bauernstadt aus Lehmziegeln und Holz. Griechische **Marmortempel** wurden errichtet, griechische **Plastiken** verschönerten die Villen und Gartenanlagen.

Grundwissen: Durch die **Eroberung des hellenistischen Ostens** wurde die **römische Lebensweise** von der **griechischen Kultur** geprägt. Mit der Ausdehnung des Römischen Reiches ging etwa **ab 30 v. Chr.** die **Hellenisierung** der ganzen damaligen Welt einher.

Wie heute stand man auch damals der neuen Entwicklung zwiespältig gegenüber.
Im Lesestück hast du den alten Senator **Marcus Porcius Cato** kennengelernt. Dieser lehnte voll Hass den griechischen Einfluss auf das römische Leben ab.

Der Dichter Horaz hingegen schrieb im 1. Jahrhundert v. Chr. folgenden Vers:
„*Graecia capta ferum victorem cepit et artes intulit agresti Latio.*" – „Das eingenommene Griechenland nahm den wilden Sieger ein und trug die Künste ins bäuerliche Latium."

Betrachte die Karte und überlege, was er damit meinte.

E1 Nichts und niemand

nullus homo	nemo	nihil
nullius hominis	nullius	nullius rei
nulli homini	nemini	nulli rei
nullum hominem	neminem	nihil
a nullo homine	a nullo	nulla re

a. *Welche Wörter weisen die gleiche Deklination auf wie* ***nullus, nulla, nullum****?*

b. *In welchen Kasus treten bei* ***nemo*** *und* ***nihil*** *Ersatzformen auf?*

1 ***Wettdeklinieren: Stoppt die Zeit.***

nullus senator – nulla vox – nullum omen

E2 Mathematik für Fortgeschrittene

Dezimeter → decem
Zentimeter → centum
Millimeter → mille

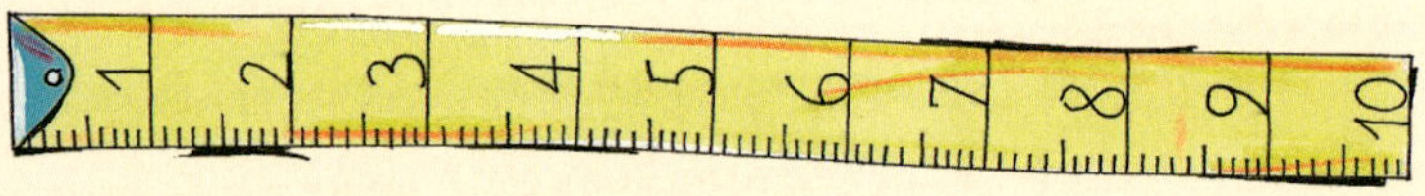

a. *Welche Zahlen stecken hinter den Wörtern* ***centum*** *und* ***mille****?*

decem + quadraginta = 50	mille – sescenti = 400
decem + sexaginta = 70	mille – trecenti = 700

b. *Erschließe anhand der Gleichungen die unbekannten Zahlen.*

c. *An welchen Wortbestandteilen erkennst du jeweils die Vielfachen von zehn bzw. hundert?*

septua**ginta** viri	tri**ginta** feminae	quinqua**ginta** signa
du**centi** viri	quin**gentae** feminae	septin**genta** signa

d. *Welchen Unterschied erkennst du bei der Verwendung der Vielfachen von zehn bzw. hundert?*

dt.:	sechzehn	siebzehn	achtzehn	neunzehn	zwanzig
engl.:	sixteen	seventeen	eighteen	nineteen	twenty
lat.:	sedecim	septendecim	duodeviginti	undeviginti	viginti

e. *Vergleiche: Was fällt dir an den Zahlen 18 und 19 im Lateinischen auf?*

2 ***Schreibe die lateinischen Zahlwörter in arabische Zahlen um.***

viginti – duodetriginta – sescenti – ducenti – quadraginta – undeseptuaginta – tredecim – septem et quinquaginta – mille – nonaginta – quindecim – septingenti

L1

Roma – imperium sine fine?

Catos Hartnäckigkeit hatte schließlich Erfolg. Als die Karthager im Jahre 149 v. Chr. gegen den Friedensvertrag mit den Römern verstießen, bot sich diesen eine Gelegenheit, den verhassten Gegner endgültig zu vernichten. Um das zu erreichen, stellten sie den Karthagern harte Bedingungen, die ein römischer Gesandter dem Senat von Karthago vortrug.

Legatus Romanus prodiit condicionesque pacis legit: „Date obsides nobiles et delete reliquam classem!"

Vox nullius e Carthaginiensibus praesentibus audiebatur. Nemini in mentem venit resistere. Carthaginienses enim nullam condicionem tam crudelem putabant, ut Romanis obstarent bellumque inirent. Postremo autem legatus haec addidit: „Nisi vos ipsi spatio unius mensis urbem vestram deleveritis, nos eam humo aequabimus[1]." Tum demum cives restiterunt. Sed Carthaginienses desperati erant, cum nulla re nisi manibus ipsis se defendere possent. Itaque aes et ligna[2], quae ex aedificiis publicis avellerant[3], colligebant, ut tela et catapultas[!] conficerent. Nihil spernebatur: Etiam e capillis[4] mulierum nervi[5] facti sunt.

L2

Es kam zum Krieg, der sich trotz des ungleichen Kräfteverhältnisses in die Länge zog.

Tertio anno illius belli Punici Scipioni consuli, viro duodequadraginta annorum, contigit urbem tandem capere. Brevi Scipio, nepos illius Africani, bellum caede crudeli finivit. Cum captivi infelices in servitutem abducti essent, Carthago anno sescentesimo septimo a. u. c.[6] exstincta est.

Scipio, cum Carthaginem ardentem videret, luctu motus lacrimas fudit. Nam secum haec volvit: „Imperium Carthaginiensium circiter septingentos annos florebat. Nunc autem imperium eorum perit, velut imperium Persarum, Macedonum, Aegyptorum. Imperiumne Romanum, quod circiter sescentos annos floret, aeternum erit?"

1) **aequāre:** gleichmachen 2) **līgnum, -ī** n: Holz 3) **āvellere (āvellō, āvellī, āvulsum):** herausreißen
4) **capillus, -ī** m: (Kopf-)Haar 5) **nervus, -ī** m: Bogensehne
6) **a. u. c.:** *Abkürzung für* ab urbe condita „seit Gründung der Stadt" *(Rom im Jahre 753 v. Chr.)*

Das Ende einer Ära

Kläre, ob folgende Aussagen zum Lesestück wahr oder falsch sind oder nicht im Text vorkommen.

1. Carthaginienses omnes condiciones pacis acceperunt.
2. Multa arma habebant, ut se defenderent.
3. Scipio magno odio Carthaginiensium completus erat.
4. Bellum caede crudeli finivit.
5. Scipio luctu motus est, cum Carthago arderet.
6. Imperium Macedonum bello terribili periit.

Ü1

1 ***Ersetze die Formen von homo durch die entsprechenden von nemo, die von res durch die entsprechenden von nihil. Wo gibt es zwei Möglichkeiten?***

hominis – rei – homini – rem – hominem – re – homo – res – homine

2 ***Erinnerst du dich noch an Odysseus und Polyphem? Odysseus stellte sich als „Nemo" vor. Als Odysseus mit seinen Gefährten floh, rief der Kyklop um Hilfe. Ergänze die deutschen Wörter in Klammern auf Lateinisch und übersetze.***

1. „Oculus meus (von niemandem) violatus est. **2.** Nomen (niemands) mihi odio est. **3.** (Niemand) me fefellit. **4.** (Durch nichts) delectabor. **5.** (Niemandem) credere possum."

Ü2

3 ***Bilde eine lateinische Zahl von 1 bis 100 in Worten und schreibe sie auf ein Blatt. Deine Banknachbarin oder dein Banknachbar schreibt sie dann in arabischen Zahlen daneben. Wechselt euch anschließend ab.***

4 ***Auf Spurensuche: Ergänze die lateinischen Entsprechungen und vergleiche. Vervollständige die Reihen jeweils bis 100 bzw. 1000.***

thirty – forty – fifty – sixty

two hundred – three hundred – four hundred

5 ***Übersetze und erkläre folgende lateinische Redensarten.***

1. Vox unius vox nullius. **2.** Unus testis nullus testis. **3.** Nemo ante mortem beatus[1] dici potest.

1) **beātus, -a, -um:** glücklich

6 ***Kommando zurück: Dacus hat die Wörter verdreht. Lies sie richtig herum und gib mindestens eine Bedeutung an.***

sesbo – muitaps – sutcul – eridorp – suuqiler – eratsbo

7 ***Finde das beschriebene Wort aus dem neuen Wortschatz. Die Zahlen in Klammern nennen dir die Anzahl der Buchstaben.***

1. Gegenteil zu welken (7) **2.** der Sohn des Sohnes (5) **3.** nicht glücklich (7) **4.** ein Metall (3) **5.** Waffe, die geworfen wird (5)

Z

8 ***Geschafft***

1. Beinahe dreihundert Tage lang habt ihr ungefähr vierhundert Wörter gelernt. **2.** Keinen Tag habt ihr ohne das Lateinbuch[1] verbracht (gehandelt). **3.** Ihr habt von unglücklichen Frauen, wie zum Beispiel Dido oder Ariadna, tapferen Männern, wie zum Beispiel Hercules oder Ulixes, schlimmen Kriegen und° grausamen Morden gehört. **4.** Gabinius hat euch und die Kinder weggeführt zu berühmten Statuen[2] wie der Statue[2] des Zeus, die im Jahre 475 zerstört wurde. **5.** Rom herrschte im Jahr 146 fast über das ganze Meer; die Macht keines Volkes war den Römern ebenbürtig. **6.** Wird auch das Römische Reich untergehen? **7.** Dies werdet ihr nächstes Jahr erfahren. **8.** Jetzt ist es° Zeit: Geht in die Ferien[3]! Lebt wohl!

1) Lateinbuch: **liber (librī m) linguae Latīnae** 2) Statue: **statua, -ae** f 3) Ferien: **fēriae, -ārum** f ◀

Das Römische Reich und seine Provinzen – ein zweites Alexanderreich?

„Das ist ja die reinste Provinz hier!“ – Diesen Vorwurf hört man heutzutage, wenn an einem Ort der gewohnte Lebensstandard nicht geboten ist, wenn also das Handy keinen Empfang hat oder ein Geschäft schon am frühen Samstagnachmittag schließt. Das Adjektiv „provinziell“ bedeutet dann so viel wie „rückständig“.

Diese Vorstellung entspricht nur in gewissem Sinn dem lateinischen Verwaltungsbegriff *provincia*. Vieles in den Provinzen entsprach nicht der gewohnten römischen Lebensweise, was aber nicht zwangsläufig heißen musste, dass es „rückständig“ war.

Grundwissen: ***provincia*** war der einem römischen Beamten übertragene **Geschäftsbereich**. Es handelte sich dabei um ein **außerhalb Italiens erobertes Gebiet**, in dem er **Statthalter** war. 241 v. Chr. wurde **Sizilien** zur **ersten römischen Provinz**. Provinzbewohner hatten keine **Bürgerrechte** und mussten in der Regel **Steuern (Tribute)** zahlen.

Die Statthalter ließen die Bewohner der Provinzen meist deutlich spüren, dass sie unterworfene Feinde waren. Da es sich bei der Provinzverwaltung um ein **Ehrenamt** handelte, holten sich die Statthalter oft durch **Ausbeutung** die Geldsummen wieder zurück, mit denen sie in Rom Stimmen für ihre Wahl erkauft hatten.

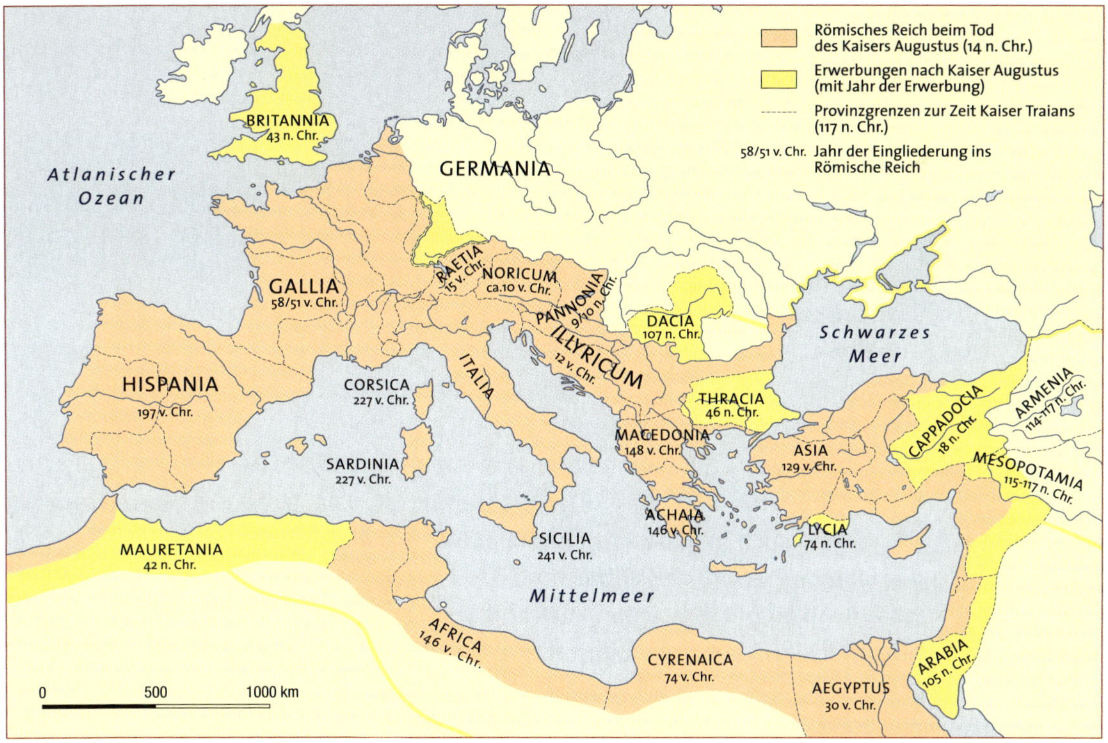

146 v. Chr. hatte Rom seinen ärgsten Gegner Karthago bezwungen. Welche Provinzen gehören zu diesem Zeitpunkt schon zum Römischen Reich?

Präsentieren: Weniger ist mehr

Max setzt bei seinem Referat folgende PowerPoint-Folie ein. Seine Klassenkameradinnen und -kameraden protestieren: „Wir bekommen ja gar nichts mit!"

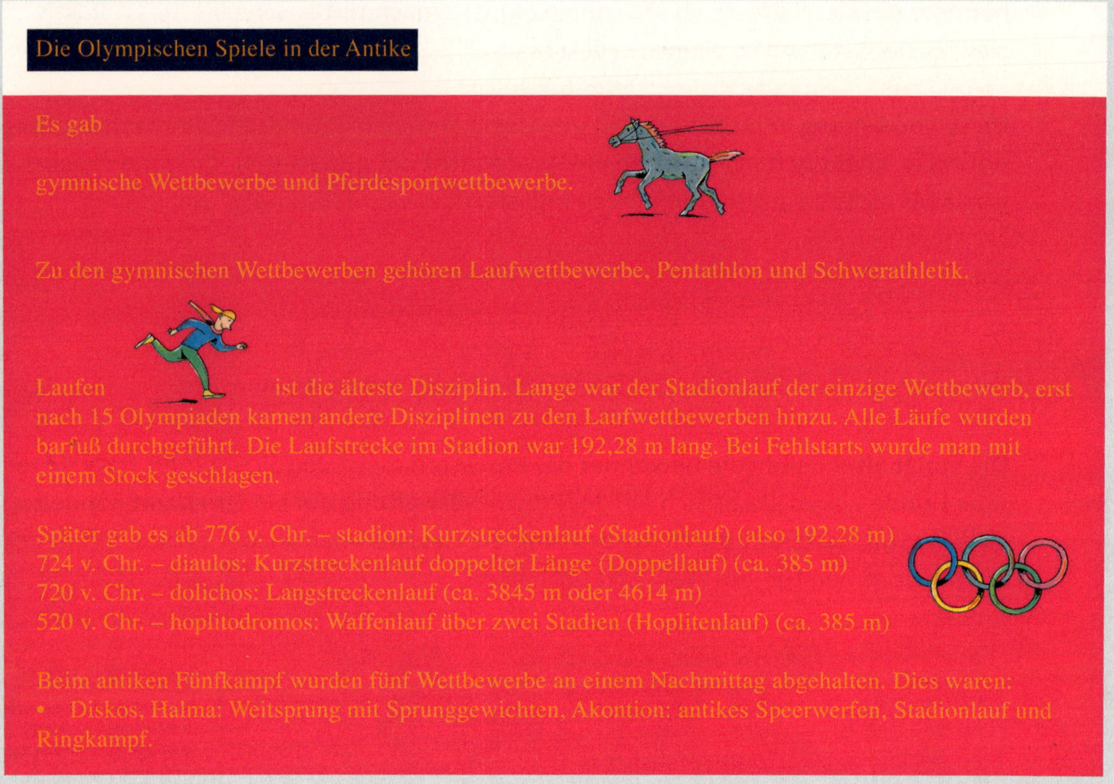

Finde heraus, was Max falsch gemacht hat.

Übersichtlichkeit ist das wichtigste Gebot.

- Auf eine Overhead-Folie, ein Plakat oder eine PowerPoint-Folie kommen – unter einer gut verständlichen Überschrift – nur die wichtigsten Punkte, die die Zuhörer von dem Referat „mitnehmen" sollen.
- Der Aufbau deiner Präsentation muss mit einem Blick erkennbar sein.
- Format, Text und Bild müssen gut zusammenwirken. Hebe die Überschriften hervor, beschränke dich im Normalfall auf ein Bild und lasse einen deutlich sichtbaren Rand.
- Gestalte die Schrift gut lesbar.
- Für ein Plakat gilt: Pro Meter Abstand der Zuhörer ein Zentimeter Mindestschriftgröße, bei PowerPoint-Präsentationen ab Schriftgröße 16.
- Eine PowerPoint-Folie soll maximal sieben Informationseinheiten (Hervorhebungen) pro Seite enthalten.
- Die Schriftfarbe muss sich vom Hintergrund gut abheben.
- Die Farbgestaltung darf nicht zu lebhaft oder grell sein.
- Weniger ist mehr: Bilder und gegebenenfalls Animationen sollen nicht ablenken, sondern zusätzliche Veranschaulichungen bieten.

Die Gallier greifen erneut an!

Der Versuch der Gallier, das Kapitol einzunehmen, war gescheitert und Rom war gerettet. Doch dieses Volk sollte gefährlich bleiben!

Anno trecentesimo octogesimo septimo Galli Romam obsederant et subiecerant. Ingens terror cives invasit, cum is populus anno circiter trecentesimo sexagesimo idem in animo haberet. Galli in altera[1] ripa[2] Anionis fluminis[3] prope pontem[4] castra posuerunt non timentes exercitum Romanorum, qui in altera[1] ripa[2] castra posuerant et patriam defendebant. Diu pugnabatur, sed alteri[1] exercitui alterum[1] vincere non contigit. Aliquando ingens Gallus pontem[4] iniit. Qui dixit: „Is Romanus, qui summa virtute est, mecum pugnare debet. Is, qui victor e proelio discesserit, exercitui atque genti suae victoriam parabit. Si ego victor fuero, Roma peribit; si miles Romanus vicerit, nos Galli abibimus. Si spatio unius diei neminem inveneritis, victi eritis."
Statim Titus Manlius, cui salus Romanorum magnae curae erat, prodiit: „His ipsis temporibus mente dura opus est. Iuvenis Romani est omnes labores subire; itaque ego ipse patriam defendam."
A Gallo risus non desperavit, sed gladium strinxit[5] et magna celeritate corpus ingentis Galli gladio transfixit[6]. Tum arma et ornamenta hostis victi comprehendit. In quibus etiam torquis[7] erat. Qua de causa Titus Manlius a ceteris ex eo tempore „Torquatus" appellabatur.
Galli autem caedem crudelem metuentes statim abierunt.

1) **alter, altera, alterum:** der eine … der andere 2) **rīpa, -ae** f: Ufer 3) **flūmen, -minis** n: Fluss
4) **pōns, pontis** m: Brücke 5) **stringere (stringō, strīnxī, strictum):** zücken
6) **trānsfīgere (trānsfīgō, trānsfīxī, trānsfīxum):** durchbohren 7) **torquis, -is** m: Halsring

Keltischer Hals- und Armring (5. Jahrhundert v. Chr.)

Wiederholungsübung

Erkläre jeweils die Kasusfunktion der fett gedruckten Wörter und übersetze.

1. **Callimacho** multi libri erant. 2. libri **Callimachi** 3. Libri **magno usui** sunt. 4. vir **magni ingenii** 5. **consulum** est 6. timor **mortis** 7. Callimachus **liberis** consulit. 8. Liberi **Callimachum virum doctum** putabant. 9. **Viri docti** est multa scire. 10. vir **magna auctoritate**

bis Lektion 56

Finde zehn senkrecht, waagerecht und diagonal versteckte Formen von ire und übersetze sie. Achtung, manchmal gehört ein Buchstabe zu zwei Formen.

	A	B	C	D	E	F	G	H
1	i	i	e	r	u	n	t	i
2	b	i	o	n	i	s	e	s
3	a	t	b	u	e	u	n	t
4	m	r	t	o	e	i	a	i

bis Lektion 57

Setze in den Perfektstamm bzw. Präsensstamm und übersetze.

redit – abierunt – peribant – adieras – praeteribimus – inieritis – exire

bis Lektion 58

Wandle das Demonstrativpronomen jeweils in ein Relativpronomen um und übersetze.

1. Hannibal imperator clarus erat. **Is** plerosque imperatores superabat.
2. **Eius** prudentiam nemo imperatorum superare poterat.
3. Romani Poenis bellum indixerunt. **Ii** autem incredibili celeritate Alpes transierunt.

Ersetze jeweils die fett gedruckte Substantivform durch die entsprechende des Relativpronomens und übersetze.

1. Virtutem et celeritatem **Poenorum** nemo exspectaverat.
2. Cum exercitus Romanorum **Poenos** superare non posset, cives timor oppressit.
3. **Poeni** autem Romam non invaserunt.

bis Lektion 59

ipse oder idem? Setze jeweils das passende Pronomen ein.

1. Mercurius: „Iuppiter _____ imperavit, ut Carthaginem relinqueres, Aenea!“ 2. Didoni _____ sors erat, quae Aeneae. 3. Elephanti[1] Hannibalis _____ viis ire poterant quibus homines. 4. Timor Romanos invasit, cum Hannibalem _____ quasi ad portas animadverterent.

bis Lektion 60

Die Schlacht am Trasimenischen See

1. Hannibal, cum Alpes triginta septem elephantis[1] transisset, cum exercitu etiam ad lacum[1] Trasimenum pervenit. 2. Romani prope castra posuerant. 3. Milites Hannibalis e montibus exierunt neque militibus Romanis occasionem[2] fugae dabant. 4. Qui vix resistere poterant. 5. Magna pars miserorum necabatur, nonnulli in lacum[1] fugiebant. In quo autem perierunt.

1) **lacus, -ūs** m: See 2) **occāsiō, -ōnis** f: Gelegenheit

Wiederholungsübung

Verwechslungsgefahr: Unterscheide genau und gib die deutschen Bedeutungen an.

1. pax – par – pars – ars
2. implere – impellere – incendere – imponere – impedire
3. opprimere – oppugnare – occupare – occurrere
4. pro – prope – postea – potius
5. conducere – contemnere – complere – considere – contingere – concedere – convocare

bis Lektion 56

Füge die passenden Dominosteine aneinander und gib die deutschen Bedeutungen der so entstandenen Wörter bzw. Wortformen an. Beginne mit i(nitium) = Anfang, ende mit f(inis) = Ende.

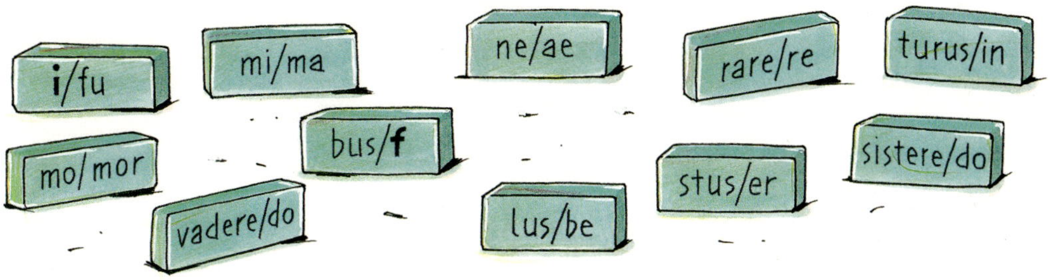

bis Lektion 57

Stelle jeweils zwei Begriffe mit gleicher oder ähnlicher Bedeutung zusammen.

adire – perire – oppugnare – inire – exire – de vita decedere – incipere – relinquere – accedere – obsidere

bis Lektion 58

Irrläufer gesucht

1. subire – munire – transire – adire
2. morbus – currus – aestus – exercitus
3. abi – ceteri – exi – redi

bis Lektion 59

Spurensuche in der Schule: Erkläre die fett gedruckten Fremdwörter.

1. Bei meinem Referat benutze ich am besten wasser**resistente** Folienschreiber.
2. Unsere Lehrer wenden bei der Grammatikeinführung am liebsten die **induktive** Methode an.
3. Sie verfolgen damit die **Intention**, dass wir uns Erklärungen selbst erschließen und auf diese Weise besser merken können.
4. Gelegentlich werden die Schüler dazu ermahnt, etwas mehr **Respekt** zu zeigen.

bis Lektion 60

Finde anhand der Beschreibungen jeweils das passende lateinische Wort (Substantiv oder Adjektiv).

1. magna pars **2.** homo, qui paucas res consumit **3.** locus, in quo milites habitant
4. miles, qui ex equo pugnat **5.** aedificium summo in monte positum

So viel hast du in diesem Schuljahr gelernt – ein Abschlussquiz

Beantworte die folgenden Fragen. Die Zahl in Klammern gibt dir den Buchstaben an, den du in den Lösungszeilen unter der Nummer der jeweiligen Frage eintragen musst. Übertrage dazu das Antwortschema in dein Heft.

Lektion 36–40

1. Wie heißt der Verfasser der Odyssee? (3)

2. Welches weitere Werk wurde in der Antike demselben Verfasser zugeschrieben? (2)

3. Wie heißt der Unterweltsgott mit griechischem Namen? (2)

4. Wie heißt der Höllenhund? (4)

5. Mit welchem Begriff bezeichnet man die in 1. / 2. genannten Werke? (3)

Lektion 41–45

6. Wer war der berühmteste Held der Antike? (3)

7. Gegen welches Ungeheuer kämpfte der Held Theseus? (2)

8. Welchen Namen trug das Gebäude, in dem es hauste? (8)

9. Was sollte Jason aus Kolchis holen? Das ____. (zweites Wort, 3)

10. Wie hieß die Zauberin, die Jason gegen ihren eigenen Vater unterstützte? (griech. Name, 5)

1 U 2 T A L 3 4 5 6 A V 7 S 8 9.

N U N C Q U 10 11 12 C E R E 13 14 C 15 T.

P R O X I M O[1] A 16 N O T 17 B 18 19 I B E 20

21 O V U S C O M 22 S 23 O V U 24 E R 25 T.

1) **proximus, -a, -um:** der nächste

Lektion 46–50

11. Bei welcher Stadt befand sich der Leuchtturm von Pharos? (3)

12. Welcher Göttin war der berühmte Tempel in Ephesos geweiht? (griech. Name, 7)

13. Wie wird die zweite Epoche der griechischen Kunst bezeichnet? (2)

14. Wo fanden die berühmtesten Sportwettkämpfe der Antike statt? (6)

15. Welcher Gott wurde durch sie geehrt? (griech. Name, 2)

Lektion 51–55

16. Wie heißt das Nationalepos der Römer? (dt. Schreibung, 2)

17. Von wem wurde es verfasst? (5)

18. Wer herrschte bis 510 v. Chr. über Rom? (4)

19. Auf welchem Hügel lag die älteste Ansiedlung Roms? (3)

20. Wie hieß der Bruder des sagenhaften Gründers von Rom? (1)

Lektion 56–60

21. Aus welchem Land stammte Alexander der Große genau? (7)

22. Welches war das am weitesten entfernte Land, in das er gelangte? (5)

23. Wie hieß der große Gegner Roms, der die karthagischen Truppen über die Alpen führte? (3)

24. Welche Insel war die erste römische Provinz? (1)

25. Welches Volk griff 387 v. Chr. die Römer an? (5)

L36 W1

somnus, -ī m		**der Schlaf**
speciēs, speciēī f	Spezies *(Tier- oder Pflanzenart)*	**der Anblick, das Aussehen, der Schein**
appellāre *Tē amīcum meum appellō.*	an jemandes Vernunft **appell**ieren	**anreden, ansprechen;** *(m. dopp. Akk.)* **nennen, bezeichnen als** *Ich nenne dich meinen Freund.*
mūtāre	**Mutation; Kommutativ**-gesetz	**ändern, wechseln**
putāre *(m. dopp. Akk.)* **dūcere** *(m. dopp. Akk.)* **dūcō, dūxī** *Ulixem virum prūdentem putāmus / dūcimus.*	Aquä**dukt**, Dusche	**halten für** *Wir halten Odysseus für einen klugen Mann.*
sē praebēre *(m. dopp. Akk.)* **praebeō, praebuī** *Praebē tē fortem!*		**sich erweisen (als)** *Erweise dich (als) tapfer!*
vocāre *(m. dopp. Akk.)* **dīcere** *(m. dopp. Akk.)* **dīcō, dīxī**		**nennen, bezeichnen als**
facere *(m. dopp. Akk.)* **faciō, fēcī** *Librī tē prūdentem faciunt.*	faktisch, Faktum	**machen zu** *Bücher machen dich klug.*

L36 W2

cōpia, -ae f	**kop**ieren: „eine Menge Abzüge machen“	**die Menge, der Vorrat;** *Pl. auch* **die Truppen**
convīvium, -ī n	con („zusammen“) + vīvere	**das Gastmahl, das Gelage**
supplex (m, f, n) *Gen. Sg.* supplicis		**demütig, flehentlich**
dīves (m, f, n) *Gen. Sg.* dīvitis	vgl. dīvitiae, -ārum	**reich**
pauper (m, f, n) *Gen. Sg.* pauperis	 Pauper pauca possidet.	**arm**
vetus (m, f, n) *Gen. Sg.* veteris	**Veter**an	**alt**
canere **canō, cecinī**	**Kan**tor; franz.: Chanson	**singen;** *(ein Instrument)* **spielen**
quam *(bei Adj.)* *„Quam pulchra es!“*	⟷ ut *(bei Verben):* ut putō	**wie** *„Wie schön du bist!“*

L37 W1

iniūria, -ae f		**das Unrecht; die Beleidigung**
odium, -ī n	⟷ amor Liebe	**der Hass**
reditus, reditūs m	Präfix *re* „zurück“	**die Rückkehr**
stultus, -a, -um	⟷ prūdēns klug	**dumm**
pūgnāre		**kämpfen**
equidem	< ego quidem	**(ich) allerdings, freilich**
nimis		**zu, allzu, allzu sehr**
omnīnō	vgl. omnis jeder, all, ganz	**insgesamt, überhaupt, völlig**

L37 W2

dux, ducis m/f	vgl. dūcere führen	**der Anführer / die Anführerin**
fūr, fūris m/f	**Fur**unkel: Verkleinerungsform von *fur*: eine eitrige Entzündung, die dem Körper gleichsam Blut entzieht („stiehlt“)	**der Dieb / die Diebin**
lēx, lēgis f *eā lēge*	**leg**al, il**leg**al	**das Gesetz; die Bedingung** *unter dieser Bedingung*
ōrdō, ōrdinis m *ex ōrdine*	**Ordin**alzahl, **Ord**ner	**die Ordnung, die Reihe;** **der** *(gesellschaftliche)* **Stand** *der Reihe nach*
claudere claudō, clausī – *portam claudere* – *in domiciliō claudere* – *viam claudere*	**Klos**ter, **Klaus**ur; **Klos**ett; engl.: all in**clus**ive	**schließen, einschließen, versperren** – *die Türe schließen* – *im Haus einschließen* – *den Weg versperren*
colere colō, coluī – *agrōs colere* – *corpus colere* – *deōs colere*	Kolonie; Stadt „Köln“	**bewirtschaften, pflegen; verehren** – *Felder bewirtschaften* – *den Körper pflegen* – *Götter verehren*
dēmum	⟷ iam schon, bereits	**endlich, erst**
neque/nec neque ... neque/nec ... nec		**und nicht, auch nicht, aber nicht** **weder ... noch**

L38 W1

īnsula, -ae f	isolieren, eigtl. „zur Insel machen“; ital.: isola	**die Insel; der Wohnblock**
silva, -ae f	Namen „Silvia“, „Silvester“; Land „Trans**silva**nien“	**der Wald**
numerus, -ī m	Nummer	**die Zahl**
ēvenīre **ēveniō, ēvēnī** **ēvenit, ēvēnit**	engl.: event	**sich ereignen** **es ereignet sich**
bibere **bibō, bibī**		**trinken**
cōnsīdere **cōnsīdō, cōnsēdī**	vgl. sedēre	**sich setzen, sich niederlassen**
quiēscere **quiēscō, quiēvī**	engl.: quiet	**ruhen, sich ausruhen**
circum *(m. Akk.)*	circa; Zirkel	**rings um, um … herum**

L38 W2

potēns (m, f, n) *Gen. Sg.* potentis	vgl. posse; potent; Potenzial	**mächtig**
praeceps (m, f, n) *Gen. Sg.* praecipitis	vgl. praecipitāre < prae + caput, eigtl. „mit dem Kopf voran“	**Hals über Kopf, überstürzt**
cēnsēre **cēnseō, cēnsuī**	Zensur, zensieren	**meinen, schätzen, einschätzen**
frangere **frangō, frēgī**	Oberschenkel**frakt**ur; Bundestags**frakt**ion	**brechen,** ***(etw.)*** **zerbrechen**
occurrere **occurrō, occurrī**	ob („entgegen“) + currere	**entgegenlaufen, entgegentreten, begegnen**
premere **premō, pressī**	pressen; depressiv; südd.: es pressiert	**drücken, unterdrücken, bedrängen**
solvere **solvō, solvī** – *captīvum solvere* – *nāvem solvere* – *pecūniam solvere*	solvent; engl.: solution	**lösen, losbinden; befreien; zahlen** – *einen Gefangenen befreien* – *in See stechen, den Anker lichten (eigtl. „das Schiff losbinden“)* – *Geld zahlen*
inquam / inquis / inquit *(in wörtliche Rede eingeschoben)* *„Id“, inquam, „mihi placet!“*	ein sog. Verbum defectivum: Das Verb hat einen „Defekt“, denn es fehlen alle außer den hier angegebenen Formen.	**sag(t)e ich / sag(te)st du / sagt(e) er, sie, es** *„Das“, sagte ich, „gefällt mir!“ / Ich sagte: „Das gefällt mir!“*

L39 W1

unda, -ae f		**die Welle, die Woge**
ventus, -ī m	**Vent**il, **Vent**ilator	**der Wind**
rēgnum, -ī n	vgl. rēx, regere	**die Herrschaft, die Königsherrschaft; das Reich**
secundus, -a, -um – *Tiberius secundus imperātor Rōmānōrum erat.* – *Nunc ventus secundus est.*	sekundär	**der zweite; günstig** – *Tiberius war der zweite Kaiser der Römer.* – *Jetzt ist der Wind günstig.*
occupāre – *Rēs gravis mē occupat.* – *Rōmānī tōtam Galliam occupāvērunt.*	vgl. capere	**einnehmen, besetzen; beschäftigen** – *Eine wichtige Angelegenheit beschäftigt mich.* – *Die Römer haben ganz Gallien besetzt.*
restāre restō, restitī *Sed ūnus vīcus restitit et Rōmānīs adhūc restat …*	re („zurück") + stāre; Rest	**übrig bleiben; Widerstand leisten** *Aber ein einziges Dorf ist übrig geblieben und leistet den Römern immer noch Widerstand …*
dēdūcere dēdūcō, dēdūxī	dē + dūcere	**hinabführen, wegführen; geleiten**
postrēmō	vgl. post; ⟷ prīmō	**schließlich, zuletzt**

L39 W2

praemium, -ī n	Prämie	**die Belohnung**
pecus, pecoris n	vgl. pecūnia *(Vieh diente auch als Zahlungsmittel)*	**das Vieh** *(Schafe, Ziegen oder Schweine)*; *Pl.* **die Viehherde**
falsus, -a, -um	engl.: false	**falsch**
inānis (m, f), ināne (n) *Gen. Sg.* inānis		**sinnlos, wertlos; leer**
domī	vgl. domus	**daheim, zu Hause**
iterum iterum atque iterum	Beachte die Vokalfolge **iter**um – **wieder**um.	**wiederum, ein zweites Mal** **wieder und wieder, immer wieder**
praetereā	praeter („außer") + ea *(Akk. Pl. n von* is)	**außerdem**
saepe		**oft**

L40 W1

bonum, -ī n bona, -ōrum n	vgl. bonus	**das Gute** **die guten Dinge, die Güter, der Besitz**
flāgitium, -ī n		**die Schande, die Schandtat, die Gemeinheit**
crēber, crēbra, crēbrum	vgl. crēscere, eigtl. „zunehmend“	**zahlreich, häufig**
nocēre **noceō, nocuī**	vgl. necāre („jemandem im höchsten Grade schaden“: töten)	**schaden**
ille, illa, illud	vgl. is, ea, **id**	**jener, jene, jenes**
immō *Amīcus nōn cessat, immō properat.*		**im Gegenteil; ja ... sogar** *Der Freund lässt sich nicht Zeit, ja er eilt sogar.*
inde	vgl. unde	**von dort; von da an; daher; daraufhin**
ultrō	⟷ iussū	**freiwillig; sogar, noch dazu**

L40 W2

superbia, -ae f	vgl. superbus	**der Hochmut, der Stolz, die Überheblichkeit**
suspīciō, suspīciōnis f	sub + spicere, eigtl. „von unten herauf schauen“; suspekt	**der Verdacht, die Vermutung**
convocāre	con + vocāre	**zusammenrufen, versammeln**
arcessere **arcessō, arcessīvī**		**herbeirufen, holen, holen lassen**
contingere **contingō, contigī** **contingit, cóntigit**	Kontakt	**berühren; gelingen** **es gelingt, es glückt**
nūbere *(m. Dat.)* **nūbō, nūpsī** *Pēnelopa Ulixī nūpserat.*	Zur Hochzeit *(nūptiae)* legt die Braut für den Bräutigam die *nūbēs* (eigtl. „Wolke: Schleier“) an.	*(einen Mann)* **heiraten** *Penelope hatte Odysseus geheiratet.*
tendere **tendō, tetendī** – *arcum (Bogen) tendere* – *manum ad caelum tendere* – *gladium in hostem tendere*	zu etw. tendieren; in**ten**siv	**spannen, strecken, richten** – *den Bogen spannen* – *die Hand zum Himmel strecken* – *das Schwert auf den Feind richten*
hic, haec, hoc	⟷ ille	**dieser, diese, dieses**

L41 W1

furor, furōris m	**Fur**ien (*schreckliche Rachegöttinen*); Furore machen	**der Wahnsinn, das Wüten**
precēs, precum f (*Pl.*)		**die Bitten**
aspectus, aspectūs m	ad + spicere; Aspekt	**der Anblick**
mortālis (m, f), mortāle (n) *Gen. Sg.* mortālis	vgl. mors; Salto mortale	**sterblich;** *Subst.* **der Sterbliche, der Mensch**
terribilis (m, f), terribile (n) *Gen. Sg.* terribilis	vgl. terror; engl.: terrible	**schrecklich**
līberāre (ā)	vgl. līber, līberī	**befreien (von)**
concēdere concēdō, concessī – *Pater līberīs concēdit.* – *Iīs concēdit in thermās*[1] *īre.*	**konzess**ive Subjunktion; **Konzess**ionen machen	**weichen, nachgeben; erlauben, zugestehen** – *Der Vater gibt den Kindern nach.* – *Er erlaubt ihnen, in die Thermen zu gehen.*
dum	Subjunktion → Zeit	**solange, solange bis**

L41 W2

taurus, -ī m	**Tor**ero	**der Stier**
certāmen, certāminis n	vgl. certē: „einen Kampf bis zur sicheren Entscheidung bringen"	**der Streit, der Wettstreit, der Wettkampf**
victor, victōris m	vgl. victōria, vincere; Name „Viktor"	**der Sieger**
pōstulāre	Postulat	**fordern, verlangen**
exercēre exerceō, exercuī, exercitum	**Exerz**ierplatz; engl.: exercise	**üben, trainieren, ausbilden**
expedīre expediō, expedīvī, expedītum	vgl. pēs „Fuß", pedica „Fußfessel", daher ex-pedīre, eigtl. „ent-fesseln"	**losbinden, befreien; kampfbereit machen**
dēdere dēdō, dēdidī *oppidum hostibus dēdere* sē dēdere	dē + dare, eigtl. „weg-geben"	**ausliefern, übergeben** *die Stadt den Feinden übergeben* **sich ergeben**
quantopere		**wie sehr**

L42 W1

sagitta, -ae f *sagittās mittere*	→	**der Pfeil** *Pfeile schießen / abschießen*
ōs, ōris n	vgl. ōrātiō; **Os**tia *(Stadt an der Tiber**mündung**)*	**der Mund, das Gesicht**
pellis, pellis f	**Pell**kartoffel, ab**pellen**	**das Fell, das Vlies**
sanguis, sanguinis m		**das Blut**
vestis, -is f *Gen. Pl.* vestium	Weste	**das Kleid, die Kleidung**
quantus, -a, -um	**quant**itativ, **Quant**ität	**wie groß**
saevus, -a, -um		**wild, grimmig**
vulnerāre		**verwunden**

L42 W2

vulnus, vulneris n	vgl. vulnerāre	**die Wunde**
immortālis (m, f), **immortāle** (n) *Gen. Sg.* immortālis	⟷ mortālis	**unsterblich;** *Subst.* **der Unsterbliche, der Gott**
secāre **secō, secuī, sectum**	vgl. saxum; **sez**ieren; In**sekt**; Säge	**schneiden; abschneiden, abtrennen**
implēre **impleō, implēvī, implētum** *nāvis mercibus implēta*	vgl. complēre, explēre	**anfüllen, erfüllen** *ein Schiff voller Waren*
iubēre *(m. Akk.)* **iubeō, iussī, iussum** *Tē iubeō tacēre.*	vgl. iussū	**befehlen** *Ich befehle dir zu schweigen.*
terrēre *(m. Akk.)* **terreō, terruī, territum**	vgl. terror, terribilis	**erschrecken**
dēficere *(m. Akk.; ā m. Abl.)* **dēficiō, dēfēcī, dēfectum** – *Vīrēs mē dēficiunt.* – *Sociī ā Rōmānīs dēfēcērunt.*	dē + facere; Defekt; Defizit	**ausgehen; fehlen; abfallen *(von)*** – *Mich verlassen die Kräfte.* – *Die Bundesgenossen sind von den Römern abgefallen.*
perdere **perdō, perdidī, perditum**		**zugrunde richten, umbringen; verlieren**

pōnere	pōnō	posuī	**positum**	setzen, stellen, legen
impōnere	impōnō	imposuī	**impositum**	hineinstellen, auferlegen
facere	faciō	fēcī	**factum**	machen, tun; *(m. dopp. Akk.)* machen zu
cōnficere	cōnficiō	cōnfēcī	**cōnfectum**	anfertigen, vollenden; aufreiben
interficere	interficiō	interfēcī	**interfectum**	töten, vernichten
mittere	mittō	mīsī	**missum**	schicken, senden
vincere	vincō	vīcī	**victum**	siegen, besiegen
dare	dō	dedī	**datum**	geben

L43 W1

iuvenis, iuvenis m *Gen. Pl.* iuvenum	jung; Junior	**der junge Mann**
virtus, virtūtis f	vgl. vir; eigtl. „Mannhaftigkeit"; **vir**tuos	**die Tugend; die Tapferkeit; die Tüchtigkeit;** ***Pl.*** **die guten Taten; die guten Eigenschaften**
occultus, -a, -um	**Okkult**ismus	**verborgen, geheim**
cōnfirmāre – *cōnfirmāre oppidum* – *cōnfirmāre animōs līberōrum*	Konfirmation	**kräftigen, bekräftigen, verstärken; ermutigen** – *die Befestigung verstärken* – *die Kinder ermutigen*
augēre **augeō, auxī, auctum**	**Auk**tion; Name „Augustus"	**vermehren, vergrößern**
addūcere **addūcō, addūxī, adductum** *timōre adductus*	ad + dūcere	**heranführen; veranlassen** *(von Angst veranlasst) aus Angst*
caedere **caedō, cecīdī, caesum**	 **c**adere „**f**allen", **cae**dere „**fä**llen"	**fällen; niederschlagen, töten**
(d)ēligere **(d)ēligō, (d)ēlēgī, (d)ēlēctum**	ē + legere, dē + legere; **Eli**te	**auslesen, auswählen**

L43 W2

pūgna, -ae f	vgl. pūgnāre	**der Kampf, die Schlacht**
aditus, aditūs m	vgl. reditus	**der Zugang, der Eingang**
mandāre	< in manum dare; Mandat, Mandant	**übergeben, anvertrauen; auftragen**
turbāre	vgl. turba; Turbulenz	**durcheinanderbringen, verwirren, stören**
fīgere **fīgō, fīxī, fīxum**	**fix**ieren; **Fix**stern; Kruzi**fix**; Prä**fix**, Suf**fix**	**befestigen**
ēdūcere **ēdūcō, ēdūxī, ēductum**	ex + dūcere	**herausführen, hinausführen**
prōcēdere **prōcēdō, prōcessī, prōcessum**	prō („vor") + cēdere; Prozess; Prozession; Prozedere, Prozedur	**vorwärtsschreiten, vorrücken; Fortschritte machen**
redūcere **redūcō, redūxī, reductum**	re + dūcere; reduzieren	**zurückführen**

adiuvāre *(m. Akk.)*	adiuvō	adiūvī	**adiūtum**	helfen, unterstützen
cēdere	cēdō	cessī	**cessum**	gehen; weichen
dūcere	dūcō	dūxī	**ductum**	führen; *(m. dopp. Akk.)* halten für
afficere	afficiō	affēcī	**affectum**	versehen mit
legere	legō	lēgī	**lēctum**	lesen; sammeln
movēre	moveō	mōvī	**mōtum**	bewegen; erregen
venīre	veniō	vēnī	**ventum**	kommen
invenīre	inveniō	invēnī	**inventum**	finden, auffinden, erfinden

L44 W1

iugum, -ī n		das Joch; das Gespann; der Bergrücken
idōneus, -a, -um		geeignet
posterus, -a, -um	vgl. post	der nachfolgende, der nächste
crūdēlis (m, f), crūdēle (n) *Gen. Sg.* crūdēlis		grausam, hartherzig
fingere fingō, fīnxī, fictum	**fing**ieren, **Fikt**ion, **fikt**iv; **Fin**te	formen, gestalten; sich ausdenken; erlügen
occīdere occīdō, occīdī, occīsum	cadere > occidere caedere > occīdere	niederschlagen, töten
pōscere (*m. Akk. der Person und der Sache*) pōscō, popōscī, – *Tē pecūniam pōscō.*	vgl. pōstulāre	fordern *Ich fordere von dir Geld.*
facile	*Adv. zu* facilis	leicht

L44 W2

umerus, -ī m		die Schulter
arma, -ōrum n (*Pl.*) *arma capere / arma sumere*	Armee	die Waffen *zu den Waffen greifen*
dēns, dentis m	**Dent**ist; Produktnamen mit „-dent"; Paro**dont**ose	der Zahn
armātus, -a, -um	vgl. arma; Armada (*ehemalige spanische Kriegsflotte*)	bewaffnet
dēcipere dēcipiō, dēcēpī, dēceptum	dē + capere, eigtl. „wegnehmen"	täuschen, betrügen
opprimere opprimō, oppressī, oppressum	ob (entgegen) + premere, eigtl. „sich dagegenstemmen"	überfallen, überwältigen, niederwerfen; unterdrücken
spargere spargō, sparsī, sparsum		streuen, ausstreuen
surgere surgō, surrēxī, surrēctum		aufstehen, sich erheben

colere	colō	coluī	**cultum**	bewirtschaften, pflegen; verehren
cingere	cingō	cīnxī	**cīnctum**	umgeben, umzingeln
premere	premō	pressī	**pressum**	drücken, unterdrücken, bedrängen
regere	regō	rēxī	**rēctum**	lenken, leiten; herrschen
capere	capiō	cēpī	**captum**	fassen, ergreifen; einnehmen
accipere	accipiō	accēpī	**acceptum**	annehmen, empfangen; vernehmen
excipere	excipiō	excēpī	**exceptum**	aus-, herausnehmen, aufnehmen
incendere	incendō	incendī	**incēnsum**	entflammen, in Brand setzen

L45 W1

adventus, adventūs m	ad + venīre; Advent	**die Ankunft**
lapis, lapidis m	**lapid**ar: „kurz und bündig wie eine in Stein gehauene Inschrift"	**der Stein**
recēns (m, f, n) *Gen. Sg.* recentis		**frisch, jung, neu**
certāre	vgl. certāmen	**kämpfen, streiten, wetteifern**
circumdare **circumdō, circumdedī, circumdatum**	circum + dare	**umzingeln, umschließen**
suādēre **suādeō, suāsī, suāsum**		**raten, empfehlen**
prōtegere **prōtegō, prōtēxī, prōtēctum**	vgl. tegere, tēctum; prō + tegere (der Schild schützt den Soldaten von vorn); protegieren	**bedecken, schützen**
conicere **coniciō, coniēcī, coniectum**	con + iacere	**zusammenwerfen; werfen, schleudern; vermuten**

L45 W2

coniūnx, coniugis (m/) f	vgl. iugum; Konjunktion	**(der Ehemann /) die Ehefrau, die Gemahlin**
iūrāre		**schwören**
iuvāre *(m. Akk.)* **iuvō, iūvī, iūtum**	vgl. adiuvāre	**helfen, unterstützen; erfreuen**
custōdīre **custōdiō, custōdīvī, custōdītum**	vgl. custōs; **Küst**er	**bewachen, behüten**
fundere **fundō, fūdī, fūsum**	Bluttrans**fus**ion, In**fus**ion; dif**fus**; kon**fus**	**gießen, ausschütten; verjagen**
pellere **pellō, pepulī, pulsum**	**Puls**schlag (!); Pro**pell**er; Im**puls**	**schlagen, stoßen; treiben, vertreiben**
rapere **rapiō, rapuī, raptum**	vgl. ēripere; raffen; Raptor (Saurier)	**rauben; mit sich reißen**
et ... et	⟷ neque ... neque	**sowohl ... als auch**

ēripere	ēripiō	ēripuī	**ēreptum**	entreißen
āmittere	āmittō	āmīsī	**āmissum**	verlieren
committere	committō	commīsī	**commissum**	begehen; anvertrauen
prōmittere	prōmittō	prōmīsī	**prōmissum**	versprechen
tegere	tegō	tēxī	**tēctum**	bedecken, schützen, verbergen
iacere	iaciō	iēcī	**iactum**	werfen, schleudern; *(etw.)* hinabstürzen
vidēre	videō	vīdī	**vīsum**	sehen
prōvidēre	prōvideō	prōvīdī	**prōvīsum**	*(m. Akk.)* vorhersehen; *(m. Dat.)* sorgen für

L46 W1

aurum, -ī n		**das Gold**
iūs, iūris n *in iūs vocāre*	⟷ in-iūria; Jurist	**das Recht** *vor Gericht zitieren / anklagen*
nūmen, nūminis n		**die Gottheit; der göttliche Wille, die göttliche Macht**
altus, -a, -um – *aedificium altum* – *aqua alta*	Alt *(tiefe Singstimme bei Frauen)*	**hoch; tief** – *das hohe Gebäude* – *das tiefe Wasser*
antīquus, -a, -um	antik, Antiquität	**alt**
incrēdibilis (m, f), incrēdibile (n) *Gen. Sg.* incrēdibilis	vgl. crēdere; engl.: incredible	**unglaublich**
impedīre impediō, impedīvī, impedītum	⟷ expedīre	**hindern, verhindern; behindern**
reddere reddō, reddidī, redditum – *librum reddere* – *amīcōs fēlīcēs reddere*	re + dare	**zurückgeben;** *(m. dopp. Akk.)* **machen zu** – *ein Buch zurückgeben* – *die Freunde glücklich machen*

L46 W2

humus, -ī f humī	Humus	**die Erde, der Boden** **auf der Erde, auf dem Boden**
altitūdō, altitūdinis f	vgl. altus	**die Höhe, die Tiefe**
auctor, auctōris m	vgl. augēre; Autor	**der Veranlasser, der Gründer, der Schöpfer, der Schriftsteller**
ōmen, ōminis n	ominös	**das Vorzeichen**
sūmptus, sūmptūs m	vgl. sūmere	**der Aufwand**
salvus, -a, -um	vgl. salvē, salūs, salūtāre	**heil, unversehrt**
tālis (m, f), tāle (n) *Gen. Sg.* tālis		**solch, von solcher Art, so (beschaffen)**
iacēre iaceō, iacuī, –		**liegen**

dēlēre	dēleō	dēlēvī	**dēlētum**	zerstören, vernichten
claudere	claudō	clausī	**clausum**	schließen, einschließen, versperren
scrībere	scrībō	scrīpsī	**scrīptum**	schreiben
frangere	frangō	frēgī	**frāctum**	brechen, *(etw.)* zerbrechen
condere	condō	condidī	**conditum**	verwahren, bergen; bauen, gründen
comperīre	comperiō	cómperī	**compertum**	erfahren, in Erfahrung bringen
reperīre	reperiō	répperī	**repertum**	finden, wiederfinden
dēfendere	dēfendō	dēfendī	**dēfēnsum**	abwehren; verteidigen

L47 W1

vinculum, -ī n *in vincula conicere*		**die Fessel** *in Fesseln legen / ins Gefängnis werfen*
ars, artis f *Gen. Pl.* artium	Artist; engl.: art	**die Kunst; die Kunstfertigkeit**
vultus, vultūs m		**die Miene, der Gesichtsausdruck;** *Pl.* **die Gesichtszüge**
inimīcus, -a, -um	⟷ amīcus	**feindlich;** *Subst.* **der Feind**
similis (m, f), **simile** (n) *Gen. Sg.* similis	**sim**ulieren, as**simil**ieren	**ähnlich**
condūcere **condūcō, condūxī, conductum**	con + dūcere	**zusammenführen;** **anwerben, mieten**
gerere **gerō, gessī, gestum** – *arma gerere* – *bellum gerere* **rēs gestae, rērum gestārum** f *(Pl.)*	Geste *(typische Bewegung, die man „an sich trägt")*	**tragen; führen, ausführen** – *Waffen tragen* – *Krieg führen* **die Taten; die Geschichte**
tot *(indekl.)*		**so viele**

L47 W2

sententia, -ae f *sententiā omnium*	vgl. sentīre; Sentenz	**der Satz; der Sinnspruch;** **die Meinung** *nach Meinung aller*
auctōritās, auctōritātis f	vgl. auctor; Autorität	**das Ansehen, die Bedeutung**
pulchritūdō, pulchritūdinis f	vgl. pulcher	**die Schönheit**
dūrus, -a, -um	C-Dur	**hart, hartherzig**
praeclārus, -a, -um	prae + clārus	**vortrefflich, ausgezeichnet**
tantus, -a, -um	vgl. quantus	**so groß**
sinister, sinistra, sinistrum		**links**
ingēns (m, f, n) *Gen. Sg.* ingentis		**riesig, gewaltig**

complēre	compleō	complēvī	**complētum**	ausfüllen, anfüllen
explēre	expleō	explēvī	**explētum**	ausfüllen, erfüllen
statuere	statuō	statuī	**statūtum**	aufstellen; festsetzen; beschließen
restituere	restituō	restituī	**restitūtum**	wiederherstellen
contemnere	contemnō	contempsī	**contemptum**	verachten, gering schätzen
dēdūcere	dēdūcō	dēdūxī	**deductum**	hinabführen, wegführen; geleiten
tendere	tendō	tetendī	**tentum**	spannen, strecken, richten
contendere	contendō	contendī	**contentum**	sich anstrengen; kämpfen; eilen; behaupten

L48 W1

lūx, lūcis f		**das Licht**
nox, noctis f *Gen. Pl.* noctium		**die Nacht**
lūmen, lūminis n		**das Licht; das Augenlicht, das Auge**
sōl, sōlis m	Sonnengott **„Sol“**; **Sol**ar-Energie; **Sol**arium	**die Sonne**
cursus, cursūs m	vgl. currere	**der Lauf; die Eile; die Richtung**
portus, portūs m	vgl. porta; engl.: airport; span.: Puerto Rico („reicher Hafen“)	**der Hafen**
dīvidere **dīvidō, dīvīsī, dīvīsum**	dis („auseinander“) + vidēre; dividieren	**teilen, trennen**
quotiēns	**Quotient**; **Quote**	**wie oft**

L48 W2

lingua, -ae f	engl.: language	**die Zunge; die Sprache**
doctus, -a, -um	Doktor	**gelehrt;** *Subst.* **der Gelehrte**
colligere **colligō, collēgī, collēctum**	con + legere; Sonnen**kollekt**or; **Kollekt**ion	**sammeln**
dīmittere **dīmittō, dīmīsī, dīmissum** – *nūntiōs in omnēs terrās dīmittere* – *servōs dīmittere*	dis + mittere	**entsenden, wegschicken, entlassen** – *Boten in alle Länder entsenden* – *die Diener wegschicken*
quālis (m, f), **quāle** (n) *Gen. Sg.* quālis	⟷ tālis; **Qualit**ät	**welch, von welcher Art, wie (beschaffen)**
quot *(indekl.)*	vgl. quotiens	**wie viele**
totiēns	vgl. tot	**so oft**
tam *(bei Adj.)* *„Tam pulchra es!“*	⟷ ita *(bei Verben)*: ita putō	**so** *„Du bist so schön!“*

flēre	fleō	flēvī	**flētum**	weinen; beklagen
rīdēre	rīdeō	rīsī	**rīsum**	lachen; auslachen
convenīre	conveniō	convēnī	**conventum**	zusammenkommen; treffen; besuchen
ēvenīre	ēveniō	ēvēnī	**ēventum**	sich ereignen
pervenīre	perveniō	pervēnī	**perventum**	kommen zu / nach, gelangen
relinquere	relinquō	relīquī	**relictum**	verlassen, zurücklassen
ascendere	ascendō	ascendī	**ascēnsum**	hinaufsteigen, besteigen
dēscendere	dēscendō	dēscendī	**dēscēnsum**	herabsteigen, hinabsteigen

L49 W1

simulācrum, -ī n	vgl. similis	**das Bild, das Trugbild; das Götterbild, die Götterstatue**
mōtus, mōtūs m	vgl. movēre	**die Bewegung**
nūdus, -a, -um		**nackt, bloß**
studiōsus, -a, -um *(m. Gen.)* *Studiōsus artis sum.*	vgl. studēre	**bemüht um; eifrig** *Ich bin bemüht um die Kunst.*
aliī ... aliī	vgl. alius	**die einen ... die anderen**
cōnstituere **cōnstituō, cōnstituī, cōnstitūtum** – *custōdēs cōnstituere* – *diem nūptiārum cōnstituere* – *cōnstituere statim intrāre*	con + statuere	**aufstellen; festsetzen; beschließen** – *Wachen aufstellen* – *den Tag der Hochzeit festsetzen* – *beschließen, sofort einzutreten*
spernere **spernō, sprēvī, sprētum**		**verschmähen, verachten**
imprīmīs	in + prīmīs, eigtl. „unter den ersten Dingen"	**in erster Linie, besonders**

L49 W2

tergum, -ī n *ā tergō*		**der Rücken** *von hinten*
arbor, arboris f		**der Baum**
pudor, pudōris m		**die Scham, die Keuschheit; der Anstand**
dulcis (m, f), **dulce** (n) *Gen. Sg.* dulcis	ital.: dolce	**süß, lieblich**
praesēns (m, f, n) *Gen. Sg.* praesentis	Präsenz; Präsens	**anwesend**
dēpōnere **dēpōnō, dēposuī, dēpositum** *arma dēpōnere*	dē + pōnere; deponieren, Deponie; Depot	**ablegen, niederlegen** *die Waffen ablegen*
permittere **permittō, permīsī, permissum**	per + mittere, eigtl. „jemandem etw. durchgehen lassen"	**erlauben, überlassen**
nōnnumquam	nōn + numquam	**manchmal**

cupere	cupiō	cupīvī	**cupītum**	wünschen, wollen, begehren
petere	petō	petīvī	**petītum**	bitten; erstreben; aufsuchen; angreifen
accēdere	accēdō	accessī	**accessum**	herankommen, -treten, sich nähern
dēcēdere	dēcēdō	dēcessī	**dēcessum**	weggehen; sterben
admittere	admittō	admīsī	**admissum**	zulassen
cōnspicere	cōnspiciō	cōnspexī	**cōnspectum**	ansehen, erblicken
īnspicere	īnspiciō	īnspexī	**īnspectum**	hineinblicken, betrachten
comprehendere	comprehendō	comprehendī	**comprehēnsum**	ertappen; ergreifen; begreifen

50 W1

dīgnitās, dīgnitātis f		**die Würde, das Ansehen**
māgnitūdō, māgnitūdinis f	vgl. māgnus	**die Größe, die Erhabenheit**
religiō, religiōnis f	Religion	**die Götterverehrung,** **die religiöse Scheu**
aedificāre	vgl. aedificium	**bauen, erbauen**
exīstimāre		**einschätzen, meinen**
neglegere neglegō, neglēxī, neglēctum	nec + legere, eigtl. „nicht vom Boden auflesen“	**vernachlässigen, gering schätzen**
pergere pergō, perrēxī, perrēctum – *Perge id explicāre!* – *Perge iter!* – *Perge statim!*	per + regere	**fortfahren** *(zu tun)*, **fortsetzen; aufbrechen** – *Fahr fort, dies zu erklären!* – *Setze deinen Weg fort!* – *Brich sofort auf!*
volvere volvō, volvī, volūtum	Re**volv**er	**wälzen, rollen; überlegen**

L50 W2

cella, -ae f	Zelle	**der Keller, die Kammer;** **das Tempelinnere**
spīritus, spīritūs m	Spiritus; in**spir**ieren	**der Atem; das Leben,** **der Lebensgeist**
commūnis (m, f), commūne (n) *Gen. Sg.* commūnis	Kommune; Kommunikation	**allgemein, gemeinsam**
docēre doceō, docuī, doctum *Tē artēs doceō.*	vgl. doctus; Dozent	**lehren; deutlich machen** *Ich lehre dich die Künste.*
circumspicere circumspiciō, circumspexī, circumspectum	circum + spicere	**umherblicken**
exstruere exstruō, exstrūxī, exstrūctum	kon**stru**ieren	**aufhäufen; errichten, bauen, erbauen**
intus	vgl. in	**innen, im Inneren**
ubīque	eigtl. „wo auch immer“	**überall**

dīcere	dīcō	dīxī	**dictum**	sagen, sprechen; *(m. dopp. Akk.)* nennen, bezeichnen als
intellegere	intellegō	intellēxī	**intellēctum**	verstehen, einsehen, bemerken
vertere	vertō	vertī	**versum**	drehen, wenden
animadvertere	animadvertō	animadvertī	**animadversum**	wahrnehmen, bemerken; *(in m. Akk.)* vorgehen gegen, bestrafen
convertere	convertō	convertī	**conversum**	wenden, verwandeln; übersetzen
ēvertere	ēvertō	ēvertī	**ēversum**	umstürzen, zerstören
tollere	tollō	sustulī	**sublātum**	hochheben, aufheben; beseitigen, wegnehmen

L51 W1

rēgīna, -ae f	vgl. regere, rēx; Name „Regina“	**die Königin**
sēdēs, sēdis f *Gen. Pl.* sēdum	vgl. sedēre	**der Sitz, der Wohnsitz**
perpetuus, -a, -um	Perpetuum mobile	**ununterbrochen, ewig**
commovēre / permovēre -moveō, -mōvī, -mōtum – *amōre commōtus / permōtus* – *odiō permōtus / commōtus*	con / per (*Verstärkung*) + movēre	**bewegen, beunruhigen, veranlassen** – *(von Liebe veranlasst) aus Liebe* – *(von Hass veranlasst) aus Hass*
tangere tangō, tetigī, tāctum – *manum tangere* – *lītus Crētae tangere*	tangieren, Tangente; in**takt**; **Tango**	**berühren; erreichen** – *die Hand berühren* – *die Küste Kretas erreichen*
enim (*nachgestellt*)	~ nam	**denn, nämlich**
in (*m. Akk.*)		**gegen, gegenüber** *(im freundlichen und feindlichen Sinn)*
sīcut	< sīc ut	**ebenso wie**

L51 W2

fēmina, -ae f	Femininum	**die Frau**
lacrima, -ae f		**die Träne**
iuventūs, iuventūtis f	vgl. iuvenis	**die Jugend**
pectus, pectoris n		**die Brust, das Herz**
īnstāre īnstō, īnstitī, –	in + stāre: eigtl. „auf jemandem stehen“, jemandem im Nacken sitzen	**bevorstehen, drohen**
oppūgnāre oppūgnō, oppūgnāvī, oppūgnātum	ob + pūgnāre	**angreifen**
cōgere cōgō, coēgī, coāctum – *omnem familiam cōgere* – *servōs ad labōrem cōgere*	< co + agere	**versammeln; zwingen** – *die ganze Familie versammeln* – *die Sklaven zur Arbeit zwingen*
dēnique		**schließlich**

quaerere	quaerō	quaesīvī	**quaesītum**	suchen; fragen
aperīre	aperiō	aperuī	**apertum**	öffnen; eröffnen *(m. Worten)*
nūbere *(m. Dat.)*	nūbō	nūpsī	**nūptum**	*(einen Mann)* heiraten
agere	agō	ēgī	**āctum**	tun; handeln, verhandeln; treiben
cōnsīdere	cōnsīdō	cōnsēdī	**cōnsessum**	sich setzen, sich niederlassen
sedēre	sedeō	sēdī	**sessum**	sitzen, dasitzen
possidēre	possideō	possēdī	**possessum**	besitzen
contingere	contingō	contigī	**contāctum**	berühren; gelingen

L52 W1

fātum, -ī n	fatal; Fata Morgana	der Göttersprüch; das Schicksal, das Verhängnis
nefārius, -a, -um	vgl. fātum	gottlos, frevelhaft; verbrecherisch
perfidus, -a, -um	vgl. fidēs	treulos, untreu
dēserere dēserō, dēseruī, dēsertum	desertieren	verlassen, im Stich lassen
parere pariō, peperī, partum – *puellam parere* – *odium parere* – *victōriam parere* – *honōrēs parere*		zur Welt bringen, erzeugen; erringen, erwerben – *ein Mädchen zur Welt bringen* – *Hass erzeugen* – *einen Sieg erringen* – *Ehren erwerben*
parentēs, parent(i)um m	engl.: parents	die Eltern
sinere sinō, sīvī, situm	vgl. dēsinere	lassen, zulassen, erlauben
potius		eher, lieber
vel		oder

L52 W2

nātiō, nātiōnis f	Nation	das Volk, der Volksstamm
foedus, foederis n *foedus facere*	vgl. fidēs; Konföderation	das Bündnis, der Vertrag *einen Vertrag schließen*
cor, cordis n		das Herz
ūsus, ūsūs m	Usus; Utensilien	der Gebrauch, der Nutzen
īnfēstus, -a, -um		feindselig, kampfbereit
complūres (m, f), complūra (n) *Gen. Pl.* complūrium	Plural	mehrere
adversus (*m. Akk.*)	< ad-vertere	gegen
meā (tuā, suā; nostrā, vestrā, suā) sponte – *Id meā sponte fēcī.* – *Id suā sponte fēcērunt.*	**spont**an	von selbst, freiwillig, aus eigenem Entschluss – *Dies habe ich freiwillig getan.* – *Dies haben sie freiwillig getan.*

dēcernere	dēcernō	dēcrēvī	**dēcrētum**	beschließen, entscheiden
dēsinere	dēsinō	dēsiī	**dēsitum**	ablassen, aufhören
concēdere	concēdō	concessī	**concessum**	weichen, nachgeben; erlauben, zugestehen
discēdere	discēdō	discessī	**discessum**	auseinandergehen; weggehen
incipere	incipiō	coepī	**coeptum**	anfangen, beginnen
recipere	recipiō	recēpī	**receptum**	zurücknehmen, aufnehmen
suscipere	suscipiō	suscēpī	**susceptum**	auf sich nehmen, unternehmen
respondēre	respondeō	respondī	**respōnsum**	antworten

L53 W1

custōdia, -ae f *in custōdiam dare*	vgl. custōs, custōdīre	**die Wache, die Bewachung; die Haft** *in Gewahrsam nehmen*
impius, -a, -um	in (*~ Gegenteil*) + pius	**gottlos, ruchlos**
dēmōnstrāre	demonstrieren	**zeigen, darlegen, beweisen**
obtinēre **obtineō, obtinuī, –**	vgl. tenēre	**innehaben, besetzt halten**
pertinēre **pertineō, pertinuī, –** – *ad mare pertinēre* – *ad rem pūblicam pertinēre*	per + tenēre	**sich erstrecken, sich beziehen** – *sich bis zum Meer erstrecken* – *sich auf den Staat beziehen*
expellere **expellō, expulī, expulsum**	ex + pellere	**vertreiben, verjagen, verbannen**
cum *(m. Konj.)*	Subjunktion → Zeit; Grund; Gegengrund	**als, nachdem; da, weil; obwohl, wenn auch**
modo		**nur; eben noch, gerade**

L53 W2

simplex (m, f, n) *Gen. Sg.* simplicis	simpel	**einfach**
praestāre **praestō, praestitī, –** – *Virtus omnī pecūniae praestat.* – *Servī officia praestant.* **sē praestāre** *sē fortem praestāre*	prae + stāre *(m. Dat.)*: eigtl. „jemandem vorne dran stehen", jemanden übertreffen	*(m. Dat.)* **übertreffen;** *(m. Akk.)* **erfüllen, erweisen** – *Die Tugend übertrifft alles Geld.* – *Sklaven erfüllen ihre Pflichten.* **sich erweisen als** *sich als tapfer erweisen*
optāre	**Opt**ion; ad**opt**ieren	**wünschen**
crīminī dare		**zum Vorwurf machen**
alere **alō, aluī, al(i)tum**	Alimente	**aufziehen, ernähren; vergrößern**
at		**aber, jedoch**
ut *(m. Konj.)*	Subjunktion → Begehren	**dass**
nē *(m. Konj.)*	Subjunktion *(verneint)* → Begehren	**dass nicht**

addere	addō	addidī	**additum**	hinzufügen
crēdere	crēdō	crēdidī	**crēditum**	glauben; vertrauen, anvertrauen
dēdere	dēdō	dēdidī	**dēditum**	ausliefern
trādere	trādō	trādidī	**trāditum**	übergeben; überliefern
currere	currō	cucurrī	**cursum**	laufen, rennen
concurrere	concurrō	concurrī	**concursum**	zusammenlaufen
occurrere	occurrō	occurrī	**occursum**	entgegenlaufen, -treten, begegnen
succurrere	succurrō	succurrī	**succursum**	zu Hilfe eilen

L54 W1

genus, generis n	vgl. gēns; Genus	die Art, das Geschlecht, die Abstammung
fīnitimus, -a, -um	vgl. fīnis	benachbart; *Subst.* der Nachbar
audāx (m, f, n) *Gen. Sg.* audācis	vgl. audācia	mutig, kühn; verwegen
pār (m, f, n) *Gen. Sg.* paris	Paar	gleich, ebenbürtig
compōnere compōnō, composuī, compositum	con + pōnere; komponieren	ordnen; vergleichen; verfassen
discere discō, didicī, –	⟷ docēre	lernen
dēesse dēsum, dēfuī	⟷ adesse	fehlen
prope *(Adv.)* prope *(m. Akk.)*	⟷ procul; ap**prop**inquāre	nahe, in der Nähe nahe bei, in der Nähe von
ut *(m. Konj.)* nē *(m. Konj.)*	Subjunktion → Absicht; Folge Subjunktion *(verneint)* → Absicht; Folge	dass; sodass; damit / um … zu dass nicht; damit nicht / um nicht … zu

L54 W2

lēgātus, -ī m	De**legat**ion	der Gesandte, der Bevollmächtigte
factum, -ī n	vgl. facere; Fakten	die Tat
cīvitās, cīvitātis f	vgl. cīvis	der Staat; der Stamm; die Bürgerschaft
potestās, potestātis f	vgl. posse	die Macht, die Gewalt, die Amtsgewalt
indīcere indīcō, indīxī, indictum *bellum indīcere*	in + dīcere, eigtl. „an-sagen“	ankündigen, erklären *den Krieg erklären*
vīsere vīsō, vīsī, –	vgl. vidēre; engl.: to visit	besuchen, besichtigen
repente	~ subitō	plötzlich
tantopere	⟷ quantopere	so sehr

cēnsēre	cēnseō	cēnsuī	**cēnsum**	meinen, schätzen, einschätzen
exstinguere	exstinguō	exstīnxī	**exstīnctum**	löschen, auslöschen; vernichten
trādūcere	trādūcō	trādūxī	**trāductum**	hinüberführen
sentīre	sentiō	sēnsī	**sēnsum**	fühlen, spüren; meinen
inicere	iniciō	iniēcī	**iniectum**	hineinwerfen; einjagen
minuere	minuō	minuī	**minūtum**	vermindern, verringern
solvere	solvō	solvī	**solūtum**	lösen; losbinden, befreien; zahlen
tribuere	tribuō	tribuī	**tribūtum**	zuteilen

L55 W1

culpa, -ae f		**die Schuld**
praeda, -ae f		**die Beute, die Kriegsbeute**
crūdēlitās, crūdēlitātis f	vgl. crūdēlis	**die Grausamkeit, die Hartherzigkeit**
facinus, facinoris n	vgl. facere, factum	**die Tat; die Untat**
lībertās, lībertātis f	vgl. līber, līberāre, līberī; engl.: statue of liberty	**die Freiheit**
ultimus, -a, -um	Ultimatum	**der letzte, der entfernteste**
turpis (m, f), turpe (n) *Gen. Sg.* turpis		**hässlich, schändlich**
efficere efficiō, effēcī, effectum	Effekt, **effiz**ient	**durchsetzen, bewirken, vollenden**

L55 W2

libīdō, libīdinis f		**die Begierde; die Willkür, die Hemmungslosigkeit**
mulier, mulieris f	⟷ vir	**die Frau**
nocturnus, -a, -um	vgl. nox	**nächtlich**
spoliāre *(m. Abl.)* *hostem armīs spoliāre*		**berauben** *den Feind der Waffen berauben*
ēicere ēiciō, ēiēcī, ēiectum	ex + iacere	**hinauswerfen, vertreiben**
impellere impellō, impulī, impulsum *īrā impulsus*	in + pellere; Impuls, impulsiv	**antreiben, veranlassen** *(von Zorn veranlasst) aus Zorn*
aliquis, aliquid	Präfix *ali-* „irgend-“: aliquandō: „irgendwann“	**irgendjemand, irgendetwas**
aliquī, aliqua, aliquod		**irgendein, irgendeine, irgendein**

arcessere	arcessō	arcessīvī	**arcessītum**	herbeirufen, holen, holen lassen
cōgnōscere	cōgnōscō	cōgnōvī	**cōgnitum**	kennenlernen, erkennen; erfahren
vetāre	vetō	vetuī	**vetitum**	verbieten
sūmere	sūmō	sūmpsī	**sūmptum**	nehmen
cavēre *(m. Akk.)*	caveō	cāvī	**cautum**	sich hüten *(vor)*, sich in Acht nehmen *(vor)*
emere	emō	ēmī	**ēmptum**	kaufen
favēre *(m. Dat.)*	faveō	fāvī	**fautum**	begünstigen, gewogen sein
āvertere	āvertō	āvertī	**āversum**	abwenden, entfernen

L56 W1

mīles, mīlitis m *mīlitēs condūcere*	Militär	**der Soldat** *Soldaten anwerben*
aestus, aestūs m		**die Hitze**
dīgnus, -a, -um *(m. Abl.)* – *Hic mīles dīgnus praemiō est.* – *Scelerātus dīgnus poenā est.*	vgl. dīgnitās	**würdig, wert** – *Dieser Sodat ist einer Belohnung würdig.* – *Der Verbrecher verdient eine Strafe.*
futūrus, -a, -um	Futur	**künftig, zukünftig**
malus, -a, -um **malum, -ī n** *in malum vertī*	⟷ bonus	**böse, schlecht, schlimm** **das Böse, das Übel, das Leid** *sich zum Schlechten wenden*
dubitāre – *Dē fidē tuā nōn dubitō.* – *Tēctum emere dubitat.*		**zweifeln; zögern** – *An deiner Treue zweifle ich nicht.* – *Er zögert, das Haus zu kaufen.*
īre **eō, iī, itum**	vgl. iter	**gehen**
bene	*Adv. zu* bonus	**gut**

L56 W2

morbus, morbī m	„**mor**sch“, „**mür**b**e**“	**die Krankheit**
exercitus, exercitūs m	vgl. exercēre	**das Heer**
errāre	engl.: error	**sich irren, umherirren**
invādere **invādō, invāsī, invāsum** – *Fūres (in) aedēs invāsērunt.* – *Morbus gravis mē numquam invāsit.*	**Invas**ion	**eindringen; befallen; angreifen** – *Diebe drangen ins Haus ein.* – *Eine schwere Krankheit hat mich niemals befallen.*
resistere **resistō, restitī, –**	re + sistere; resistent	**sich widersetzen, Widerstand leisten**
domō	vgl. domus	**von daheim, von zu Hause**
domum	 dom**ī**: **i**m Haus dom**ō**: v**o**m Haus dom**um**: z**um** Haus	**heim, nach Hause**
humum	vgl. humus	**auf die Erde, auf den Boden**

L57 W1

plērīque, plēraeque, plēraque		**die meisten, sehr viele**
abīre abeō, abiī, abitum	ab + īre; **Abit**ur	**weggehen; abtreten;** **zurücktreten (von)**
adīre adeō, adiī, aditum	ad + īre; vgl. aditus	**herangehen, aufsuchen;** **auf sich nehmen; angreifen**
exīre exeō, exiī, exitum	ex + īre; engl.: exit	**herausgehen, verlassen; ausrücken**
inīre ineō, iniī, initum *cōnsilium inīre*	in + īre; **Initi**alen	**hineingehen, betreten;** **beginnen** *einen Beschluss fassen*
perīre pereō, periī, –	per + īre; ⟷ perdere	**zugrunde gehen, umkommen**
praeterīre praetereō, praeteriī, praeteritum – *Aurēlia nāvēs praeterit.* – *Tempus praeterit.* – *Mē nōn praeterit tē ibi latēre.*	praeter („vorbei") + īre; **Präterit**um	*(m. Akk.)* **vorübergehen,** **vorbeigehen; verstreichen** – *Aurelia geht an den Schiffen vorbei.* – *Die Zeit verstreicht.* – *Mir entgeht nicht, dass du dort versteckt bist.*
redīre redeō, rediī, reditum	re + īre; vgl. reditus	**zurückgehen, zurückkehren**

L57 W2

inopia, -ae f		**die Armut, die Not**
praesidium, -ī n	prae („vor") + sedēre, eigtl. „(zum Schutz) vor (etw.) sitzen"	**der Schutz, die Schutztruppe;** **die Besatzungstruppe**
arx, arcis f Gen. Pl. arcium		**die Burg, die Stadtburg**
famēs, famis f *fame perīre*		**der Hunger** *verhungern*
cēterī, -ae, -a	et cetera (etc.)	**die übrigen**
parvus, -a, -um	⟷ māgnus	**klein**
obsidēre obsideō, obsēdī, obsessum	ob („gegenüber") + sedēre; Obsession	**belagern; besetzt halten**
cōnsulere cōnsulō, cōnsuluī, cōnsultum – *līberīs cōnsulere* – *Apollinem cōnsulere* – *dē pāce cōnsulere*	vgl. cōnsilium; **konsult**ieren; Konsul	*(m. Dat.)* **sorgen für;** *(m. Akk.)* **um Rat fragen;** *(m. dē)* **beraten über** – *für seine Kinder sorgen* – *Apollo um Rat fragen* – *über Frieden beraten*

L58 W1

prūdentia, -ae f	vgl. prūdēns	**die Klugheit**
castra, -ōrum n *(Pl.)* – *castra pōnere* – *castra movēre*	Castra Rēgīna *(heute: Regensburg)*	**das Lager** – *ein Lager aufschlagen* – *ein Lager abbrechen*
aciēs, aciēī f	vgl. ācer	**die Schärfe; der Scharfsinn; die Schlachtreihe**
mīlitāris (m, f), mīlitāre (n) *Gen. Sg.* mīlitāris	vgl. mīles	**militärisch, soldatisch**
expūgnāre	ex + pūgnāre	**erobern**
subicere **subiciō, subiēcī, subiectum**	sub + iacere; Subjekt: „das einem Satz zugrunde Geworfene (Gelegte)“	**unterwerfen**
subīre **subeō, subiī, subitum**	sub + īre, eigtl. „unter etw. drunter gehen und es in die Höhe stemmen“	**auf sich nehmen**
īdem, eadem, idem īdem ... atque / īdem ... quī	**id**entisch	**derselbe, dieselbe, dasselbe derselbe ... wie**

L58 W2

proelium, -ī n		**die Schlacht, das Gefecht**
celeritās, celeritātis f	vgl. celer	**die Schnelligkeit**
eques, equitis m	vgl. equus	**der Reiter; der Ritter**
legiō, legiōnis f	Legionär	**die Legion**
plēnus, -a, -um *(m. Gen.)* *plēnus vīnī*	vgl. com-plēre, ex-plēre, im-plēre, plērīque; Plenum, Plenarsaal	**voll** *voll des Weins / voller Wein*
trānsīre *(m. Akk.)* **trānseō, trānsiī, trānsitum** – *ab aliīs ad aliōs trānsīre* – *Alpēs trānsīre*	trāns („hinüber“) + īre; **Transit**verkehr	**hinübergehen, überschreiten** – *von den einen zu den anderen hinübergehen* – *die Alpen überschreiten*
mūnīre **mūniō, mūnīvī, mūnītum** – *castra mūnīre* – *viam mūnīre*	vgl. moenia	**befestigen; bauen** – *ein Lager befestigen* – *eine Straße bauen*
paulō post		**ein wenig später**

L59 W1

argentum, -ī n	Land „**Argent**inien“	**das Silber; das Geld**
frūmentum, -ī n	vgl. „Frucht“	**das Getreide**
ops, opis f opēs, opum f *(Pl.)*	⟷ in-opia	**die Hilfe; die Kraft** **der Reichtum, die Macht**
nimius, -a, -um	vgl. nimis	**zu groß, allzu groß, allzu viel**
parcus, -a, -um	vgl. parcere	**sparsam, genügsam**
retinēre retineō, retinuī, –	re + tenēre	**zurückhalten, behalten**
respicere respiciō, respexī, respectum	re + spicere; Respekt: eigtl. „Rücksicht“	**zurückblicken auf, berücksichtigen**
ipse, ipsa, ipsum		**selbst; gerade; persönlich**

L59 W2

potentia, -ae f	vgl. posse, potestās	**die Macht**
dētrīmentum, -ī n		**der Nachteil, der Schaden**
longus, -a, -um	engl.: long	**lang, lang anhaltend**
necessārius, -a, -um	vgl. necesse est; engl.: necessary	**nötig, notwendig;** *Subst.* **der Freund, der Verwandte**
vāstus, -a, -um		**wüst, weit, unermesslich**
indūcere indūcō, indūxī, inductum *invidiā inductus*	in + dūcere	**hineinführen; veranlassen** *(von Neid veranlasst) aus Neid*
intendere intendō, intendī, intentum – *animum in fābulam intendere* – *arma in hostēs intendere*	in + tendere; Intention	**anspannen; richten** – *seine Aufmerksamkeit auf das Theaterstück richten* – *die Waffen auf die Feinde richten*
cēterum	vgl. cēterī	**übrigens**

L60 W1

spatium, -ī n	vgl. **spaz**ieren gehen; engl.: space	**der Raum; der Zeitraum**
tēlum, -ī n *tēla conicere / mittere*		**das Geschoss, das Wurfgeschoss; der Pfeil** *Wurfgeschosse schleudern, Pfeile abschießen*
aes, aeris n		**das Erz, die Bronze; das Geld**
obses, obsidis m/f – *obsidēs imperāre* – *obsidēs dare*	vgl. obsidēre	**die Geisel** – *Geiseln (zu stellen) befehlen / die Stellung von Geiseln befehlen* – *Geiseln stellen*
nūllus, -a, -um *Gen. Sg.* nūllīus, *Dat. Sg.* nūllī	Null	**kein**
reliquus, -a, -um	vgl. relinquere; **Reliqu**ie	**übrig**
obstāre obstō, obstitī, –	vgl. stāre	**im Weg stehen, hindern**
prodīre prodeō, prodiī, proditum – *in medium prodīre* – *in pūblicum prodīre*	prō + īre	**vortreten, auftreten** – *in die Mitte vortreten* – *in der Öffentlichkeit auftreten*

L60 W2

caedēs, caedis f	vgl. caedere	**der Mord; das Blutbad**
nepōs, nepōtis m	⟷ avus	**der Enkel**
lūctus, lūctūs m	⟷ gaudium	**die Trauer**
īnfēlīx (m, f, n) *Gen. Sg.* īnfēlīcis	⟷ fēlīx	**unglücklich**
flōrēre flōreō, flōruī, –	„das Geschäft **flor**iert"; Name „Florian"; Florist	**blühen, in Blüte stehen**
abdūcere abdūcō, abdūxī, abductum	ab + dūcere	**wegführen, entführen, verschleppen**
circiter	vgl. circum; ca.	**ungefähr**
velut	< vel ut	**wie, wie zum Beispiel**

Grammatische Grundbegriffe

S

1 Satzglied

Prädikat	Satzaussage
Subjekt	Satzgegenstand
Objekt	Satzergänzung
A-Objekt	Satzergänzung im Akkusativ
D-Objekt	Satzergänzung im Dativ
Attribut	Beifügung
Adverbiale	Umstandsbestimmung
Prädikativum	nicht notwendige Prädikatsergänzung
Prädikatsnomen	notwendige Prädikatsergänzung

2 Sinnrichtung

final	Absicht ausdrückend
kausal	Grund ausdrückend
konditional	Bedingung ausdrückend
konsekutiv	Folge ausdrückend
konzessiv	Gegengrund ausdrückend
modal	Art und Weise ausdrückend
temporal	Zeit(punkt) ausdrückend

F

1 Beugung

Deklination	Beugung des Nomens
Konjugation	Beugung des Verbs
Infinitiv	Grundform des Verbs
finites Verb	konjugiertes (gebeugtes) Verb

2 Kasus (Fall)

Nominativ	1. Fall / Wer-, Was-Fall
Genitiv	2. Fall / Wessen-Fall
Dativ	3. Fall / Wem-Fall
Akkusativ	4. Fall / Wen-, Was-Fall
Ablativ	Fall zur Angabe des Mittels, des Grundes, der Art und Weise, der Trennung, des Ortes, der Beschaffenheit, des Ausgangspunktes
Vokativ	Anredefall

3 Genus (Geschlecht)

Maskulinum	männliches Wort
Femininum	weibliches Wort
Neutrum	sächliches Wort

4 Genus verbi (Handlungsart des Verbs)

Aktiv	Tatform
Passiv	Leideform

5 Wortart

Nomen	deklinierbares Wort (Substantiv / Adjektiv / Pronomen)
Substantiv	Hauptwort
Adjektiv	Eigenschaftswort
Partizip	Mittelwort
Pronomen	Fürwort
Demonstrativ-	hinweisendes Fürwort
Indefinit-	unbestimmtes Fürwort
Personal-	persönliches Fürwort
Possessiv-	besitzanzeigendes Fürwort
Reflexiv-	rückbezügliches Fürwort
Relativ-	bezügliches Fürwort
Korrelativa	zueinander in Beziehung tretende Adjektive, Adverbien und Pronomina
Verb	Zeitwort / Tätigkeitswort
Adverb	Umstandswort
Konjunktion	beiordnendes Bindewort
Subjunktion	unterordnendes Bindewort
Präposition	Verhältniswort
Artikel	Begleiter

6 Numerus (Zahl)

Singular	Einzahl
Plural	Mehrzahl

7 Tempus (Zeit)

Präsens	Gegenwart
Imperfekt	1. Vergangenheit / Präteritum
Perfekt	2. Vergangenheit
Plusquamperfekt	3. Vergangenheit
Futur I	Zukunft
Futur II / Futur exakt	Vergangenheit in der Zukunft

8 Modus (Aussageweise)

Imperativ	Befehlsform
Indikativ	Wirklichkeitsform
Konjunktiv	Nicht-Wirklichkeitsform

L36 G1

Verben mit doppeltem Akkusativ

Imperātor **Flāvium**	?	facit.	Der Kaiser macht **Flavius**	?	.	→ sinnlose Aussage
Imperātor **Flāvium**	**senātōrem**	facit.	Der Kaiser macht **Flavius**	**zum Senator.**		→ **sinnvolle** Aussage
1. Akk.	**+ 2. Akk.**		**A-Obj.**	**+ Prädikatsnomen**		

S

Imperātor Flāvium facit. „Der Kaiser macht Flavius." ist eine sinnlose Aussage. Erst wenn ein **zweiter Akkusativ** als Prädikatsnomen zum A-Objekt *Flāvium* hinzutritt, entsteht eine sinnvolle Aussage: *Imperātor Flāvium* ***senātōrem*** *facit.* „Der Kaiser macht Flavius **zum Senator.**"
Nur **bestimmte Verben** haben den **doppelten Akkusativ** bei sich. Sie werden dann **anders im Deutschen wiedergegeben**, als du ursprünglich gelernt hast. Den zweiten Akkusativ musst du im Deutschen fast immer mit **„als"**, **„für"** oder **„zu(m/r)"** anschließen.

dt. Bedeutung **ohne** dopp. Akk.	**lateinische Verben**	dt. Bedeutung **mit** dopp. Akk.
ansprechen, sich wenden an	**appellāre**	nennen, bezeichnen **als**
rufen; (be)nennen	**vocāre**	"
sagen, sprechen	**dīcere**	"
glauben	**putāre**	halten **für**
führen	**dūcere**	"
(be)grüßen	**salūtāre**	(be)grüßen **als**
machen, tun	**facere**	machen (**zu**), ernennen **zu**
ohne ***sē:*** darreichen, gewähren	**praebēre**	**mit** ***sē:*** **sich** erweisen **als**

L36 G2

Adjektive der 3. Deklination: dīves, pauper, vetus

Abl. Sg.:	cum virō nōbil-**ī**	**Gen. Pl.:**	virōrum nōbili-**um**	**Nom./Akk. Pl.:**	oppida celebri-**a**
	cum virō pauper-**e**		virōrum dīvit-**um**		oppida veter-**a**

F

Die **einendigen Adjektive** der 3. Deklination ***dīves*** „reich", ***pauper*** „arm" und ***vetus*** „alt" haben keine i-Stamm-Erweiterung im Ablativ Sg., Genitiv Pl. und Nominativ bzw. Akkusativ Pl. Neutrum. *Dīves, pauper* und *vetus* sind reine **Konsonantenstämme**.

K.–N.	m/f	n	m/f	n	m/f	n
Nom. Sg.	dīves		pauper		vetus	
Gen. Sg.	dīvit-**is**		pauper-**is**		veter-**is**	
Dat. Sg.	dīvit-**ī**		pauper-**ī**		veter-**ī**	
Akk. Sg.	dīvit-**em**	dīves	pauper-**em**	pauper	veter-**em**	vetus
Abl. Sg.	dīvit-**e**		pauper-**e**		veter-**e**	
Nom. Pl.	dīvit-**ēs**	dīvit-**a**	pauper-**ēs**	pauper-**a**	veter-**ēs**	veter-**a**
Gen. Pl.	dīvit-**um**		pauper-**um**		veter-**um**	
Dat. Pl.	dīvit-**ibus**		pauper-**ibus**		veter-**ibus**	
Akk. Pl.	dīvit-**ēs**	dīvit-**a**	pauper-**ēs**	pauper-**a**	veter-**ēs**	veter-**a**
Abl. Pl.	dīvit-**ibus**		pauper-**ibus**		veter-**ibus**	

L37 G1

Genus verbi: Aktiv, Passiv – Präsens Passiv: ā-Konjugation

1.

	Subjekt		A-Obj.	Prädikat
Vorgang im **Aktiv** (Tatform):	**Alcinous**	—	**Ulixem**	**invīta-t.**
	Alkinoos	**lädt**	**Odysseus**	**ein.**
↕				↕
	Odysseus	**wird**	**von Alkinoos**	**eingeladen.**
Vorgang im **Passiv** (Leideform):	**Ulixēs**	—	**ab Alcinoō**	**invītā-tur.**
	Subjekt		**Adverbiale**	**Prädikat**

2. **Aktiv-Endung: -ō / -m, -s, -t, -mus, -tis, -nt ⟷ Passiv-Endung: -(o)r, -ris, -tur, -mur, -minī, -ntur**

S

1. Es gibt zwei **Genera verbi** (Handlungsarten des Verbs): Aktiv und Passiv. Will man Handlungen oder Vorgänge aus der Sicht dessen darstellen, der handelt bzw. **agiert**, so muss das Prädikat im **Aktiv** (Tatform) stehen. Will man aber Vorgänge oder Handlungen aus der Sicht desjenigen darstellen, mit dem etwas geschieht bzw. **passiert**, so setzt man das Prädikat in das **Passiv** (Leideform). Die **Person**, von der etwas getan wird, steht als Adverbiale im **Ablativ** mit der Präposition ***ā / ab***. Bei **abstrakten** Begriffen (z. B. Gefühlen) steht in der Regel der **bloße Ablativ**.

F

2. Für das Passiv gibt es eigene Endungen: ***-(o)r***, ***-ris***, ***-tur***, ***-mur***, ***-minī***, ***-ntur***. Die Formenbildung im **Präsens Passiv** der **ā-Konjugation** erfolgt wie im Aktiv: An den **Präsensstamm** wird die **Endung** angehängt (z. B. *vocā-ris*). Im Deutschen stellt man das Präsens von „werden" mit dem Partizip II zusammen, z. B. „du wirst gerufen".

Pass. Präs.	ā-Konjug.		Pass. Präs.	ā-Konjug.	
1. P. Sg.	voc—**or**	ich werde gerufen	1. P. Pl.	vocā-**mur**	wir werden gerufen
2. P. Sg.	vocā-**ris**	du wirst gerufen	2. P. Pl.	vocā-**minī**	ihr werdet gerufen
3. P. Sg.	vocā-**tur**	er, sie, es wird gerufen	3. P. Pl.	voca-**ntur**	sie werden gerufen

L37 G2

Präsens Passiv: ē-, ī-, 3. Konjugation

ē-Konjug.: rīdē-tur **ī-Konjug.:** audī-tur **3. Konjug. (kons.):** dūc-*i*-tur **3. Konjug. (i-Stamm):** capi-tur

F

Auch in der **ē-**, **ī-** und **3. Konjugation** erfolgt die Formenbildung im **Präsens Passiv** nach demselben Bauprinzip wie im Aktiv. Lediglich in der **2. Person Sg.** der **3. Konjugation** lauten der Bindevokal bei den Konsonantenstämmen und der Stammauslaut bei den i-Stämmen nicht *-i-*, sondern ausnahmsweise ***-e-***.

Pass. Präs.	ē-Konjug.	ī-Konjug.	3. Konjug. (kons.)	3. Konjug. (i-Stamm)
1. P. Sg.	rīde-**or**	audi—**or**	dūc—**or**	capi—**or**
2. P. Sg.	rīdē-**ris**	audī—**ris**	dūc-**e**-**ris**	cápe—**ris**
3. P. Sg.	rīdē-**tur**	audī—**tur**	dūc-*i*—**tur**	capi—**tur**
1. P. Pl.	rīdē-**mur**	audī—**mur**	dūc-*i*—**mur**	capi—**mur**
2. P. Pl.	rīdē-**minī**	audī—**minī**	dūc-*i*—**minī**	capi—**minī**
3. P. Pl.	rīde-**ntur**	audi-*u*-**ntur**	dūc-*u*-**ntur**	capi-*u*-**ntur**

L38 G1

AcI im Passiv (I) – Infinitiv Präsens Passiv: ā-, ē-, ī-Konjugation

1.

	Akk.		**Inf. Pass.**	
Alcinous audit	**Ulixem**	ā Neptūnō deō	**vexā-rī.**	→ **AcI im Passiv**
↓	↓	↓	↓	
Alkinoos hört, **dass**	**Odysseus**	vom Gott Neptun	**gequält wird.**	→ **„dass"-Satz**
	Nom.		**Präd. Pass.**	

2.

	Infinitiv **Aktiv**				Infinitiv **Passiv**
ā-Konjug.:	ruf-**en**	vocā-**re**	⟷	vocā-**rī**	**ge**-ruf-**en** (zu) **werden**
ē-Konjug.:	auslach-**en**	rīdē-**re**	⟷	rīdē-**rī**	**ausge**-lach-**t** (zu) **werden**
ī-Konjug.:	hör-**en**	audī-**re**	⟷	audī-**rī**	**ge**-hör-**t** (zu) **werden**

S

1. Die Bildung und Übersetzung eines **AcI** im **Passiv** erfolgt nach denselben Regeln wie im Aktiv. Auch der AcI im Passiv steht nach den Verben des Sagens, Wissens, Meinens, Wahrnehmens und Fühlens sowie nach unpersönlichen Ausdrücken und wird in der Regel mit einem „dass"-Satz übersetzt.

F

2. Die Endung des **Infinitivs Präsens Passiv** in der **ā-, ē-** und **ī-Konjugation** lautet *-rī*. Die Bildung der Infinitivform erfolgt auf dieselbe Weise wie im Aktiv: Die **Endung** wird an den **Präsensstamm** angefügt, z. B. *vocā-rī*.

Passiv	**ā-Konjug.**	**ē-Konjug.**	**ī-Konjug.**
Inf. Präs.	vocā-**rī** gerufen (zu) werden	rīdē-**rī** ausgelacht (zu) werden	audī-**rī** gehört (zu) werden

L38 G2

AcI im Passiv (II) – Infinitiv Präsens Passiv: 3. Konjugation

1.

		A	**c**	**I**
	Sacerdōs vetat	**īram**	deōrum	**excitārī.**
Möglichkeit 1:	Der Priester verbietet, **dass**	**der Zorn**	der Götter	**erregt wird.**
Möglichkeit 2:	Der Priester verbietet,	**den Zorn**	der Götter	**zu erregen.**

2.

	Infinitiv **Aktiv**				Infinitiv **Passiv**
3. Konjug. (kons.):	führ-**en**	dūc-*e*-**re**	⟷	dūc-**ī**	**ge**-führ-**t** (zu) **werden**
3. Konjug. (i-Stamm):	fass-**en**	cap-*e*-**re**	⟷	cap-**ī**	**ge**-fass-**t** (zu) **werden**

S

1. Steht z. B. nach ***vetāre*** oder nach Ausdrücken wie ***necesse est, licet*** und ***opus est*** ein **AcI im Passiv**, so kann man diesen wörtlich mit einem „dass"-Satz im Passiv oder auch – stilistisch schöner – mit einem **Infinitiv Aktiv** ins Deutsche übersetzen.

F

2. Die Endung des **Infinitivs Präsens Passiv** in der **3. Konjugation** unterscheidet sich von der in den anderen Konjugationen: Sie lautet *-ī*. Die Infinitivbildung erfolgt nicht wie im Aktiv; die **Endung** *-ī* wird nämlich **direkt** an den konsonantisch auslautenden **Präsensstamm** angehängt. Ein Bindevokal ist deshalb nicht notwendig.

Passiv	**3. Konjug. (kons.)**	**3. Konjug. (i-Stamm)**
Inf. Präs.	dūc-**ī** geführt (zu) werden	cap-**ī** gefasst (zu) werden

L39 G1

Futur I Passiv

Stamm – Tempuszeichen – Endung			⟷	Futur von „werden" – Partizip II		
vocā-	bi	-tur	⟷	er wird	gerufen	werden
audi-	ē	-tur	⟷	er wird	gehört	werden

F

Zur Bildung des **Futurs I Passiv** wird wie im Aktiv in der **ā-** und **ē-Konjugation** zwischen **Präsensstamm** und **Endung** je nach Person das Tempuszeichen ***-b-***, ***-bi-***, ***-bu-*** (***-be-*** in der **2. P. Sg.**) eingefügt, z. B. *vocā-bi-tur*, in der **ī-** und **3. Konjugation** ***-a-*** bzw. ***-ē-***, z. B. *audi-ē-tur*. Im Deutschen stellt man das Partizip II zwischen beide Bestandteile des Futurs von „werden".

Pass. Fut.	ā-Konjug. Sg.		ā-Konjug. Pl.	
1. P.	vocā-**b**–**or**	ich werde gerufen werden	vocā-**bi**-**mur**	wir werden gerufen werden
2. P.	vocā́-**be**-**ris**	du wirst gerufen werden	vocā-**bi**-**minī**	ihr werdet gerufen werden
3. P.	vocā-**bi**–**tur**	er, sie, es wird gerufen werden	vocā-**bu**-**ntur**	sie werden gerufen werden

Pass. Fut.	ē-Konjug.	ī-Konjug.	3. Konjug. (kons.)	3. Konjug. (i-Stamm)
1. P. Sg.	rīdē-**b**–**or**	audi-**a**-**r**	dūc-**a**-**r**	capi-**a**-**r**
2. P. Sg.	rīdḗ-**be**-**ris**	audi-**ḗ**-**ris**	dūc-**ḗ**-**ris**	capi-**ḗ**-**ris**
3. P. Sg.	rīdē-**bi**–**tur**	audi-**ē**-**tur**	dūc-**ē**-**tur**	capi-**ē**-**tur**
1. P. Pl.	rīdē-**bi**–**mur**	audi-**ē**-**mur**	dūc-**ē**-**mur**	capi-**ē**-**mur**
2. P. Pl.	rīdē-**bi**–**minī**	audi-**ē**-**minī**	dūc-**ē**-**minī**	capi-**ē**-**minī**
3. P. Pl.	rīdē-**bu**-**ntur**	audi-**e**-**ntur**	dūc-**e**-**ntur**	capi-**e**-**ntur**

L39 G2

Imperfekt Passiv

Stamm – Tempuszeichen – Endung			⟷	Imperfekt von „werden" – Partizip II	
vocā-	bā	-tur	⟷	er wurde	gerufen
audi-	ēbā	-tur	⟷	er wurde	gehört

F

Zur Bildung des **Imperfekts Passiv** wird wie im Aktiv in der **ā-** und **ē-Konjugation** zwischen **Präsensstamm** und **Endung** das Tempuszeichen ***-ba-***, z. B. *vocā-bā-tur*, in der **ī-** und **3. Konjugation** ***-ēba-***, z. B. *audi-ēbā-tur*, eingefügt. Im Deutschen wird das Imperfekt Passiv durch Zusammenstellen des Imperfekts von „werden" mit dem Partizip II gebildet.

Pass. Impf.	ā-Konjug. Sg.		ā-Konjug. Pl.	
1. P.	vocā-**ba**-**r**	ich wurde gerufen	vocā-**bā**-**mur**	wir wurden gerufen
2. P.	vocā-**bā**-**ris**	du wurdest gerufen	vocā-**bā**-**minī**	ihr wurdet gerufen
3. P.	vocā-**bā**-**tur**	er, sie, es wurde gerufen	vocā-**ba**-**ntur**	sie wurden gerufen

Pass. Impf.	ē-Konjug.	ī-Konjug.	3. Konjug. (kons.)	3. Konjug. (i-Stamm)
1. P. Sg.	rīdē-**ba**-**r**	audi-**ēba**-**r**	dūc-**ēba**-**r**	capi-**ēba**-**r**
2. P. Sg.	rīdē-**bā**-**ris**	audi-**ēbā**-**ris**	dūc-**ēbā**-**ris**	capi-**ēbā**-**ris**
3. P. Sg.	rīdē-**bā**-**tur**	audi-**ēbā**-**tur**	dūc-**ēbā**-**tur**	capi-**ēbā**-**tur**
1. P. Pl.	rīdē-**bā**-**mur**	audi-**ēbā**-**mur**	dūc-**ēbā**-**mur**	capi-**ēbā**-**mur**
2. P. Pl.	rīdē-**bā**-**minī**	audi-**ēbā**-**minī**	dūc-**ēbā**-**minī**	capi-**ēbā**-**minī**
3. P. Pl.	rīdē-**ba**-**ntur**	audi-**ēba**-**ntur**	dūc-**ēba**-**ntur**	capi-**ēba**-**ntur**

L40 G1

Demonstrativpronomen ille, illa, illud

ille Ulixēs	**jener** *(bekannte, berühmte)* Odysseus
illa īnsula Ithaca	**jene** *(weit entfernte)* Insel Ithaka
illud rēgnum Trōiānōrum	**jenes** *(vor langer Zeit blühende)* Königreich der Troianer

S

Das Demonstrativpronomen ***ille, illa, illud*** **„jener, jene, jenes“** dient dazu, auf Sachen oder Personen hinzuweisen, die räumlich bzw. zeitlich **entfernt** oder **bekannt** bzw. **berühmt** sind.

F

Abgesehen vom **Genitiv** und **Dativ Sg.** und der Endung -***ud*** im Nominativ und Akkusativ Neutrum Sg. (vgl. *id*, *aliud*) werden die Formen von *ille, illa, illud* wie die Adjektive der ā- und o-Deklination dekliniert.

K.	m Sg.		f Sg.		n Sg.		m Pl.		f Pl.		n Pl.	
Nom.	**ille**	jener	**illa**	jene	**illud**	jenes	**illī**	jene	**illae**	jene	**illa**	jene
Gen.	**illīus**	jenes	**illīus**	jener	**illīus**	jenes	**illōrum**	jener	**illārum**	jener	**illōrum**	jener
Dat.	**illī**	jenem	**illī**	jener	**illī**	jenem	**illīs**	jenen	**illīs**	jenen	**illīs**	jenen
Akk.	**illum**	jenen	**illam**	jene	**illud**	jenes	**illōs**	jene	**illās**	jene	**illa**	jene
Abl.	*cum* **illō**	*mit* jenem	*cum* **illā**	*mit* jener	**illō**	*durch* jenes	*cum* **illīs**	*mit* jenen	*cum* **illīs**	*mit* jenen	**illīs**	*durch* jene

L40 G2

Demonstrativpronomen hic, haec, hoc

Calypsō **haec** verba dīcit:	Kalypso spricht **diese** *(folgenden)* Worte:
„Cūr **illam** īnsulam Ithacam dēsīderās?	„Warum vermisst du **jene** *(entfernte)* Insel Ithaka?
Manē in **hāc** īnsulā, Ulixēs!“	Bleib auf **dieser** Insel *(hier)*, Odysseus!“

S

Im Gegensatz zu *ille* weist das Demonstrativpronomen ***hic, haec, hoc*** **„dieser, diese, dieses“** auf etwas hin, das zeitlich bzw. räumlich in der **Nähe** ist. Deutet *hic, haec, hoc* auf unmittelbar Bevorstehendes bzw. Folgendes voraus, so übersetzt man es am besten mit **„folgender, folgende, folgendes“**.

F

Im Plural werden die Formen von *hic, haec, hoc* wie die Adjektive der ā- und o-Deklination gebildet. Im Singular erscheinen die Formen von *hic, haec, hoc* deshalb unregelmäßig, weil sie aus der Verschmelzung mit der Silbe -***ce*** hervorgegangen sind, z. B. Akkusativ Sg. m *hunc* < *hum*-***ce***.

K.	m Sg.		f Sg.		n Sg.		m Pl.		f Pl.		n Pl.	
Nom.	**hic**	dieser	**haec**	diese	**hoc**	dieses	**hī**	diese	**hae**	diese	**haec**	diese
Gen.	**huius**	dieses	**huius**	dieser	**huius**	dieses	**hōrum**	dieser	**hārum**	dieser	**hōrum**	dieser
Dat.	**huic**	diesem	**huic**	dieser	**huic**	diesem	**hīs**	diesen	**hīs**	diesen	**hīs**	diesen
Akk.	**hunc**	diesen	**hanc**	diese	**hoc**	diesen	**hōs**	diese	**hās**	diese	**haec**	diese
Abl.	*cum* **hōc**	*mit* diesem	*cum* **hāc**	*mit* dieser	**hōc**	*durch* dieses	*cum* **hīs**	*mit* diesen	*cum* **hīs**	*mit* diesen	**hīs**	*durch* diese

Beachte: Sowohl bei ***ille*** als auch bei ***hic*** erscheinen im **Genitiv** und **Dativ Sg.** die für Pronomina typischen Endungen -***ius*** und -***i(c)*** (vgl. *eius, eī; cuius, cui*).

L41 G1

Attributives Partizip Perfekt Passiv (PPP) – PPP: ā-Konjugation

1. **Eigenschaften des Nomens** → **Partizip** ← **Eigenschaften des Verbs**
z. B. Deklination = **Mittelwort** z. B. Aktiv und Passiv

2. KNG-Kongruenz → Ulixēs — appāret. → amātus
Was für ein? → Attribut

Der **geliebte** Odysseus erscheint.
↓ ↓
Gebrauch und Übersetzung
wie attributives Adjektiv

3. **Partizip Perfekt Passiv (PPP)**

Präsensstamm – **tus, -ta, -tum**
vocā – **tus, -ta, -tum**
amā – **tus, -ta, -tum**

Partizip II

ge – Verbalstamm – **en / -t**
ge – ruf – **en**
ge – lieb – **t**

S

1. Das **Partizip** (wörtl. „einen Teil nehmend") hat teils **nominale**, teils **verbale** Eigenschaften. Deshalb heißt es im Deutschen **Mittelwort**. Einerseits nämlich wird das Partizip wie ein Nomen dekliniert, andererseits kommt das Partizip wie ein Verb in den Genera Aktiv und Passiv vor.

2. Gebraucht und übersetzt wird das Partizip u. a. wie ein Adjektiv: Es bezieht sich unter Beachtung der **KNG-Kongruenz** auf ein Substantiv und bestimmt dieses in der **Funktion eines Attributs** näher.

F

3. Das Partizip wird immer vom Verb aus gebildet. In der **ā-Konjugation** wird das **Partizip Perfekt Passiv** (**PPP**) durch Anhängen von -***tus***, -***ta***, -***tum*** an den **Präsensstamm** gebildet (z. B. *vocā-tus*). Dekliniert wird das PPP wie ein Adjektiv der ā- und o-Deklination. Das PPP heißt im Deutschen **Partizip II**. Gebildet wird es durch Anfügen der Vorsilbe „ge-" und der Endungen „-en" oder „-t" an den Verbalstamm, z. B. „ge-ruf-en", „ge-lieb-t". Bei einer Reihe von Verben mit Präfix entfällt die Vorsilbe „ge-" (z. B. „*über*-troff-en").

	ā-Konjug.			
PPP	vocā-**tus, -ta, -tum**	**ge**-ruf-**en**	amā-**tus, -ta, -tum**	**ge**-lieb-**t**
	superā-**tus, -ta, -tum**	*über*troff-**en**	spectā-**tus, -ta, -tum**	*be*trachte-**t**

L41 G2

PPP: ē-, ī-Konjugation

ē-Konjug.: moni-**tus, -ta, -tum** ī-Konjug.: audī-**tus, -ta, -tum**

F

Auch in der **ē**- und **ī-Konjugation** wird das **PPP** durch Anfügen von -***tus***, -***ta***, -***tum*** an den **Präsensstamm** gebildet, z. B. *audī-tus*. In der ē-Konjugation allerdings wird der Stammauslaut -*e* meist zu -*i* abgeschwächt, z. B. mon*i*-*tus*.

	ē-Konjug.		ī-Konjug.	
PPP	móni-**tus, -ta, -tum**	gemahnt	audī-**tus, -ta, -tum**	gehört

L42 G1

PPP: 3. Konjugation – unregelmäßige PPP-Bildung

				← PPP →		
1.		**regelmäßig**			**unregelmäßig**	
		Präsensstamm **-tus**			**veränderter** Stamm **-tus / -sus**	
	3. Konjugation:	dīcere >	dic-**tus**		mittere >	**mis-sus**
		facere >	fac-**tus**		vincere >	**vic-tus**

2.	**Stammformenreihe:**	**Inf. Präs.**	**1. P. Präs.**	**1. P. Perf.**	**PPP**	**dt. Bedeutung**
		pōnere	pōnō	posuī	**positum**	setzen, stellen, legen

F

1. In der **3. Konjugation** erfolgt die **PPP-Bildung** bei vielen Verben aus zwei Gründen **unregelmäßig**: Häufig nämlich wird ein **veränderter Stamm** zur PPP-Bildung verwendet und nicht selten wird ***-sus***, ***-sa***, ***-sum*** anstelle von *-tus*, *-ta*, *-tum* an den Stamm angefügt, z. B. *mittere > mis-sus, -sa, -sum*. Dieselben **Unregelmäßigkeiten** werden auch in der **ā-, ē-** und **ī-Konjugation** auftreten, z. B. *vetāre > veti-tus, rīdēre > rī-sus, aperīre > aper-tus*.
2. Da es keine verlässliche Regel zur PPP-Bildung gibt, musst du jedes unregelmäßige PPP – wie das Perfekt – über die um das PPP erweiterte **Stammformenreihe** lernen. Die PPP-Formen der bereits gelernten unregelmäßigen Verben werden in den Wortschätzen 42–55 nachgereicht.

L42 G2a

Attributives PPP: Relativsatzübersetzung – Satzwertigkeit

1. Klammerstellung

	Herculēs	ab uxōre	dēsīderātus	appāret.
wörtlich:	**Der**	von seiner Frau	**vermisste** Herakles	erscheint.
Relativsatz:	Herakles, **der**	von seiner Frau	**vermisst worden ist**,	erscheint.

2. Herculēs ab uxōre **dēsīderātus** appāret. → **lat.:** PPP (ein **Wort**)

Herakles, **der** von seiner Frau **vermisst worden ist**, erscheint. → **dt.:** Relativ**satz**

S

1. Ist das **attributive PPP** durch eine adverbiale **Umstandsbestimmung erweitert**, so steht diese Erweiterung meist in **Klammerstellung** zwischen PPP und Bezugswort. Bei der wörtlichen Übersetzung wird die adverbiale Erweiterung zwischen Artikel und Partizip II gestellt. Aus stilistischen Gründen empfiehlt sich jedoch die Übersetzung mit einem **Relativsatz**. Dabei muss das **PPP** als Vollverb zum **Prädikat des Relativsatzes** gemacht werden.
2. Da ein Partizip mit einem Gliedsatz übersetzt werden kann, gilt es als **satzwertig**, d. h. das lateinische Partizip hat „den Wert" eines deutschen (Glied-)**Satzes**.

L42 G2b

Attributives PPP (Partizip der Vorzeitigkeit): Zeitverhältnis

1.

		erst / vorher	dann / nachher
		PPP	**Prädikat im Präsens**
Herculēs	ab uxōre	**dēsīderātus**	**appāret.**
Herakles, der	von seiner Frau	**vermisst worden ist,**	**erscheint.**
		PPP	**Prädikat im Perfekt**
Herculēs	ab uxōre	**dēsīderātus**	**appāruit.**
Herakles, der	von seiner Frau	**vermisst worden war,**	**erschien.**
		PPP	**Prädikat im Futur I**
Herculēs	ab uxōre	**dēsīderātus**	**appārēbit.**
Herakles, der	von seiner Frau	**vermisst wird,** (vermisst worden ist)	**wird erscheinen.**

2. Ausdruck der Vorzeitigkeit nach den Regeln der Zeitenfolge im Deutschen:

HS: Gegenwart ⟷ **GS: Perfekt**
HS: Vergangenheit ⟷ **GS: Plusquamperfekt**
HS: Zukunft ⟷ **GS: Präsens / Perfekt**

S

1. Ein **Partizip** drückt nicht eine Zeitstufe (Gegenwart, Zukunft, Vergangenheit) aus, sondern das **Zeitverhältnis** zwischen der **Handlung des Partizips** und der **des Prädikats**. Das Zeitverhältnis ist an die jeweilige Form des Partizips gebunden: Das **PPP** drückt grundsätzlich eine Handlung aus, die **vor** der Handlung des **Prädikats** des jeweiligen Satzes stattgefunden hat, unabhängig davon, in welchem Tempus das Prädikat steht. Das PPP dient also zum Ausdruck der **Vorzeitigkeit (Partizip der Vorzeitigkeit)**.

2. Bei der Übersetzung eines PPP mit einem Gliedsatz musst du das vorzeitige Zeitverhältnis gemäß den **Regeln der Zeitenfolge im Deutschen** ausdrücken:

Hauptsatz	vorzeit. Gliedsatz	Vorzeitigkeitsregeln
Gegenwart	**Perfekt**	Steht das Prädikat des Hauptsatzes in der **Gegenwart**, so muss das Prädikat des vorzeitigen Gliedsatzes in das **Perfekt** gesetzt werden.
Vergangenheit (Impf., Perf., Plqupf.)	**Plusquamperfekt**	Steht das Prädikat des Hauptsatzes in der **Vergangenheit** (Imperfekt, Perfekt oder Plusquamperfekt), so muss das Prädikat des vorzeitigen Gliedsatzes in das **Plusquamperfekt** gesetzt werden.
Zukunft	**Präsens / Perfekt**	Steht das Prädikat des Hauptsatzes in der **Zukunft**, müsste das Prädikat des vorzeitigen Gliedsatzes eigentlich in das Futur II gesetzt werden. Da man aber das Futur II im Deutschen vermeidet, wird das Prädikat des Gliedsatzes in diesem Fall in das **Präsens** oder **Perfekt** gesetzt.

L43 G1

Adverbiales PPP (Participium coniunctum): temporal, kausal

1.

Subjekt — **Prädikat**

Achelōus ——— **clāmat.**

↑ ↑

(vorzeitig) **Zeitverhältnis + Sinnverhältnis** (temp. / kaus.)

↑ ↑

durch KNG-Kongruenz verbunden ——— **vulnerātus**

Wann? / Weshalb? → Adverbiale

2.

Schritt 1	**wörtlich:**	Der **verwundete** Acheloos brüllt.	**Ü-Hilfe 1**
↓			↓
Schritt 2	**Relativsatz:**	Acheloos, **der verwundet worden ist**, brüllt.	**Ü-Hilfe 2**
↓			↓
Schritt 3	**Temporalsatz:**	**Nachdem** Acheloos **verwundet worden ist**, brüllt er.	**Lösung 1**
	oder		oder
	Kausalsatz:	**Weil** Acheloos **verwundet worden ist**, brüllt er.	**Lösung 2**

S

1. Ein **Partizip** kann auch als **Adverbiale** zur Umstandsbestimmung der Prädikatshandlung verwendet werden. Da das adverbial gebrauchte Partizip unter Beachtung der KNG-Kongruenz auf ein Nomen im Satz bezogen ist, wird es auch als **Participium coniunctum** („verbundenes Partizip“) – kurz **PC** – bezeichnet.
Das **adverbiale PPP (PC)** weist nicht nur ein Zeitverhältnis, sondern zusätzlich auch ein **Sinnverhältnis** zur Prädikatshandlung auf. Es gibt u. a. den **Grund** oder den **Zeitpunkt** der Prädikatshandlung an.
Anders als das Zeitverhältnis, das fest an die Form des Partizips gebunden ist, ist das Sinnverhältnis (**Sinnrichtung** des Partizips) nicht festgelegt. Du musst jedesmal neu aus dem Sinn des Satzes **erschließen**, ob ein rein zeitliches (**temporales**) oder ein begründendes (**kausales**) Sinnverhältnis vorliegt. Oftmals sind mehrere Sinnrichtungen möglich.
2. Das attributive PPP kannst du mit der wörtlichen „Adjektivlösung“ oder der „Relativsatzlösung“ übersetzen. Diese beiden Möglichkeiten stellen aber nur eine Übersetzungshilfe für das adverbiale PPP dar. Übersetze das PC immer mit einem **Adverbialsatz**. So kann neben dem Zeit- auch das Sinnverhältnis deutlich gemacht werden. Verwende bei temporaler Sinnrichtung zur Einleitung des Adverbialsatzes **„als, nachdem“**, bei kausaler Sinnrichtung **„da, weil“**.

Sinnrichtung des PPP	Angabe	Subjunktion
temporal	Zeit	als, nachdem
kausal	Grund	da, weil

Beachte: Es kann **nicht immer eindeutig** bestimmt werden, ob ein **attributives** oder ein **adverbiales** Partizip vorliegt. Manchmal ist beides möglich.

L43 G2a

Adverbiales PPP (PC): konzessiv

1.

Subjekt		Prädikat
Achelōus	———————	**sē nōn dēdit.**

↑ ↑

(vorzeitig) **Zeitverhältnis + Sinnverhältnis** (konzessiv)

↑ ↑

durch KNG-Kongruenz verbunden —— **victus**

Trotz welchen Grundes? → Adverbiale

2.

Schritt 1	**wörtlich:**	Der **besiegte** Acheloos ergibt sich nicht.	**Ü-Hilfe 1**
↓			↓
Schritt 2	**Relativsatz:**	Acheloos, **der besiegt worden ist**, ergibt sich nicht.	**Ü-Hilfe 2**
↓			↓
Schritt 3	**Konzessivsatz:**	**Obwohl** Acheloos **besiegt worden ist**, ergibt er sich nicht.	**Lösung**

S

Neben der temporalen und der kausalen Sinnrichtung kann das **adverbiale Partizip** (PC) auch ein **konzessives,** d.h. den **Gegengrund angebendes Sinnverhältnis** ausdrücken. Die Übersetzung eines adverbialen PPP mit konzessiver Sinnrichtung erfolgt nach demselben Prinzip wie die eines PPP mit temporaler oder kausaler Sinnrichtung, d.h. es sollte mit einem **Adverbialsatz** aufgelöst werden. Zur Einleitung eines konzessiven Adverbialsatzes stehen dir die Subjunktionen „**obwohl**, **auch wenn**" zur Verfügung.

L43 G2b

Adverbiales PPP (PC): Zwischenbilanz

festgelegtes Zeitverhältnis: ←—— **adverbiales PPP (PC)** ——→ mögliche Sinnrichtungen:

vorzeitig — **temporal, kausal, konzessiv**

↓

geforderte Übersetzung:

Adverbialsatz

S

Zwischen dem **adverbialen Partizip (PC)** und dem Prädikat besteht ein **Zeit**- und ein **Sinnverhältnis**. Die zeitliche Beziehung kann an der Form des Partizips ersehen werden: Das **PPP** ist immer **vorzeitig**.

Die logische Beziehung muss aus dem Sinn des Satzes erschlossen werden. Ein Participium coniunctum kann u.a. drei **Sinnrichtungen** aufweisen: **temporal**, **kausal** und **konzessiv**. Übersetzt wird ein Participium coniunctum mit einem **Adverbialsatz**. Dabei muss das PPP zum Prädikat des Gliedsatzes gemacht werden.

Sinnrichtung des PPP	Angabe	Subjunktion
temporal	Zeit	als, nachdem
kausal	Grund	da, weil
konzessiv	Gegengrund	obwohl, auch wenn

L44 G1

Perfekt Passiv

1.

lateinisch		deutsch		
PPP	**– Präsens von *esse***	**Präsens von „sein“**	**– Partizip II –**	**worden**
vocātus, -ta, -tum	**sum**	**ich bin**	**gerufen**	**worden**
monitus, -ta, -tum	**es**	**du bist**	**ermahnt**	**worden**
audītus, -ta, -tum	**est**	**er ist**	**gehört**	**worden**
vocātī, -tae, -ta	**sumus**	**wir sind**	**gerufen**	**worden**
monitī, -tae, -ta	**estis**	**ihr seid**	**ermahnt**	**worden**
audītī, -tae, -ta	**sunt**	**sie sind**	**gehört**	**worden**
↓	↓	↓	↓	↓
zwei Bestandteile		**drei Bestandteile**		

2.

Kongruenz: Mīnōtaurus — ā Thēseō — victus est.

Kongruenz: Puerī — ā Thēseō — servātī sunt.

Kongruenz: Ariadna — ā Thēseō — amāta est.

Kongruenz: Puellae — ā Thēseō — servātae sunt.

3.

Thēseus: „Mīnōtaurus ā mē **victus est**.“
„Der Minotaurus **ist** von mir **besiegt worden**.“
↓ ↓
Vorgangspassiv mit „worden“

Līberī: „Tandem Mīnōtaurus **victus est**.“
„Endlich **ist** der Minotaurus **besiegt** ~~worden~~.“
↓ ↓
Zustandspassiv ohne „worden“

F

1. Anders als im Aktiv und anders als im Präsens, Imperfekt und Futur I Passiv werden die Verbformen im **Perfekt Passiv** aus **zwei Bestandteilen** gebildet: Im Perfekt Passiv wird das **PPP** mit einer **Präsensform von *esse*** zusammengestellt, z. B. *vocātus **sum**, monitus **es**, audītus **est**.*

2. Zwischen dem **Subjekt** und dem **PPP-Bestandteil** des Verbs herrscht **KNG-Kongruenz**. Steht das Subjekt z. B. im Plural, so muss auch der PPP-Bestandteil des Verbs im Plural stehen. Ist das Subjekt ein Femininum, muss auch der PPP-Bestandteil ein Femininum sein. Bei gleichzeitigem Bezug auf zwei Subjekte in verschiedenen Genera geht immer das Maskulinum vor, z. B. *Puer et puella līberātī sunt*. Der **Kasus** freilich ist immer der **Nominativ**, da das Subjekt, auf das sich der PPP-Bestandteil bezieht, ja immer im Nominativ steht.

3. Das lateinische **Perfekt Passiv** wird **unterschiedlich übersetzt**: Will man den **Vorgang** betonen, stellt man das Partizip II zwischen das Präsens von „sein“ und „worden“, z. B. „er ist besiegt worden“. Soll der **Zustand** betont werden, lässt man „worden“ weg.

Perf. Pass.	ā-Konjugation		andere Konjugationen	
1. P. Sg.	vocā-**tus, -ta, -tum sum**	ich bin gerufen worden	moni**tus, -ta, -tum sum**	ich bin ermahnt worden
2. P. Sg.	vocā-**tus, -ta, -tum es**	du bist gerufen worden	audī**tus, -ta, -tum sum**	ich bin gehört worden
3. P. Sg.	vocā-**tus, -ta, -tum est**	er, sie, es ist gerufen worden	duc**tus, -ta, -tum sum**	ich bin geführt worden
1. P. Pl.	vocā-**tī, -tae, -ta sumus**	wir sind gerufen worden	cap**tus, -ta, -tum sum**	ich bin gefasst worden
2. P. Pl.	vocā-**tī, -tae, -ta estis**	ihr seid gerufen worden		
3. P. Pl.	vocā-**tī, -tae, -ta sunt**	sie sind gerufen worden		

L44 G2

AcI vorzeitig – Infinitiv Perfekt Passiv (Infinitiv der Vorzeitigkeit)

1.

vorzeitig zu

Scīmus Ariadnam — amātam esse. (Kongruenz)

vorzeitig zu

Wir wissen, dass Ariadne **geliebt worden ist**.

dann — erst

vorzeitig zu

Scīmus Mīnōtaurum — victum esse. (Kongruenz)

vorzeitig zu

Wir wissen, dass Minotaurus **besiegt worden ist**.

dann — erst

vorzeitig zu

Audīvimus līberōs — servātōs esse. (Kongruenz)

vorzeitig zu

Wir hörten, dass die Kinder **gerettet worden waren**.

dann — erst

2.

Infinitiv Präsens Passiv: **einteilig**			**zweiteilig:** Infinitiv Perfekt Passiv	
gerufen (zu) werden	vocā-**rī**	⟷	vocā-**tum, -tam, -tum esse**	**gerufen worden (zu) sein**
ermahnt (zu) werden	monē-**rī**	⟷	moni-**tum, -tam, -tum esse**	**ermahnt worden (zu) sein**
gehört (zu) werden	audī-**rī**	⟷	audī-**tum, -tam, -tum esse**	**gehört worden (zu) sein**
geführt (zu) werden	dūc-**ī**	⟷	duc-**tum, -tam, -tum esse**	**geführt worden (zu) sein**
gefasst (zu) werden	cap-**ī**	⟷	cap-**tum, -tam, -tum esse**	**gefasst worden (zu) sein**

S

1. Im **AcI** drückt der **Infinitiv Perfekt Passiv** immer eine **vorzeitige** Handlung aus, d. h. eine Handlung, die im Verhältnis zu der Handlung des Prädikats des Satzes bereits vergangen ist **(Infinitiv der Vorzeitigkeit)**.

F

2. Wie die anderen Formen des Perfekts Passiv wird auch die Form des **Infinitivs Perfekt Passiv** aus **zwei Bestandteilen** gebildet: durch die Zusammenstellung des **PPP im Neutrum** mit dem Infinitiv ***esse***, z. B. *vocātum esse, monitum esse, audītum esse.*
Steht der **Infinitiv Perfekt Passiv** allerdings in einer **AcI-Konstruktion**, so wird der **PPP-Bestandteil** des Infinitivs mit dem **Substantiv im Akkusativ** des AcI in **KNG-Kongruenz** gesetzt, z. B. *Audīvimus līberōs servātōs esse.*

Inf. Perf. Pass.	vocā-**tum, -tam, -tum esse**	gerufen worden (zu) sein
	moni-**tum, -tam, -tum esse**	ermahnt worden (zu) sein
	audī-**tum, -tam, -tum esse**	gehört worden (zu) sein
	duc-**tum, -tam, -tum esse**	geführt worden (zu) sein
	cap-**tum, -tam, -tum esse**	gefasst worden (zu) sein

L45 G1

Plusquamperfekt Passiv

PPP	– Imperfekt von *esse*	Imperfekt von „sein“ –	Partizip II –	worden
vocātus	eram	ich war	gerufen	worden
monitus	eram	ich war	ermahnt	worden

F

Das **Plusquamperfekt Passiv** wird wie das Perfekt Passiv in allen Konjugationen **zweiteilig** gebildet durch die Zusammenstellung des **PPP** mit einer **Imperfektform von *esse***, z. B. *vocātus eram, monitus eram, audītus eram.*
Im Deutschen wird zur Bildung des Plusquamperfekts Passiv das Partizip II zwischen das Imperfekt von „sein“ und „worden“ gestellt, z. B. „du warst gerufen worden“.

Plqupf. Pass.	ā-Konjug.		andere Konjug.	
1. P. Sg.	vocā**tus, -ta, -tum eram**	ich war gerufen worden	moni**tus, -ta, -tum eram**	ich war ermahnt worden
2. P. Sg.	vocā**tus, -ta, -tum erās**	du warst gerufen worden	audī**tus, -ta,- tum eram**	ich war gehört worden
3. P. Sg.	vocā**tus, -ta, -tum erat**	er, sie, es war gerufen worden	duc**tus, -ta, -tum eram**	ich war geführt worden
1. P. Pl.	vocā**tī, -tae, -ta erāmus**	wir waren gerufen worden	cap**tus, -ta, -tum eram**	ich war gefasst worden
2. P. Pl.	vocā**tī, -tae, -ta erātis**	ihr wart gerufen worden		
3. P. Pl.	vocā**tī, -tae, -ta erant**	sie waren gerufen worden		

Beachte: Das Plusquamperfekt ist kein selbstständiges Tempus. Es wird ausschließlich dazu gebraucht, in Bezug auf eine bereits vergangene Handlung eine noch weiter zurückliegende Handlung auszudrücken.

L45 G2

Futur II Passiv

PPP	– Futur I von *esse*	Futur I von „sein“ –	Partizip II –	worden
vocātus	erō	ich werde	gerufen	worden sein
monitus	erō	ich werde	ermahnt	worden sein

F

Das **Futur II Passiv** wird ebenfalls **zweiteilig** gebildet durch die Zusammenstellung des **PPP** mit einer **Futur-I-Form von *esse***, z. B. *vocātus erō, monitus erō, audītus erō.*
Im Deutschen wird zur Bildung des Futurs II Passiv das Partizip II zwischen das Futur I von „sein“ und „worden“ gestellt, z. B. „du wirst gerufen worden sein“.

Fut. II Pass.	ā-Konjug.		andere Konjug.	
1. P. Sg.	vocā**tus, -ta, -tum erō**	ich werde gerufen worden sein	moni**tus, -ta, -tum erō**	ich werde ermahnt worden sein
2. P. Sg.	vocā**tus, -ta, -tum eris**	du wirst gerufen worden sein	audī**tus, -ta, -tum erō**	ich werde gehört worden sein
3. P. Sg.	vocā**tus, -ta, -tum erit**	er, sie, es wird gerufen worden sein	duc**tus, -ta, -tum erō**	ich werde geführt worden sein
1. P. Pl.	vocā**tī, -tae, -ta erimus**	wir werden gerufen worden sein	cap**tus, -ta, -tum erō**	ich werde gefasst worden sein
2. P. Pl.	vocā**tī, -tae, -ta eritis**	ihr werdet gerufen worden sein		
3. P. Pl.	vocā**tī, -tae, -ta erunt**	sie werden gerufen worden sein		

Beachte: Die Formen des Futur II, das ebenfalls kein selbstständiges Tempus ist, werden im Deutschen aus stilistischen Gründen mit **Präsens** oder **Perfekt** übersetzt.

L46 G1

Adverbiales PPP (PC): Unterordnung, Beiordnung

Iasō —— **taurōs** —— **vincit.**

adiūtus

durch KNG-Kongruenz verbunden

Weswegen? → Adverbiale

untergeordneter Adverbialsatz	Jason besiegt die Stiere,	**Subjunktion** **weil** er unterstützt worden ist.	**Unterordnung (Satzgefüge)**
↕		↕	↕
beigeordneter Hauptsatz	Jason ist unterstützt worden —	**und deshalb** besiegt er die Stiere. **Konjunktion + Adverb**	**Beiordnung (Satzreihe)**

S

Ein adverbiales Partizip (PC) muss nicht zwingend mit einem untergeordneten adverbialen Gliedsatz übersetzt werden. Es kann genauso gut wie ein Prädikat übersetzt werden und auf gleicher Satzebene mit einer **Konjunktion** und einem **sinngebenden Adverb** dem Prädikat des Satzes **beigeordnet** werden, sodass anstelle eines Satzgefüges eine **Satzreihe** entsteht.

Sinnrichtung des PPP	Angabe	Konjunktion + Adverb
temporal	Zeit	und dann, und danach
kausal	Grund	und deshalb, und daher
konzessiv	Gegengrund	und / aber trotzdem, und / aber dennoch

Beachte: Möchtest du ein adverbiales PPP beigeordnet übersetzen, musst du zuerst das PPP übersetzen und daran das Prädikat mit „und" und einem sinngebenden Adverb anschließen.

L46 G2

Ablativ des Ortes – Lokativ

Ablativ des Ortes (bloßer Ablativ)		←	**in mit Ablativ**		→	**Lokativ (~ Genitiv)**	
Pompeiīs	in Pompeji	←	in urbe	in der Stadt	→	Rōmae	in Rom
Carthāgine	in Karthago	←	in īnsulā	auf der Insel	→	Ithacae	auf Ithaka
tōtō domiciliō	im ganzen Haus	←	in domiciliō	im Haus	→	domī	zu Hause
prīmō locō	an erster Stelle	←	in locō	an dem Ort	→	humī	auf dem Boden

S

Ortsangaben auf die Frage **„Wo?"** werden mit der Präposition ***in* mit Ablativ** ausgedrückt, z. B. *in urbe* „in der Stadt". In bestimmten Fällen aber kann auch der **Ablativ des Ortes** ohne *in* stehen: so bei Namen von **Städten** und **kleineren Inseln**, die **nicht auf *-us*, *-a*, *-um*** enden, bei Substantiven mit ***tōtus***, bei ***locus*** mit Attribut und bei einzelnen Wendungen, wie z. B. *terrā marīque* „zu Wasser und zu Lande".
Ursprünglich hat es im Lateinischen einen eigenen Kasus für Ortsangaben gegeben, den **Lokativ**. Dieser Kasus, dessen Endung eigentlich *-ī* gelautet hatte, ist im Laufe der Zeit in die **Form des Genitivs** übergegangen und hat sich bei Namen von **Städten** und **kleineren Inseln** auf *-us*, *-a*, *-um* sowie in **einzelnen Wendungen** wie *domī* „zu Hause" und *humī* „auf dem Boden" erhalten.

L47 G1

Adverbiales PPP (PC): Präpositionalausdruck

Iasō ——— taurōs ——— vincit.

adiūtus

durch KNG-Kongruenz verbunden

Weswegen? → Adverbiale

Unterordnung (Satzgefüge)	Jason besiegt die Stiere,	**weil** er **unterstützt worden ist.** **Subjunktion**	PC → **Verb**
↕		↕	
Beiordnung (Satzreihe)	Jason **ist unterstützt worden**	**und deshalb** besiegt er die Stiere. **Konjunktion + Adverb**	PC → **Verb**
↕		↕	
Präpositional-ausdruck	Jason besiegt die Stiere	**wegen der Unterstützung.** **Präposition**	PC → **Substantiv**

S

Die dritte Möglichkeit, ein adverbiales Partizip (PC) zu übersetzen, ist der **Präpositionalausdruck**. Dabei wird das Partizip nicht in Form eines Glied- oder Hauptsatzes, sondern mit einem **Substantiv** wiedergegeben. Das Sinnverhältnis muss dementsprechend mit einer **Präposition** ausgedrückt werden. Aus stilistischen Gründen ist der Präpositionalausdruck zur Übersetzung eines PC aber **nicht immer** sinnvoll.

Sinnrichtung des PPP	Angabe	Präposition
temporal	Zeit	nach
kausal	Grund	wegen, aus
konzessiv	Gegengrund	trotz

L47 G2

Ablativ und Genitiv der Beschaffenheit

	Adjektiv – Substantiv			**Adjektiv – Substantiv**	
Iasō ———	**māgnae virtūtis**	erat.	Mēdēa ———	**māgnā audāciā**	erat.
	↓ **Genitiv** ↓			↓ **Ablativ** ↓	
Jason war	von großer Tapferkeit.		Medea war	von großer Kühnheit.	
	↓ ↓			↓ ↓	
Jason war	**sehr tapfer.**		Medea war	**sehr kühn.**	
	Adverb – Adjektiv			**Adverb – Adjektiv**	

S

Substantive im **Ablativ** oder **Genitiv** können als Prädikatsnomina bei ***esse*** auf die Frage **„Wovon?"** oder **„Wie beschaffen?" Eigenschaften** ausdrücken.
Diesen **Ablativ** bzw. **Genitiv der Beschaffenheit** (Ablativus / Genitivus qualitatis) übersetzt man aus stilistischen Gründen meist nicht wörtlich, sondern mit einem **Adjektiv**. Steht beim Ablativ bzw. Genitiv der Beschaffenheit ein attributives Adjektiv dabei, wird dieses als **Adverb** (*māgnus* wird dabei meist mit **„sehr"** übersetzt) wiedergegeben.

L48 G1

Attributives Partizip Präsens Aktiv (PPA): Partizip der Gleichzeitigkeit

1.

Kongruenz / Klammer		Kongruenz / Klammer
Ulixēs ā Pēnelopā dēsīderātus appāret.		Ulixēs **Pēnelopam** dēsīderāns appāret.
PPP	← **Partizip** →	**PPA**
Passiv	← **Handlungsart** →	**Aktiv**
Adverbiale	← **Erweiterung** →	**Objekt**

2.

	Übersetzung	
Der **von Penelope vermisste** Odysseus erscheint.	← **wörtlich** →	Der **Penelope vermissende** Odysseus erscheint.
Odysseus, der **von Penel. vermisst worden ist**, erscheint.	← **Relativsatz** →	Odysseus, der **Penelope vermisst**, erscheint.
vorzeitig	← **Zeitverhältnis** →	**gleichzeitig**

3.

lat.: **PPA:**	**Stamm – nt – Endung**	dt.: **Partizip I: Stamm – nd**
vocā-ns,	**voca – nt – is**	**rufe – nd**
rīdē-ns,	**rīde – nt – is**	**lache – nd**
audi-*ē*-ns,	**audi-*e* – nt – is**	**höre – nd**
dūc-*ē*-ns,	**dūc-*e* – nt – is**	**führe – nd**
capi-*ē*-ns,	**capi-*e* – nt – is**	**fasse – nd**

S

1. Wie das PPP wird auch das **Partizip Präsens Aktiv (PPA)** u.a. wie ein Adjektiv gebraucht: Es bezieht sich unter Wahrung der KNG-Kongruenz auf ein Substantiv und bestimmt dieses in der Funktion eines **Attributs** näher.

2. Ist das attributive PPA durch ein **Objekt erweitert**, übersetzt man es nicht wörtlich, sondern wählt meist einen **Relativsatz**. Das PPA drückt eine aktive Handlung aus, die **während** der Handlung des Prädikats des jeweiligen Satzes stattfindet, unabhängig davon, in welchem Tempus das Prädikat steht. Das PPA dient also zum Ausdruck der **Gleichzeitigkeit (Partizip der Gleichzeitigkeit)**.

F

3. Gebildet wird das **PPA** durch Einfügen von -***nt***- zwischen dem **Präsensstamm** und den **Endungen der 3. Deklination**, z.B. *vocā-**ns*** (*< *vocā-**nts***), -***nt**is*. In der **3.** und in der **ī-Konjugation** steht zwischen Stamm und Endung der **Bindevokal** -*e*-, z.B. audi-*ē*-ns. Dekliniert wird das PPA wie ein Nomen der **Mischdeklination** (i-Erweiterung im Gen. Pl., Nom. bzw. Akk. Pl. Neutr.). Das PPA heißt im Deutschen **Partizip I**. Es wird durch Anhängen von „-**nd**" an den Verbalstamm gebildet, z.B. „rufe-**nd**".

<table>
<tr><th rowspan="2">PPA</th><th colspan="2">Sg.</th><th colspan="2">Pl.</th></tr>
<tr><th>m / f</th><th>n</th><th>m / f</th><th>n</th></tr>
<tr><td>Nom.</td><td colspan="2">vocā-ns</td><td>voca-nt-ēs</td><td>voca-nti-a</td></tr>
<tr><td>Gen.</td><td colspan="2">voca-nt-is</td><td colspan="2">voca-nti-um</td></tr>
<tr><td>Dat.</td><td colspan="2">voca-nt-ī</td><td colspan="2">voca-nt-ibus</td></tr>
<tr><td>Akk.</td><td>voca-nt-em</td><td>vocā-ns</td><td>voca-nt-ēs</td><td>voca-nti-a</td></tr>
<tr><td>Abl.</td><td colspan="2">voca-nt-e</td><td colspan="2">voca-nt-ibus</td></tr>
</table>

Beachte: Im Nom. Sg. und im Akk. Neutr. Sg. verschmilzt -***nt***- mit der Endung -***s*** zu -***ns***.

L48 G2

Korrelativa

1. aufeinander bezogen ~ korrelativ / vergleichend

ita / sīc	ut	so	wie
tam	quam	so	wie
tantus	quantus	so groß	wie (groß)
tālis	quālis	so (beschaffen)	wie (beschaffen)
tot	quot	so viele	wie (viele)

2. Statua[1] **tanta** est, **quantum** templum[1] est. — Die Statue ist **so groß wie** der Tempel.
Ego **tot** librōs habeō, **quot** tū habēs. — Ich habe **so viele** Bücher **wie** du.

S

1. **Adjektive, Adverbien** und **Pronomina**, die eng **aufeinander bezogen** sind und eine feste, zusammengehörige Einheit bilden, nennt man **Korrelativa**. Diese dienen dazu, zwischen Personen, Sachen oder Handlungen eine **„so – wie"-Beziehung** herzustellen und auf diese Weise einen **Vergleich** zum Ausdruck zu bringen.
2. Der **vergleichende Teilsatz** kann im Deutschen grundsätzlich mit **„wie"** eingeleitet werden, unabhängig von der vollständigen Bedeutung des jeweiligen Korrelativums.

F

tantus* ... *quantus werden wie die Adjektive der **ā-** und **o-Deklination**, ***tālis* ... *quālis*** wie die zweiendigen Adjektive der **3. Deklination** dekliniert und stehen in KNG-Kongruenz zum Bezugswort.
tot* ... *quot sind **indeklinabel**, d. h. sie können weder dekliniert noch in Kongruenz zum Bezugswort gesetzt werden.

tālis	Sg. m / f	Sg. n	Pl. m / f	Pl. n
Nom.	tāl-**is**	tāl-**e**	tāl-**ēs**	tāli-**a**
Gen.	tāl-**is**		tāli-**um**	
Dat.	tāl-**ī**		tāl-**ibus**	
Akk.	tāl-**em**	tāl-**e**	tāl-**ēs**	tāli-**a**
Abl.	tāl-**ī**		tāl-**ibus**	

quālis	Sg. m / f	Sg. n	Pl. m / f	Pl. n
Nom.	quāl-**is**	quāl-**e**	quāl-**ēs**	quāli-**a**
Gen.	quāl-**is**		quāli-**um**	
Dat.	quāl-**ī**		quāl-**ibus**	
Akk.	quāl-**em**	quāl-**e**	quāl-**ēs**	quāli-**a**
Abl.	quāl-**ī**		quāl-**ibus**	

L49 G1

Adverbiales PPA (PC): temporal, kausal, konzessiv

1. **Flāvia** ——————————— **tacet.**

↑ ↑

(gleichzeitig) **Zeitverhältnis + Sinnverhältnis** (konzessiv)

↑ ↑

gaudēns

durch KNG-Kongruenz verbunden

Wann? / Weswegen? u.a. → Adverbiale

2.	**Schritt 1**	**wörtlich:**	Die **sich freuende** Flavia schweigt.	**Ü-Hilfe 1**
	↓			↓
	Schritt 2	**Relativsatz:**	Flavia, **die sich freut**, schweigt.	**Ü-Hilfe 2**
	↓			↓
	Schritt 3	**Temporalsatz:**	**Während** Flavia sich **freut**, schweigt sie.	**Lösung 1**
		Kausalsatz:	**Weil** Flavia sich **freut**, schweigt sie.	**Lösung 2**
		Konzessivsatz:	**Obwohl** Flavia sich **freut**, schweigt sie.	**Lösung 3**

S

1. Auch das **PPA** kann als **Adverbiale** gebraucht werden und sowohl ein Zeit- als auch ein Sinnverhältnis zum Prädikat des Satzes ausdrücken.
2. Auch das adverbiale PPA wird mit einem **adverbialen Gliedsatz** übersetzt. Dabei wird das PPA zum Prädikat des Gliedsatzes. Das adverbiale PPA drückt ebenso wie das PPP u.a. ein **temporales**, **kausales** oder **konzessives Sinnverhältnis** aus. Zur Einleitung der jeweiligen Adverbialsätze im Deutschen stehen dieselben Subjunktionen zur Verfügung wie für die Übersetzung eines adverbialen PPP. Beachte, dass zum Ausdruck des temporalen Sinnverhältnisses **nicht „nachdem“** verwendet werden darf, da diese Subjunktion ja immer ein vorzeitiges Zeitverhältnis ausdrückt.

L49 G2

Adverbiales PPA (PC): modal, konditional

	Flāvia —— **gaudēns** —— rīdet.		
Modalsatz:	**Indem** Flavia **sich freut**, lacht sie.	**Wie?**	**→ Art und Weise**
Konditionalsatz:	**Wenn** Flavia **sich freut**, lacht sie.	**Unter welcher Bedingung?**	**→ Bedingung**

S

Beim adverbialen **PPA** sind **weitere Sinnrichtungen** möglich, die beim PPP nur selten auftreten: die **modale**, die die **Art und Weise**, und die **konditionale**, die eine **Bedingung** zum Ausdruck bringt. Als Subjunktionen stehen „**indem**, **dadurch dass**“ und „**wenn**, **falls**“ zur Verfügung.

Sinnrichtung des PPA	Angabe	Subjunktion
temporal	Zeit	als, während
kausal	Grund	da, weil
konzessiv	Gegengrund	obwohl, auch wenn
modal	Art und Weise	indem, dadurch dass
konditional	Bedingung	wenn, falls

L50 G1

Adverbiales PPA (PC): Unter-, Beiordnung, Präpositionalausdruck

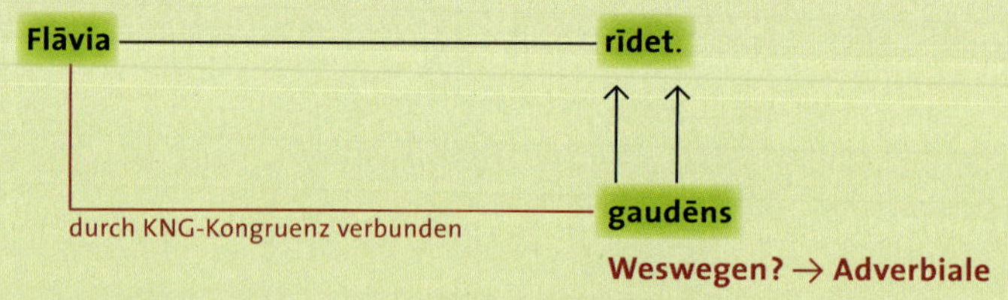

Unterordnung	Flavia lacht,	**weil** sie sich **freut**. **Subjunktion**	**PC → Verb**
		↕	
Beiordnung	Flavia freut sich	**und deshalb** lacht sie. **Konjunktion + Adverb**	**PC → Verb**
		↕	
Präpositionalausdruck	Flavia lacht	**aus Freude.** **Präposition**	**PC → Substantiv**

S

Auch für ein **adverbial** gebrauchtes **PPA** bieten sich neben dem **untergeordneten** Adverbialsatz die **Beiordnung** und der **Präpositionalausdruck** als Übersetzungsmöglichkeiten an. Zur Vorgehensweise bei diesen Übersetzungen siehe L 46 G1 und L 47 G1.

Sinnrichtung	Angabe	Konjunktion + Adverb	Präposition
temporal	Zeit	und dabei	während, bei
kausal	Grund	und deshalb, und daher	wegen, aus
konzessiv	Gegengrund	und / aber trotzdem	trotz
modal	Art und Weise	und dadurch, und so	durch
konditional	Bedingung	und in diesem Fall	im Falle

L50 G2

Partizip: Zusammenfassung

PPP = Partizip II	←	*Vergleich*	→	**PPA = Partizip I**
-tus / -sus, -ta / -sa, -tum / -sum	←	*Erkennungsmerkmal*	→	**-ns, -ntis**
ā- / o-Deklination	←	*Deklination*	→	**3.** Deklination
Passiv	←	*Genus verbi*	→	**Aktiv**
Adverbiale	←	*Erweiterung*	→	**Objekt**, Adverbiale
vorzeitig	←	*Zeitverhältnis*	→	**gleich**zeitig

S

Sinnrichtung	Angabe	Subjunktion	Konjunktion + Adverb	Präposition
temporal	Zeit (vorzeitig)	als, nachdem	und dann, und danach	nach
	Zeit (gleichzeitig)	als, während	und dabei	während, bei
kausal	Grund	da, weil	und deshalb, und daher	wegen, aus
konzessiv	Gegengrund	obwohl, auch wenn	und / aber trotzdem, - dennoch	trotz
modal	Art und Weise	indem, dadurch dass	und dadurch, und so	durch
konditional	Bedingung	wenn, falls	und in diesem Fall	im Fall

L51 G1

Irrealis der Gegenwart – Konjunktiv Imperfekt (Konjunktiv II der Gleichzeitigkeit) Aktiv

1. **Modus verbi = Aussageweise des Verbs**

Indikativ	**Imperativ**	**Konjunktiv**
Wirklichkeitsform (du rufst)	Befehlsform (rufe)	Nicht-Wirklichkeitsform (du riefest)

2.

	Konj. Impf.		Konj. Impf.		
Sī	vocārēs	, — tibi auxiliō	venīrem.		→ Irrealis der Gegenwart
Wenn du	riefest, (dann)		käme	ich dir zu Hilfe.	→
	Konj. II		Konj. II		

3.

lat.: Konjunktiv Imperfekt			**dt.: Konjunktiv II**	
Präsensstamm	**Moduszeichen**	**Endung**	**Imperfektstamm**	**– e – Endung**
vocā	– rē	– s	du rief	– e – st
rīdē	– rē	– s	du lacht	– e – st
audī	– rē	– s	du hört	– e – st
dūc-e	– rē	– s	du führt	– e – st
es	– sē	– s	du wär	– e – st
vel	– lē	– s	du wollt	– e – st

S

1. Eine finite Verbform ist nicht nur hinsichtlich Person, Numerus, Tempus und Genus bestimmt, sondern weist auch einen **Modus**, d. h. eine bestimmte **Aussageweise** auf. Eine Aussage erfolgt entweder als wirklich, befehlend oder als nicht-wirklich. Zum Ausdruck der **Wirklichkeit** wird der Modus **Indikativ**, zum Ausdruck des **Befehls** der Modus **Imperativ** und zum Ausdruck der **Nicht-Wirklichkeit** der Modus **Konjunktiv** verwendet.

2. Die nicht-wirkliche Aussage wird meist in ein **„wenn-dann-Gedankenspiel“** gekleidet. Dabei wird im konditionalen Gliedsatz eine nicht-wirkliche **Bedingung** und im Hauptsatz die davon abgeleitete nicht-wirkliche **Folgerung** formuliert, z. B. „**Wenn** du riefest, (**dann**) käme ich dir zu Hilfe.“

Zum Ausdruck eines nicht-wirklichen Gedankenspiels der Gegenwart (**Irrealis der Gegenwart**) verwendet man im Lateinischen den **Konjunktiv Imperfekt**, im Deutschen den Konjunktiv II bzw. die Umschreibung mit „würde“.

F

3. Die Bildung des **Konjunktivs Imperfekt Aktiv** erfolgt in allen Konjugationen gleich: zwischen **Präsensstamm** und **Endung** wird das **Moduszeichen** ***-re-*** (***-se-*** bei *esse* und *posse*, ***-le-*** bei *velle*) eingefügt, z. B. *vocā-**rē**-s*. Leichter zu merken ist die Bildungsformel: **Konjunktiv Imperfekt = Infinitiv Präsens + Imperfektendung** (z. B. ***vocārē**-s*). Dem lateinischen Konjunktiv Imperfekt entspricht der deutsche **Konjunktiv II**, den man durch e-Erweiterung und Dehnung des Stammes bildet, z. B. „du riefest“.

Konj. Impf.	ā-Konjug. Sg.		ā-Konjug. Pl.	
1. P.	vocā-**re-m**	ich riefe	vocā-**rē-mus**	wir riefen / wir würden rufen
2. P.	vocā-**rē-s**	du riefest	vocā-**rē-tis**	ihr riefet
3. P.	vocā-**re-t**	er, sie, es riefe	vocā-**re-nt**	sie riefen / sie würden rufen

Konj. Impf.	ē-Konjug.	ī-Konjug.	3. Konjug. (kons.)	3. Konjug. (i-Stamm)
1. P. Sg.	rīdē-**re-m**	audī-**re-m**	dūc-*e*-**re-m**	cape-**re-m**
2. P. Sg.	rīdē-**rē-s**	audī-**rē-s**	dūc-*e*-**rē-s**	cape-**rē-s**
3. P. Sg.	rīdē-**re-t**	audī-**re-t**	dūc-*e*-**re-t**	cape-**re-t**
1. P. Pl.	rīdē-**rē-mus**	audī-**rē-mus**	dūc-*e*-**rē-mus**	cape-**rē-mus**
2. P. Pl.	rīdē-**rē-tis**	audī-**rē-tis**	dūc-*e*-**rē-tis**	cape-**rē-tis**
3. P. Pl.	rīdē-**re-nt**	audī-**re-nt**	dūc-*e*-**re-nt**	cape-**re-nt**

Konj. Impf.	esse	esse-Komposita	posse	velle
1. P. Sg.	es-**se-m**	abes-**se-m**	pos-**se-m**	vel-**le-m**
2. P. Sg.	es-**sē-s**	abes-**sē-s**	pos-**sē-s**	vel-**lē-s**
3. P. Sg.	es-**se-t**	abes-**se-t**	pos-**se-t**	vel-**le-t**
1. P. Pl.	es-**sē-mus**	abes-**sē-mus**	pos-**sē-mus**	vel-**lē-mus**
2. P. Pl.	es-**sē-tis**	abes-**sē-tis**	pos-**sē-tis**	vel-**lē-tis**
3. P. Pl.	es-**se-nt**	abes-**se-nt**	pos-**se-nt**	vel-**le-nt**

Beachte: Ist im Deutschen die Konjunktiv-II-Form mit der Indikativform identisch, so umschreibt man sie mit „**würde(n)**“, um Verwechslungen zu vermeiden.

L51 G2

Konjunktiv Imperfekt (Konjunktiv II der Gleichzeitigkeit) Passiv

Präsensstamm	– Moduszeichen	– Endung		Konj. II von „werden“	– Partizip II	
vocā	– **rē**	– ris	⟷	du **würdest**	gerufen	(werden)
rīdē	– **rē**	– ris	⟷	du **würdest**	ausgelacht	(werden)
audī	– **rē**	– ris	⟷	du **würdest**	gehört	(werden)
cap-e	– **rē**	– ris	⟷	du **würdest**	gefasst	(werden)

F

Die Bildung des **Konjunktivs Imperfekt Passiv** erfolgt in allen Konjugationen nach demselben Prinzip wie im Aktiv: Zwischen **Präsensstamm** und **Passivendungen** wird das **Moduszeichen** ***-re-*** eingeschoben, z. B. *vocā-**rē**-ris*. Auch für den Konjunktiv Imperfekt Passiv gilt die alternative Bildungsformel: **Konjunktiv Imperfekt = Infinitiv Präsens + Passivendung** (z. B. ***vocārē**-ris*).

Im Deutschen bildet man den Konjunktiv II Passiv durch die Zusammenstellung des Konjunktivs II von „werden“ mit dem Partizip II, z. B. „du würdest gerufen“.

Impf. Pass.	ā-Konjug. Sg.		ā-Konjug. Pl.	
1. P.	vocā-**re-r**	ich würde gerufen (werden)	vocā-**rē-mur**	wir würden gerufen (werden)
2. P.	vocā-**rē-ris**	du würdest gerufen (werden)	vocā-**rē-minī**	ihr würdet gerufen (werden)
3. P.	vocā-**rē-tur**	er, sie, es würde gerufen (werden)	vocā-**re-ntur**	sie würden gerufen (werden)

Impf. Pass.	ē-Konjug.	ī-Konjug.	3. Konjug. (kons.)	3. Konjug. (i-Stamm)
1. P. Sg.	rīdē-**re-r**	audī-**re-r**	dūc-*e*-**re-r**	cape-**re-r**
2. P. Sg.	rīdē-**rē-ris**	audī-**rē-ris**	dūc-*e*-**rē-ris**	cape-**rē-ris**
3. P. Sg.	rīdē-**rē-tur**	audī-**rē-tur**	dūc-*e*-**rē-tur**	cape-**rē-tur**
1. P. Pl.	rīdē-**rē-mur**	audī-**rē-mur**	dūc-*e*-**rē-mur**	cape-**rē-mur**
2. P. Pl.	rīdē-**rē-minī**	audī-**rē-minī**	dūc-*e*-**rē-minī**	cape-**rē-minī**
3. P. Pl.	rīdē-**re-ntur**	audī-**re-ntur**	dūc-*e*-**re-ntur**	cape-**re-ntur**

L52 G1

Irrealis der Vergangenheit – Konjunktiv Plusquamperfekt (Konjunktiv II der Vorzeitigkeit)

1.

	Konj. Plqupf.			**Konj. Plqupf.**		
Sī ———	**vocāvissēs,**		tibī auxiliō	**vēnissem.**	→	**Irrealis der Vergangenheit**
Wenn du	**gerufen**	**hättest,**	(dann)	**wäre** ich dir zu Hilfe **gekommen.**	→	
	Part. II +	**Konj. II**		**Konj. II** + **Part. II**		

2.

Perfektstamm	– **Moduszeichen**	– **Endung**		**Konj. II „sein / haben"**	– **Partizip II**
vocāv	– issē	– s	⟷	du hättest	gerufen
rīs	– issē	– s	⟷	du hättest	gelacht
audīv	– issē	– s	⟷	du hättest	gehört
dūx	– issē	– s	⟷	du hättest	geführt
fu	– issē	– s	⟷	du wärest	gewesen
potu	– issē	– s	⟷	du hättest	gekonnt
volu	– issē	– s	⟷	du hättest	gewollt

3.

PPP	– **Konj. Impf. *esse***		**Konj. II „sein"**	— **Partizip II**	— **worden**
vocātus, -ta, -tum	essem	⟷	ich wäre	gerufen	worden
rīsus, -sa, -sum	essem	⟷	ich wäre	ausgelacht	worden

S F

1. Zum Ausdruck des **Irrealis der Vergangenheit** verwendet man im Lateinischen den **Konjunktiv Plusquamperfekt.**
2. Zur Bildung des **Konjunktivs Plusquamperfekt Aktiv** wird zwischen **Perfektstamm** und **Imperfektendung** das **Moduszeichen *-isse-*** eingefügt. Leichter zu merken ist die Bildungsformel: **Konjunktiv Plusquamperfekt = Infinitiv Perfekt + Imperfektendung** (z. B. ***vocāvisse-s***). Zur Übersetzung des Konjunktivs Plusquamperfekt Aktiv wird der Konjunktiv II von „haben" bzw. „sein" mit dem Partizip II zusammengestellt.
3. Der **Konjunktiv Plusquamperfekt Passiv** wird zweiteilig durch die Zusammenstellung des **PPP** mit dem **Konjunktiv Imperfekt von *esse*** gebildet, z. B. *vocātus essem.* Zur Übersetzung des Konjunktivs Plusquamperfekt Passiv wird das Partizip II zwischen den Konjunktiv II von „sein" und „worden" gestellt, z. B. „ich wäre gerufen worden".

Konj. Plqupf. Aktiv	**ā-Konjug. Sg.**		**ā-Konjug. Pl.**	
1. P.	vocāv-**isse-m**	ich hätte gerufen	vocāv-**issē-mus**	wir hätten gerufen
2. P.	vocāv-**issē-s**	du hättest gerufen	vocāv-**issē-tis**	ihr hättet gerufen
3. P.	vocāv-**isse-t**	er, sie, es hätte gerufen	vocāv-**isse-nt**	sie hätten gerufen

Konj. Plqupf. Aktiv	**ē-Konjug.**	**ī-Konjug.**	**3. Konjug. (kons.)**	**3. Konjug. (i-Stamm)**
1. P. Sg.	rīs-**isse-m**	audīv-**isse-m**	dūx-**isse-m**	cēp-**isse-m**
2. P. Sg.	rīs-**issē-s**	audīv-**issē-s**	dūx-**issē-s**	cēp-**issē-s**
3. P. Sg.	rīs-**isse-t**	audīv-**isse-t**	dūx-**isse-t**	cēp-**isse-t**
1. P. Pl.	rīs-**issē-mus**	audīv-**issē-mus**	dūx-**issē-mus**	cēp-**issē-mus**
2. P. Pl.	rīs-**issē-tis**	audīv-**issē-tis**	dūx-**issē-tis**	cēp-**issē-tis**
3. P. Pl.	rīs-**isse-nt**	audīv-**isse-nt**	dūx-**isse-nt**	cēp-**isse-nt**

Konj. Plqupf. Aktiv	esse	esse-Komposita	posse	velle
1. P. Sg.	fu-**isse-m**	āfu-**isse-m**	potu-**isse-m**	volu-**isse-m**
2. P. Sg.	fu-**issē-s**	āfu-**issē-s**	potu-**issē-s**	volu-**issē-s**
3. P. Sg.	fu-**isse-t**	āfu-**isse-t**	potu-**isse-t**	volu-**isse-t**
1. P. Pl.	fu-**issē-mus**	āfu-**issē-mus**	potu-**issē-mus**	volu-**issē-mus**
2. P. Pl.	fu-**issē-tis**	āfu-**issē-tis**	potu-**issē-tis**	volu-**issē-tis**
3. P. Pl.	fu-**isse-nt**	āfu-**isse-nt**	potu-**isse-nt**	volu-**isse-nt**

Konj. Plqupf. Passiv	ā-Konjug.		andere Konjug.	
1. P. Sg.	vocātus, -ta, -tum es-**se-m**	ich wäre gerufen worden	rīsus, -sa, -sum es-**se-m**	ich wäre ausgelacht worden
2. P. Sg	vocātus, -ta, -tum es-**sē-s**	du wärest gerufen worden		
3. P. Sg.	vocātus, -ta, -tum es-**se-t**	er, sie, es wäre gerufen worden	audītus, -ta, -tum es-**se-m**	ich wäre gehört worden
1. P. Pl.	vocātī, -tae, -ta es-**sē-mus**	wir wären gerufen worden		
2. P. Pl	vocātī, -tae, -ta es-**sē-tis**	ihr wäret gerufen worden	ductus, -ta, -tum es-**se-m**	ich wäre geführt worden
3. P. Pl.	vocātī, -tae, -ta es-**se-nt**	sie wären gerufen worden		
			captus, -ta, -tum es-**se-m**	ich wäre gefangen worden

L52 G2

Dativ des Zwecks

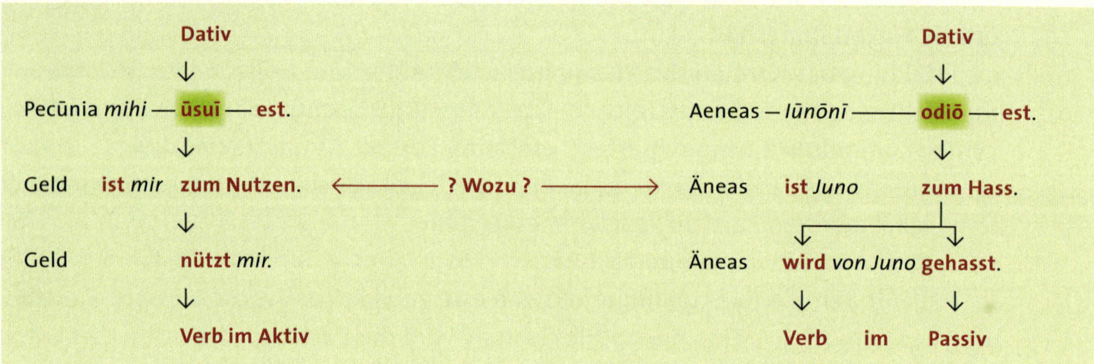

S

Als **Dativus finalis** drückt der **Dativ** auf die Frage „**Wozu?**“ die **Absicht** bzw. den **Zweck** aus. Von wenigen Ausnahmen abgesehen (z. B. *auxiliō venīre* „zu Hilfe kommen“) steht der **Dativ des Zwecks** in Verbindung mit ***esse.***
Da die wörtliche Übersetzung eines Dativs des Zwecks stilistisch nicht gut ist, solltest du eine **freie Übersetzung** verwenden. In der folgenden Übersicht sind stilistisch bessere Übersetzungsmöglichkeiten aufgeführt.

Dativus finalis bei esse	wörtlich	frei
mihi ūsuī est	mir ist zum Nutzen	mir nützt, mir ist nützlich
mihi odiō est	mir ist zum Hass	von mir wird gehasst, ich hasse
mihi gaudiō est	mir ist zur Freude	mich erfreut
mihi cūrae est	mir ist zur Sorge	ich mache mir Sorgen, ich kümmere mich
mihi cordī est	mir ist zu Herzen	mir liegt am Herzen
mihi honōrī est	mir ist zur Ehre	mir bringt Ehre ein

L53 G1

cum mit Konjunktiv (temporal, kausal, konzessiv)

1.

cum

Präposition m. Abl.:	Subjunktion: mit Indikativ:	Subjunktion: mit Konjunktiv:
(zusammen) mit	– (immer) wenn	– temporal: als, nachdem
	– als (plötzlich)	– kausal: da, weil
		– konzessiv: obwohl

2.

→ **Konjunktiv**

Trōiānī, **cum** — Carthāginem — **relīquissent**, Italiam petivērunt.

↕

Nachdem die Troianer Karthago verlassen **hatten**, suchten sie Italien auf.

→ **Indikativ**

S

1. Das Wort ***cum*** besetzt zwei Wortarten. Als **Präposition** mit Ablativ bedeutet *cum* „(zusammen) mit". Als **Subjunktion** heißt *cum* „(immer) wenn" oder „als (plötzlich)", wenn das Verb des *cum*-Satzes im Indikativ steht. Steht das Verb des *cum*-Satzes jedoch im **Konjunktiv**, so heißt *cum* **„als, nachdem"**, **„da, weil"** oder **„obwohl, wenn auch"**.

2. Der Konjunktiv, der im Lateinischen nach *cum* als temporaler, kausaler oder konzessiver Subjunktion steht, wird im Deutschen **nicht** ausgedrückt: Das Verb des *cum*-Satzes **muss** mit **Indikativ** wiedergegeben werden.

L53 G2

ut / nē mit Konjunktiv (Begehren)

1.

Ich **wusste, dass** du kommst / kamst.	→	**Tatsache**	→ **AcI:**	Sciēbam — **tē venīre**.
↕		↕		↕
Ich **verlangte, dass** du kommst / kamst.	→	**Begehren**	→ ***ut* m. Konj.:**	Pōstulābam, **ut venīrēs**.

2.

Pōstulābam, **ut venīrēs**.

Ich verlangte, **dass du kommst / kamst.**	Ich verlangte **von dir zu kommen.**
„dass" m. Ind. Präs. / Impf.	**Infinitiv**

S

1. Dient ein **„dass"-Satz** zum Ausdruck einer **Tatsache** nach einem Verb des Sagens, Meinens und Wahrnehmens, steht er im Lateinischen im **AcI**. Dient ein **„dass"-Satz** zum Ausdruck eines **Begehrens** nach Verben des Bittens, Forderns und Wünschens, wird er mit der Subjunktion ***ut* mit Konjunktiv** (verneint: ***nē***) eingeleitet.

2. Der Konjunktiv Imperfekt, der im *ut*-Satz steht, wird im Deutschen nicht ausgedrückt. Entweder steht **Indikativ Präsens / Imperfekt** im „dass"-Satz oder, wenn möglich, ein **Infinitiv mit „zu"**.

L54 G1

ut mit Konjunktiv (final, konsekutiv)

1. ut

Begehren	Folge (konsekutiv)	Absicht (final)
dass / zu ...	sodass / so ... dass	damit / um ... zu
(verneint: nē)	(verneint: ut nōn)	(verneint: nē)

2. Tē dōnābam, **ut tē dēlectārem.**

Ich beschenkte dich, **damit ich dich erfreue / -te.**	Ich beschenkte dich, **um dich zu erfreuen.**
„damit" m. Ind. Präs. / Impf.	**Infinitiv mit „um ... zu"**

S

1. Die Subjunktion ***ut* mit Konjunktiv** hat drei verschiedene Bedeutungen. Nach den Verben des Bittens, Forderns und Wünschens drückt *ut* ein **Begehren** aus. Es wird mit „**dass**" oder **Infinitiv** übersetzt und bei Verneinung durch ***nē*** ersetzt.
In **konsekutiver** Bedeutung kann *ut* mit Konjunktiv eine **Folge** ausdrücken. Meist geht dieser Bedeutung ein Signalwort wie *tam* „so", *tantus* „so groß" oder *tālis* „so beschaffen" voraus. Das konsekutive *ut* wird mit „**sodass / (so) ... dass**" übersetzt und mit ***nōn*** verneint. Schließlich kann *ut* in **finaler** Bedeutung die **Absicht** bzw. den **Zweck** ausdrücken.
2. Für die Übersetzung des finalen *ut* stehen zwei Konstruktionen zur Verfügung. Entweder ein **„damit"-Satz** mit **Indikativ Präsens / Imperfekt** oder, wenn das Subjekt des Hauptsatzes mit dem des *ut*-Satzes identisch ist, der **Infinitiv** mit „**um ... zu**". Bei Verneinung wird das finale *ut* durch ***nē*** ersetzt.

L54 G2

nē nach Ausdrücken des Fürchtens und Hinderns

pōstulāre, nē	fordern, dass **nicht**	→	***nē*** nach Verben des **Begehrens:** dass **nicht**
↕	↕		↕ ↕
timēre, nē	fürchten, **dass**	→	***nē*** nach Ausdrücken des **Fürchtens: dass**
perīculum est, nē	es besteht die Gefahr, **dass**		
prohibēre, nē	verhindern, **dass**	→	***nē*** nach Ausdrücken des **Hinderns: dass**
	daran hindern, **dass**		
impedīre, nē	verhindern, **dass**		
	daran hindern, **dass**		
cavēre, nē	sich davor hüten **dass**		

S

Steht das an sich verneinende ***nē*** nach einem Ausdruck des **Fürchtens** oder **Hinderns**, musst du es mit „**dass**" übersetzen.
Denn die Verben des Fürchtens und des Hinderns drücken ohnehin schon aus, dass etwas nicht geschehen soll. Um dieser „verneinenden" Bedeutung Nachdruck zu verleihen, steht im Lateinischen – anders als im Deutschen – nach solchen Verben zusätzlich die verneinende Subjunktion *nē*.

L55 G1

Genitivus subiectivus und obiectivus

amor Dīdōnis

die Liebe **Didos**	die Liebe **zu Dido**
↓	↓
d. h.: **Dido** liebt Äneas	d. h.: Äneas liebt **Dido**
↓	↓
Wer? → Subjekt	**Wen? → Objekt**
↓	↓
Genitivus subiectivus	**Genitivus obiectivus**
↓	↓
im Dt.: **Genitivattribut**	im Dt.: **Präpostionalausdruck**

S

Steht nach **Empfindungssubstantiven** wie z. B. *amor, metus, spēs, odium* ein Genitiv, so drückt dieser als **Genitivus subiectivus** eine Person aus, die ein Empfinden hat (z. B. *amor mātris* „die Liebe **der** Mutter"). Als **Genitivus obiectivus** drückt er eine Person oder Sache aus, auf die sich ein Empfinden richtet (z. B. *amor mātris* „die Liebe **zur** Mutter").
Übersetzt wird der Genitivus subiectivus mit einem **Genitivattribut**, der Genitivus obiectivus mit einem **Präpositionalausdruck** (**„zu, für, nach, auf"**).
Beachte: Als **Genitivus subiectivus** kommen in der Regel nur **Personen** in Frage, da ja nur diese **Empfindungen** haben können.

L55 G2

Indefinitpronomen aliquis, aliquid / aliquī, aliqua, aliquod

1.	**substantivische Verwendung:** Aliquis appropinquat. Irgendjemand nähert sich.	**adjektivische Verwendung:** Aliquī vir appropinquat. Irgendein Mann nähert sich.
2.	sī ~~ali~~quis … → sī quis … nē ~~ali~~quis … → nē quis …	wenn irgendjemand … dass nicht / damit nicht irgendjemand …

S

1. Das Pronomen ***aliquis, aliquid*** (substantivisch) bzw. ***aliquī, aliqua, aliquod*** (adjektivisch) steht für Personen oder Sachen, die man nicht genau benennen bzw. bestimmen kann. Deshalb heißt es **Indefinitpronomen** (unbestimmtes Pronomen).
2. Nach ***sī*** „wenn", ***nisī*** „wenn nicht", ***nē*** „dass nicht, damit nicht", und ***num*** „ob" **entfällt** das Präfix *ali-*.
Merke: Nach *sī, nisī, nē* und *num* fällt das *ali* um.

F

substantivisch: irgendjemand, irgendetwas		adjektivisch Sg.: irgendeiner, irgendeine, irgendein			adjektivisch Pl.: irgendwelche		
m / f	n	m	f	n	m	f	n
aliquis	aliquid	aliquī	aliqua	aliquod	aliquī	aliquae	aliqua
alicuius	alicuius reī		alicuius		aliquōrum	aliquārum	aliquōrum
alicuī	alicuī reī		alicuī			aliquibus	
aliquem	aliquid	aliquem	aliquam	aliquod	aliquōs	aliquās	aliqua
cum aliquō	aliquā rē	*cum* aliquō	*cum* aliquā	aliquō	*cum* aliquibus		aliquibus

L56 G1

īre

Inf.	Präs.	Fut. I	Impf.	Impf. Konj.	Inf.	Fut. II	Perf.	Plqupf.	Plqupf. Konj.
ī-re	e-ō	ī-b-ō	ī-ba-m	ī-re-m	ī-sse	i-er-ō	i-ī	i-era-m	ī-sse-m

Präsensstamm: ī- (Inf., Präs., Fut. I, Impf., Impf. Konj.)
vor -o, -u, -a: e-

Perfektstamm: i- (Inf., Fut. II, Perf., Plqupf., Plqupf. Konj.)
vor -s: ī-

F

Im **Präsenssystem** erfolgt die Konjugation von *īre* **„gehen“** – abgesehen vom Indikativ Präsens – nach derselben Bildungsweise und mit denselben Bauteilen **wie** in der **ā-** bzw. **ē-Konjugation**, z. B. *ī-ba-t*, *ī-bi-t*, *ī-re-t*.
Im **Perfektsystem** hat *īre* die v-Erweiterung verloren, sodass der Perfektstamm dem Präsensstamm gleicht bzw. die Perfektbildung **ohne Stammveränderung** erfolgt.

īre	Präs. Ind.	Fut. I	Impf. Ind	Impf. Konj.	Perf. Ind.	Fut. II	Plqupf. Ind.	Plqupf. Konj.
1. P. Sg.	e-ō	ī-b--ō	ī-ba-m	ī-re-m	i-ī	i-er-ō	i-era-m	īsse-m
2. P. Sg.	ī--s	ī-bi-s	ī-bā-s	ī-rē-s	īstī	i-eri-s	i-erā-s	īssē-s
3. P. Sg.	i--t	ī-bi-t	ī-ba-t	ī-re-t	i-it	i-eri-t	i-era-t	īsse-t
1. P. Pl.	ī--mus	ī-bi-mus	ī-bā-mus	ī-rē-mus	i-imus	i-eri-mus	i-erā-mus	īssē-mus
2. P. Pl.	ī--tis	ī-bi-tis	ī-bā-tis	ī-rē-tis	īstis	i-eri-tis	i-erā-tis	īssē-tis
3. P. Pl.	e-*u*-nt	ī-bu-nt	ī-ba-nt	ī-re-nt	i-ērunt	i-eri-nt	i-era-nt	īsse-nt
	Imp.	ī! ī-te!	PPA	i-*ē*-ns, e-*u*-ntis		Inf. Perf.	īsse	

Beachte: 1. In der **2. P. Sg.** und **Pl. Perfekt** und im **Konjunktiv Plusquamperfekt** verschmilzt der Perfektstamm ***i-*** mit dem anlautenden ***-i*** des Moduszeichens bzw. der Endung zu ***ī-***.
2. Von *īre* gibt es nur unpersönlich gebrauchte **Passivformen** in der **3. P. Sg.**, z. B. *ītur* „man geht“, *ībātur / itum est* „man ging“.

L56 G2

Akkusativ der Richtung – Ablativ des Ausgangspunkts

in **m. Akk.**	⟷	**Akkusativ der Richtung**		***ā / ab*** **m. Abl.**	⟷	**Ablativ des Ausgangspunkts**	
in urbem Rōmam	⟷	Rōm**am**	**nach** Rom	ab urbe Rōmā	⟷	Rōm**ā**	**von** Rom
in Siciliam	⟷	Ithac**am**	**nach** Ithaka	ā Siciliā	⟷	Ithac**ā**	**von** Ithaka
in domicilium	⟷	dom**um**	**nach** Hause	ā domiciliō	⟷	dom**ō**	**von** zu Hause

S

In der Regel werden **Richtungsangaben** auf die Frage **„Wohin?“** mit der **Präposition *in*** mit Akkusativ und **Angaben des Ausgangspunkts** auf die Frage **„Woher?“** mit den **Präpositionen *ā / ab*** oder ***ē / ex*** mit Ablativ ausgedrückt, z. B. *in urbem* „in die Stadt“, *ex urbe* „aus der Stadt“. Bei den Eigennamen von **Städten** und **kleineren Inseln** jedoch gibt der **bloße Akkusativ** die **Richtung** und der **bloße Ablativ** den **Ausgangspunkt** an (z. B. *Rōmam* „nach Rom“, *Rōmā* „von Rom“), ebenso bei **einzelnen Wendungen** wie *domum* „heim, nach Hause“ und *domō* „von daheim, von zu Hause“.

L57 G1

Komposita von īre

1.

Präfix		Präfix	
ab	-īre	**weg**	-gehen
ad		**heran**	
ex		**heraus**	
in		**hinein**	
per		**zugrunde**	
praeter		**vorüber**	
red		**zurück**	

2.

īre	eō	ībō	ībam	īrem	ierō	iī	ieram	īssem
ad-īre	ad-eō	ad-ībō	ad-ībam	ad-īrem	ad-ierō	ad-iī	ad-ieram	ad-īssem

F

1. Das Verb ***īre*** ist eines der Verben, die viele **Komposita** bilden. Durch die Zusammenstellung einer Präposition wie z. B. *ad* oder *ab* als **Präfix** mit dem **Verbum simplex** *īre* entstehen diese Komposita.

2. Die **Konjugation der Komposita** ist **identisch** mit der des **Verbum simplex**. Das Präfix hat auf die Konjugation keinen Einfluss. Die meisten Komposita haben zu ihren Grundbedeutungen **weitere Bedeutungen** entwickelt.

īre-Komposita	Grundbedeutung	weitere Bedeutungen
ab-īre	**weg**-gehen	abtreten; zurücktreten (von)
ad-īre	**heran**-gehen	aufsuchen; auf sich nehmen; angreifen
ex-īre	**heraus**-gehen	verlassen; ausrücken
in-īre	**hinein**-gehen	betreten; beginnen
per-īre	**zugrunde** gehen	umkommen
praeter-īre	**vorüber**-gehen	vorbeigehen; verstreichen
red-īre	**zurück**-gehen	zurückkehren

L57 G2

Dativ des Vorteils

Dativ ↓ — **Dativ** ↓

Nōn — **lūdō**, — sed — **vītae** — discimus.

↓ **Wofür? / Zu wessen Vorteil?** ↓

Nicht **für die Schule**, sondern **für das Leben** lernen wir.

↓ **Präpositionalausdruck mit „für“** ↓

S

Im **Dativ des Vorteils** (**Dativus commodi**) stehen auf die Fragen „**Wofür? / Zu wessen Vorteil?**“ Personen oder Sachen, zu deren Gunsten bzw. Vorteil etwas getan wird bzw. geschieht. Im Deutschen wird der Dativ des Vorteils meist mit der Präposition „**für**“ wiedergegeben.

L58 G1

Demonstrativpronomen īdem, eadem, idem

Ulixēs **Polyphēmum** dolō superāvit.	Aenēās **eīdem mōnstrō**[1] occurrit.
↕ —— **identisch** —— ↕	
Odysseus hat **Polyphem** durch eine List besiegt.	Äneas ist **demselben Ungeheuer** begegnet.

S Das Demonstrativpronomen ***īdem, eadem, idem*** **„derselbe, dieselbe, dasselbe"** dient zur Bezeichnung der Identität, d.h. der **Gleichheit** von Personen oder Sachen. Der Vergleich wird durch ***atque / ac*** bzw. durch das **Relativpronomen** ausgedrückt: ***īdem ... atque, ac / īdem ... quī*** **„derselbe ... wie"**.

F Das Pronomen *īdem, eadem, idem* ist aus der Zusammenstellung von ***is, ea, id*** mit dem Suffix ***-dem*** entstanden, weshalb die **Deklination wie bei *is, ea, id*** erfolgt. Lediglich vor einem ***-d*** wird der leichteren Aussprache wegen ***m-*** zu ***n-***, z.B. *eu**m**-dem* → *eu**n**dem*, *ea**m**-dem* → *ea**n**dem*, *eōru**m**-dem* → *eōru**n**dem*, *eāru**m**-dem* → *eāru**n**dem*.

K.	m Sg.	f Sg.	n Sg.	m Pl.	f Pl.	n Pl.
Nom.	**īdem**	**eadem**	**idem**	**iīdem**	**eaedem**	**eadem**
	derselbe	dieselbe	dasselbe	dieselben	dieselben	dieselben
Gen.	**eiusdem**	**eiusdem**	**eiusdem**	**eōrundem**	**eārundem**	**eōrundem**
	desselben	derselben	desselben	derselben	derselben	derselben
Dat.	**eīdem**	**eīdem**	**eīdem**	**eīs- / iīsdem**	**eīs- / iīsdem**	**eīs- / iīsdem**
	demselben	derselben	demselben	denselben	denselben	denselben
Akk.	**eundem**	**eandem**	**idem**	**eōsdem**	**eāsdem**	**eadem**
	denselben	dieselbe	dasselbe	dieselben	dieselben	dieselben
Abl.	*cum* **eōdem**	*cum* **eādem**	**eōdem**	*cum* **eīs- / iīsdem**	*cum* **eīs- / iīsdem**	**eīs- / iīsdem**
	mit demselben	*mit* derselben	durch dasselbe	*mit* denselben	*mit* denselben	durch dieselben

L58 G2

Relativer Satzanschluss

Lateinisch:	Rōmānī **Hannibalem** timēbant.	**Quī** eōs iterum atque iterum vīcerat.
		↓
		Is eōs iterum atque iterum vīcerat.
		↓
Deutsch:	Die Römer fürchteten **Hannibal**.	**Dieser** hatte sie (**nämlich**) immer wieder besiegt.

S Der **relative Satzanschluss** dient der engen inhaltlichen **Verbindung zweier Hauptsätze**. Diese Verbindung entsteht dadurch, dass das inhaltlich wichtigste Wort des vorausgehenden Satzes in Form eines **Relativpronomens** am **Anfang des folgenden Satzes** wieder aufgenommen wird.

Da im Deutschen ein Hauptsatz nicht mit einem Relativpronomen eingeleitet werden darf, muss das Relativpronomen bei der Übersetzung mit einem **Demonstrativpronomen** wiedergegeben werden. Zusätzlich kann bei der Übersetzung das Sinnverhältnis beider Sätze zueinander durch ein **sinngebendes Adverb** ausgedrückt werden.

L59 G1

Demonstrativpronomen ipse, ipsa, ipsum

Alexander **ipse** Persepolim incendit.	Alexander **selbst** steckte Persepolis in Brand.
Hannibal **ipse** patriam servāre nōn poterat.	**Gerade** Hannibal konnte seine Heimat nicht schützen.
Scīpiō **ipse** nūntium trādidit.	Scipio **persönlich** überbrachte die Botschaft.

S

Das Demonstrativpronomen ***ipse***, ***ipsa***, ***ipsum*** **„selbst, gerade, persönlich"** dient zur Hervorhebung einer Person oder Sache.

F

Abgesehen vom Nominativ und Akkusativ Neutrum Sg. wird ***ipse*** **wie** ***ille*** **dekliniert** (*illud*, aber *ipsum*). Genitiv und Dativ Sg. haben – wie die meisten Pronomina – die Endungen ***-īus*** und *-ī*. Da „selbst" im Deutschen indeklinabel ist, wird die Übersetzung von *ipse, ipsa, ipsum* im folgenden Schema nicht angegeben.

K.	m Sg.	f Sg.	n Sg.	m Pl.	f Pl.	n Pl.
Nom.	ipse	ipsa	ipsum	ipsī	ipsae	ipsa
Gen.	ipsīus	ipsīus	ipsīus	ipsōrum	ipsārum	ipsōrum
Dat.	ipsī	ipsī	ipsī	ipsīs	ipsīs	ipsīs
Akk.	ipsum	ipsam	ipsum	ipsōs	ipsās	ipsa
Abl.	*cum* ipsō	*cum* ipsā	ipsō	*cum* ipsīs	*cum* ipsīs	ipsīs

L59 G2

Kasusfunktionen: Zusammenfassung

S

Genitiv			
Zugehörigkeit	Wessen Aufgabe?	senātōris est	es die **Aufgabe des Senators**
	Wessen Pflicht?	Vestālis est	es ist die **Pflicht der Vestalin**
	Wessen Eigenschaft?	hominis est	es ist **Eigenschaft des Menschen**
	Wessen Kennzeichen?	prūdentiae est	es ist **Kennzeichen von Klugheit**
	Wessen Besitz?	domus **patris**	das Haus **des Vaters**
Beschaffenheit	Von welcher Eigenschaft?	Puella māgn**ae** fōrm**ae** est.	Das Mädchen ist **von großer Schönheit.** / Das Mädchen ist **sehr schön**.
subiectivus	Wessen?	odium Hannibal**is**	der Hass **Hannibals**
obiectivus	Worauf?	odium Hannibal**is**	der Hass **auf Hannibal**
	Worüber?	gaudium victōri**ae**	die Freude **über den Sieg**
	Wonach?	libīdō imperi**ī**	die Begierde **nach der Herrschaft**
	Zu wem / was?	amor uxōr**is**	die Liebe **zur Ehefrau**

Lokativ (Ort)	Wo?	Rōm**ae**	**in Rom**
		Ithac**ae**	**auf Ithaka**
		dom**ī**	**daheim, zu Hause**

Dativ			
Besitzer	Wem gehörig?	Domus **mihi** est.	**Mir** gehört ein Haus. / **Ich** besitze / habe ein Haus.
Zweck	Wozu?	Pecūnia mihi ūsu**ī** est.	Geld ist mir **zum Nutzen**. / Geld **nützt** mir.
Vorteil	Wofür? Zu wessen Vorteil?	vīt**ae** dīscere	**für das Leben** lernen

Akkusativ			
Dauer	Wie lange?	mult**ōs** ann**ōs**	viele Jahre (**lang**)
Richtung	Wohin?	Rōm**am** Ithac**am** dom**um**	**nach Rom** **nach Ithaka** **heim, nach Hause**

Ablativ			
Mittel	Womit? Wodurch?	gladi**ō** pūgnāre dol**ō** vincere	**mit dem Schwert** kämpfen **durch List** siegen
Grund	Weswegen? Worüber?	dolōr**e** flēre dōn**ō** gaudēre	**wegen des Schmerzes** weinen sich **über das Geschenk** freuen
Trennung	Wovon?	cūr**īs** carēre	**von Sorgen** frei sein
Ausgangspunkt	Woher?	Rōm**ā** Ithac**ā** dom**ō**	**von Rom (her)** **von Ithaka (her)** **von daheim, von zu Hause**
Art und Weise	Wie?	anim**ō** laet**ō**	**mit fröhlichem Herzen / fröhlich**
Beschaffenheit	Wovon?	Māgn**ā** virtūt**e** est.	Er ist **von großer Tapferkeit**. / Er ist **sehr tapfer**.
Zeit	Wann? In welcher Zeit?	e**ō** ann**ō** brev**ī** tempor**e**	**in diesem Jahr** **in kurzer Zeit**
Ort	Wo?	Carthāgin**e** Delph**īs**	**in Karthago** **in Delphi**

L60 G1

Indefinitpronomen nēmō, nihil / nūllus, -a, -um

1. **substantivische Verwendung:**
Nēmō appropinquat. **Niemand** nähert sich.

adjektivische Verwendung:
Nūllus vir appropinquat. **Kein** Mann nähert sich.

2.

nēmō	**nūllīus**	nēminī	nēminem	**ā nūllō**
nihil	**nūllīus reī**	**nūllī reī**	nihil	**nūllā rē**

Umschreibung durch nūllus bzw. rēs

S

1. Die Indefinitpronomina ***nēmō***, ***nihil*** **„niemand, nichts"** (substantivisch) bzw. ***nūllus***, ***nūlla***, ***nūllum*** **„keiner, keine, kein"** (adjektivisch) bezeichnen Personen oder Sachen, die nicht vorhanden sind.
2. Die Formen von ***nēmō*** werden im Genitiv und Ablativ durch Formen von ***nūllus***, ***-a***, ***-um,*** die Formen von ***nihil*** im Genitiv, Dativ und Ablativ durch Formen von ***rēs*** umschrieben.

F

K.	substantivisch		adjektivisch					
	m / f	n	m	f	n	m	f	n
Nom.	nēmō	nihil	nūllus	nūlla	nūllum	nūllī	nūllae	nūlla
Gen.	nūllīus	nūllīus reī	nūllīus	nūllīus	nūllīus	nūllōrum	nūllārum	nūllōrum
Dat.	nēminī	nūllī reī	nūllī	nūllī	nūllī	nūllīs	nūllīs	nūllīs
Akk.	nēminem	nihil	nūllum	nūllam	nūllum	nūllōs	nūllās	nūlla
Abl.	*ā* nūllō	nūllā rē	*ā* nūllō	*ā* nūllā	nūllō	*ā* nūllīs	*ā* nūllīs	nūllīs

L60 G2

Zahlen bis 1000

957: septem **et** quīnquāgintā **et** nōngentī / nōngentī quīnquāgintā septem
39: **ūndē**quadrāgintā (**1 weg von 40**) 38: **duodē**quadrāgintā (**2 weg von 40**)

S

Bei **mehrstelligen Zahlen** steht die **kleinere mit *et* vor der größeren** (957: *septem* ***et*** *quīnquāgintā* ***et*** *nōngentī*) oder die **größere ohne *et* vor der kleineren** (957: *nōngentī quīnquāgintā septem*). Zahlen mit acht oder neun als Einer werden durch Abziehen von eins bzw. zwei vom Zehner gebildet, z. B. 38: *duodēquadrāgintā*.

F

Die **Ordnungszahlen** und die **Grundzahlen ab 200** werden wie Adjektive der ā- und o-Deklination dekliniert und in Kongruenz zum Bezugswort gesetzt.

	Grundzahlen	Ordnungszahlen		Grundzahlen	Ordnungszahlen
20	vīgintī	vīcēsimus, -a, -um	200	ducentī, -ae, -a	ducentēsimus, -a, -um
30	trīgintā	trīcēsimus, -a, -um	300	trecentī, -ae, -a	trecentēsimus, -a, -um
40	quadrāgintā	quadrāgēsimus, -a, -um	400	quadringentī, -ae, -a	quadringentēsimus, -a, -um
50	quīnquāgintā	quīnquāgēsimus, -a, -um	500	quīngentī, -ae, -a	quīngentēsimus, -a, -um
60	sexāgintā	sexāgēsimus, -a, -um	600	sescentī, -ae, -a	sescentēsimus, -a, -um
70	septuāgintā	septuāgēsimus, -a, -um	700	septingentī, -ae, -a	septingentēsimus, -a, -um
80	octōgintā	octōgēsimus, -a, -um	800	octingentī, -ae, -a	octingentēsimus, -a, -um
90	nōnāgintā	nōnāgēsimus, -a, -um	900	nōngentī, -ae, -a	nōngentēsimus, -a, -um
100	centum	centēsimus, -a, -um	1000	mīlle	mīllēsimus, -a, -um

Deklinationen

I₁ Substantive der ā- und o-Deklination

	ā-Dekl. f	o-Dekl.: -us m	o-Dekl.: -er m	o-Dekl.: -r m	o-Dekl. n
Nom. Sg.	amīc-**a**	amīc-**us**	puer	minister	dōn-**um**
Gen. Sg.	amīc-**ae**	amīc-**ī**	puer-**ī**	ministr-**ī**	dōn-**ī**
Dat. Sg.	amīc-**ae**	amīc-**ō**	puer-**ō**	ministr-**ō**	dōn-**ō**
Akk. Sg.	amīc-**am**	amīc-**um**	puer-**um**	ministr-**um**	dōn-**um**
Abl. Sg.	*cum* amīc-**ā**	*cum* amīc-**ō**	*cum* puer-**ō**	*cum* ministr-**ō**	dōn-**ō**
Vok. Sg.	amīc-**a**	amīc-**e**	puer	minister	
Nom. Pl.	amīc-**ae**	amīc-**ī**	puer-**ī**	ministr-**ī**	dōn-**a**
Gen. Pl.	amīc-**ārum**	amīc-**ōrum**	puer-**ōrum**	ministr-**ōrum**	dōn-**ōrum**
Dat. Pl.	amīc-**īs**	amīc-**īs**	puer-**īs**	ministr-**īs**	dōn-**īs**
Akk. Pl.	amīc-**ās**	amīc-**ōs**	puer-**ōs**	ministr-**ōs**	dōn-**a**
Abl. Pl.	*cum* amīc-**īs**	*cum* amīc-**īs**	*cum* puer-**īs**	*cum* ministr-**īs**	dōn-**īs**
Vok. Pl.	amīc-**ae**	amīc-**ī**	puer-**ī**	ministr-**ī**	

I₂ Adjektive der ā- und o-Deklination auf -us, -a, -um

	m	f	n
Nom. Sg.	māgn-**us**	māgn-**a**	māgn-**um**
Gen. Sg.	māgn-**ī**	māgn-**ae**	māgn-**ī**
Dat. Sg.	māgn-**ō**	māgn-**ae**	māgn-**ō**
Akk. Sg.	māgn-**um**	māgn-**am**	māgn-**um**
Abl. Sg.	māgn-**ō**	māgn-**ā**	māgn-**ō**
Nom. Pl.	māgn-**ī**	māgn-**ae**	māgn-**a**
Gen. Pl.	māgn-**ōrum**	māgn-**ārum**	māgn-**ōrum**
Dat. Pl.	māgn-**īs**	māgn-**īs**	māgn-**īs**
Akk. Pl.	māgn-**ōs**	māgn-**ās**	māgn-**a**
Abl. Pl.	māgn-**īs**	māgn-**īs**	māgn-**īs**

I₃ Adjektive der ā- und o-Deklination auf -er und -r

	m	f	n	m	f	n
Nom. Sg.	asper	asper-**a**	asper-**um**	pulcher	pulchr-**a**	pulchr-**um**
Gen. Sg.	asper-**ī**	asper-**ae**	asper-**ī**	pulchr-**ī**	pulchr-**ae**	pulchr-**ī**
Dat. Sg.	asper-**ō**	asper-**ae**	asper-**ō**	pulchr-**ō**	pulchr-**ae**	pulchr-**ō**
Akk. Sg.	asper-**um**	asper-**am**	asper-**um**	pulchr-**um**	pulchr-**am**	pulchr-**um**
Abl. Sg.	asper-**ō**	asper-**ā**	asper-**ō**	pulchr-**ō**	pulchr-**ā**	pulchr-**ō**
Nom. Pl.	asper-**ī**	asper-**ae**	asper-**a**	pulchr-**ī**	pulchr-**ae**	pulchr-**a**
Gen. Pl.	asper-**ōrum**	asper-**ārum**	asper-**ōrum**	pulchr-**ōrum**	pulchr-**ārum**	pulchr-**ōrum**
Dat. Pl.	asper-**īs**	asper-**īs**	asper-**īs**	pulchr-**īs**	pulchr-**īs**	pulchr-**īs**
Akk. Pl.	asper-**ōs**	asper-**ās**	asper-**a**	pulchr-**ōs**	pulchr-**ās**	pulchr-**ōs**
Abl. Pl.	asper-**īs**	asper-**īs**	asper-**īs**	pulchr-**īs**	pulchr-**īs**	pulchr-**īs**

I4 Substantive der 3. Deklination: konsonantische Deklination

	r-Stamm m	t-Stamm f	c-Stamm f	n-Stamm: -ō, -ōnis f	r-Stamm n	n-Stamm n
Nom. Sg.	imperātor	salūs	vōx	condiciō	tempus	nōmen
Gen. Sg.	imperātōr-**is**	salūt-**is**	vōc-**is**	condiciōn-**is**	tempor-**is**	nōmin-**is**
Dat. Sg.	imperātōr-**ī**	salūt-**ī**	vōc-**ī**	condiciōn-**ī**	tempor-**ī**	nōmin-**ī**
Akk. Sg.	imperātōr-**em**	salūt-**em**	vōc-**em**	condiciōn-**em**	tempus	nōmen
Abl. Sg.	*cum* imperātōr-**e**	salūt-**e**	vōc-**e**	condiciōn-**e**	tempor-**e**	nōmin-**e**
Nom. Pl.	imperātōr-**ēs**	salūt-**ēs**	vōc-**ēs**	condiciōn-**ēs**	tempor-**a**	nōmin-**a**
Gen. Pl.	imperātōr-**um**	salūt-**um**	vōc-**um**	condiciōn-**um**	tempor-**um**	nōmin-**um**
Dat. Pl.	imperātōr-**ibus**	salūt-**ibus**	vōc-**ibus**	condiciōn-**ibus**	tempor-**ibus**	nōmin-**ibus**
Akk. Pl.	imperātōr-**ēs**	salūt-**ēs**	vōc-**ēs**	condiciōn-**ēs**	tempor-**a**	nōmin-**a**
Abl. Pl.	*cum* imperātōr-**ibus**	salūt-**ibus**	vōc-**ibus**	condiciōn-**ibus**	tempor-**ibus**	nōmin-**ibus**

I5 Substantive der 3. Deklination: Mischdeklination und i-Deklination

	Mischdekl. f	Mischdekl. f	i-Dekl. f	i-Dekl. f	i-Dekl. n
Nom. Sg.	urb-**s**	nāv-**is**	turr-**is**	v-**īs**	mar-**e**
Gen. Sg.	urb-**is**	nāv-**is**	turr-**is**	–	mar-**is**
Dat. Sg.	urb-**ī**	nāv-**ī**	turr-**ī**	–	mar-**ī**
Akk. Sg.	urb-**em**	nāv-**em**	turri-**m**	vi-**m**	mar-**e**
Abl. Sg.	urb-**e**	nāv-**e**	turrī	vī	marī
Nom. Pl.	urb-**ēs**	nāv-**ēs**	turr-**ēs**	vīr-**ēs**	mari-**a**
Gen. Pl.	urbi-**um**	nāvi-**um**	turri-**um**	vīri-**um**	mari-**um**
Dat. Pl.	urb-**ibus**	nāv-**ibus**	turr-**ibus**	vīr-**ibus**	mar-**ibus**
Akk. Pl.	urb-**ēs**	nāv-**ēs**	turrī-**s** / turr-**ēs**	vīr-**ēs**	mari-**a**
Abl. Pl.	urb-**ibus**	nāv-**ibus**	turr-**ibus**	vīr-**ibus**	mar-**ibus**

I6 Adjektive der 3. Deklination: drei-, zwei-, und einendige Adjektive

	m	f	n	m / f	n	m / f	n
Nom. Sg.	ācer	ācr-**is**	ācr-**e**	omn-**is**	omn-**e**	prūdēns	
Gen. Sg.	ācr-**is**	ācr-**is**	ācr-**is**	omn-**is**	omn-**is**	prūdent-**is**	
Dat. Sg.	ācr-**ī**	ācr-**ī**	ācr-**ī**	omn-**ī**	omn-**ī**	prūdent-**ī**	
Akk. Sg.	ācr-**em**	ācr-**em**	ācr-**e**	omn-**em**	omn-**e**	prūdent-**em**	prūdēns
Abl. Sg.	ācrī	ācrī	ācrī	omnī	omnī	prūdentī	
Nom. Pl.	ācr-**ēs**	ācr-**ēs**	ācri-**a**	omn-**ēs**	omni-**a**	prūdent-**ēs**	prūdenti-**a**
Gen. Pl.	ācri-**um**	ācri-**um**	ācri-**um**	omni-**um**	omni-**um**	prūdenti-**um**	
Dat. Pl.	ācr-**ibus**	ācr-**ibus**	ācr-**ibus**	omn-**ibus**	omn-**ibus**	prūdent-**ibus**	
Akk. Pl.	ācr-**ēs**	ācr-**ēs**	ācri-**a**	omn-**ēs**	omni-**a**	prūdent-**ēs**	prūdenti-**a**
Abl. Pl.	ācr-**ibus**	ācr-**ibus**	ācr-**ibus**	omn-**ibus**	omn-**ibus**	prūdent-**ibus**	

I₇ Adjektive der 3. Deklination: Konsonantenstämme, einendig

	m / f	n	m / f	n	m / f	n
Nom. Sg.	dīves		pauper		vetus	
Gen. Sg.	dīvit-**is**		pauper-**is**		veter-**is**	
Dat. Sg.	dīvit-**ī**		pauper-**ī**		veter-**ī**	
Akk. Sg.	dīvit-**em**	dīves	pauper-**em**	pauper	veter-**em**	vetus
Abl. Sg.	dīvit-**e**		pauper-**e**		veter-**e**	
Nom. Pl.	dīvit-**ēs**	dīvit-**a**	pauper-**ēs**	pauper-**a**	veter-**ēs**	veter-**a**
Gen. Pl.	dīvit-**um**		pauper-**um**		veter-**um**	
Dat. Pl.	dīvit-**ibus**		pauper-**ibus**		veter-**ibus**	
Akk. Pl.	dīvit-**ēs**	dīvit-**a**	pauper-**ēs**	pauper-**a**	veter-**ēs**	veter-**a**
Abl. Pl.	dīvit-**ibus**		pauper-**ibus**		veter-**ibus**	

I₈ Substantive der u- und ē-Deklination

	u-Dekl. f	u-Dekl.: Ausnahme f	ē-Dekl. f
Nom. Sg.	manu-**s**	domu-**s**	diē-**s**
Gen. Sg.	manū-**s**	domū-**s**	diē-**ī**
Dat. Sg.	manu-**ī**	domu-**ī**	diē-**ī**
Akk. Sg.	manu-**m**	domu-**m**	die-**m**
Abl. Sg.	manū	dom**ō**	diē
Nom. Pl.	manū-**s**	domū-**s**	diē-**s**
Gen. Pl.	manu-**um**	dom**ō-rum**	diē-**rum**
Dat. Pl.	mani-**bus**	domi-**bus**	diē-**bus**
Akk. Pl.	manū-**s**	dom**ō-s**	diē-**s**
Abl. Pl.	mani-**bus**	domi-**bus**	diē-**bus**

II₁ Personalpronomen und Reflexivpronomen

	Personalpron.	1. P.	Personalpron.	2. P.	Personalpron.	3. P.	Reflexivpron.	3. P.
Nom. Sg.	ego	ich	tū	du	is, ea, id	er, sie, es	–	–
Gen. Sg.	–	–	–	–	eius, eius, eius	dessen / deren	–	–
Dat. Sg.	mihī	mir	tibī	dir	eī, eī, eī	ihm, ihr	sibī	sich
Akk. Sg.	mē	mich	tē	dich	eum, eam, id	ihn, sie, es	sē	sich
Abl. Sg.	*ā* mē	*von* mir	*ā* tē	*von* dir	*cum* eō, eā, eō	*mit* ihm, ihr	*ā* sē	*von* sich
	mē*cum*	*mit* mir	tē*cum*	*mit* dir			sē*cum*	*mit* sich
Nom. Pl.	nōs	wir	vōs	ihr	iī / eī, eae, ea	sie	–	–
Gen. Pl.	–	–	–	–	eōrum, eārum, eōrum	deren	–	–
Dat. Pl.	nōbis	uns	vōbīs	euch	eīs / iīs, eīs / iīs, eīs / iīs	ihnen	sibī	sich
Akk. Pl.	nōs	uns	vōs	euch	eōs, eās, ea	sie	sē	sich
Abl. Pl.	*ā* nōbīs	*von* uns	*ā* vōbīs	*von* euch	*cum* eīs / iīs, eīs / iīs, eīs / iīs	*mit* ihnen	*ā* sē	*von* sich
	nōbīs*cum*	*mit* uns	vōbīs*cum*	*mit* euch			sē*cum*	*mit* sich

II_2 Possessivpronomen

	1. P.		2. P.		3. P.	
Sg.	meus, -a, -um	mein	tuus, -a, -um	dein	*reflexiv:*	
					suus, sua, suum	sein(e) / ihr(e)
					nicht reflexiv:	
					eius, eius, eius	sein(e) / ihr(e)
Pl.	noster, nostra, nostrum	unser	vester, vestra, vestrum	euer	*reflexiv:*	
					suus, sua, suum	ihr(e)
					nicht reflexiv:	
					eōrum, eārum, eōrum	ihr(e)

Zur Deklination der Possesivpronomina siehe Tab. I_2 / I_3

II_3 Relativpronomen: quī, quae, quod

	m		f		n	
Nom. Sg.	quī	der	quae	die	quod	das
Gen. Sg.	cuius	dessen	cuius	deren	cuius	dessen
Dat. Sg.	cui	dem	cui	der	cui	dem
Akk. Sg.	quem	den	quam	die	quod	das
Abl. Sg.	quō*cum*	*mit* dem	quā*cum*	*mit* der	quō	*durch* das
Nom. Pl.	quī	die	quae	die	quae	die
Gen. Pl.	quōrum	deren	quārum	deren	quōrum	deren
Dat. Pl.	quibus	denen	quibus	denen	quibus	denen
Akk. Pl.	quōs	die	quās	die	quae	die
Abl. Pl.	quibus*cum*	*mit* denen	quibus*cum*	*mit* denen	quibus	*durch* die

II_4 Demonstrativpronomen: is, ea, id

	m		f		n	
Nom. Sg.	is	dieser	ea	diese	id	dieses
Gen. Sg.	eius	dieses	eius	dieser	eius	dieses
Dat. Sg.	eī	diesem	eī	dieser	eī	diesem
Akk. Sg.	eum	diesen	eam	diese	id	dieses
Abl. Sg.	*cum* eō	*mit* diesem	*cum* eā	*mit* dieser	eō	*durch* dieses
Nom. Pl.	iī / eī	diese	eae	diese	ea	diese
Gen. Pl.	eōrum	dieser	eārum	dieser	eōrum	dieser
Dat. Pl.	eīs / iīs	diesen	eīs / iīs	diesen	eīs / iīs	diesen
Akk. Pl.	eōs	diese	eās	diese	ea	diese
Abl. Pl.	*cum* eīs/iīs	*mit* diesen	*cum* eīs / iīs	*mit* diesen	eīs / iīs	*durch* diese

II$_5$ Demonstrativpronomen: hic, haec, hoc

	m		f		n	
Nom. Sg.	hic	dieser	haec	diese	hoc	dieses
Gen. Sg.	huius	dieses	huius	dieser	huius	dieses
Dat. Sg.	huic	diesem	huic	dieser	huic	diesem
Akk. Sg.	hunc	diesen	hanc	diese	hoc	dieses
Abl. Sg.	*cum* hōc	*mit* diesem	*cum* hāc	*mit* dieser	hōc	*durch* dieses
Nom. Pl.	hī	diese	hae	diese	haec	diese
Gen. Pl.	hōrum	dieser	hārum	dieser	hōrum	dieser
Dat. Pl.	hīs	diesen	hīs	diesen	hīs	diesen
Akk. Pl.	hōs	diese	hās	diese	haec	diese
Abl. Pl.	*cum* hīs	*mit* diesen	*cum* hīs	*mit* diesen	hīs	*durch* diese

II$_6$ Demonstrativpronomen: ille, illa, illud

	m		f		n	
Nom. Sg.	ille	jener	illa	jene	illud	jenes
Gen. Sg.	illīus	jenes	illīus	jener	illīus	jenes
Dat. Sg.	illī	jenem	illī	jener	illī	jenem
Akk. Sg.	illum	jenen	illam	jene	illud	jenes
Abl. Sg.	*cum* illō	*mit* jenem	*cum* illā	*mit* jener	illō	*durch* jenes
Nom. Pl.	illī	jene	illae	jene	illa	jene
Gen. Pl.	illōrum	jener	illārum	jener	illōrum	jener
Dat. Pl.	illīs	jenen	illīs	jenen	illīs	jenen
Akk. Pl.	illōs	jene	illās	jene	illa	jene
Abl. Pl.	*cum* illīs	*mit* jenen	*cum* illīs	*mit* jenen	illīs	*durch* jene

II$_7$ Demonstrativpronomen: ipse, ipsa, ipsum

	m selbst	f selbst	n selbst
Nom. Sg.	ipse	ipsa	ipsum
Gen. Sg.	ipsīus	ipsīus	ipsīus
Dat. Sg.	ipsī	ipsī	ipsī
Akk. Sg.	ipsum	ipsam	ipsum
Abl. Sg.	*cum* ipsō	*cum* ipsā	ipsō
Nom. Pl.	ipsī	ipsae	ipsa
Gen. Pl.	ipsōrum	ipsārum	ipsōrum
Dat. Pl.	ipsīs	ipsīs	ipsīs
Akk. Pl.	ipsōs	ipsās	ipsa
Abl. Pl.	*cum* ipsīs	*cum* ipsīs	ipsīs

Das deutsche Pronomen „selbst" ist indeklinabel, deshalb ist keine Übersetzung aufgeführt.

II_8 Demonstrativpronomen: īdem, eadem, idem

	m		f		n	
Nom. Sg.	īdem	derselbe	éadem	dieselbe	idem	dasselbe
Gen. Sg.	eiusdem	desselben	eiusdem	derselben	eiusdem	desselben
Dat. Sg.	eīdem	demselben	eīdem	derselben	eīdem	demselben
Akk. Sg.	eundem	denselben	eandem	dieselbe	idem	dasselbe
Abl. Sg.	*cum* eōdem	*mit* demselben	*cum* eādem	*mit* derselben	eōdem	*durch* dasselbe
Nom. Pl.	iīdem	dieselben	eaedem	dieselben	eadem	dieselben
Gen. Pl.	eōrundem	derselben	eārundem	derselben	eōrundem	derselben
Dat. Pl.	eīsdem (iīsdem)	denselben	eīsdem (iīsdem)	denselben	eīsdem (iīsdem)	denselben
Akk. Pl.	eōsdem	dieselben	eāsdem	dieselben	eadem	dieselben
Abl. Pl.	*cum* eīsdem (iīsdem)	*mit* denselben	*cum* eīsdem (iīsdem)	*mit* denselben	eīsdem (iīsdem)	*durch* dieselben

II_9 Indefinitpronomen: aliquis, aliquid (substantivisch)

	m / f		n	
Nom. Sg.	aliquis	irgendjemand	aliquid	irgendetwas
Gen. Sg.	alicuius	irgendjemandes	alicuius reī	irgendeiner Sache
Dat. Sg.	alicui	irgendjemandem	alicui reī	irgendeiner Sache
Akk. Sg.	aliquem	irgendjemanden	aliquid	irgendetwas
Abl. Sg.	*cum* aliquō	*mit* irgendjemandem	aliquā rē	*durch* irgendeine Sache

II_{10} Indefinitpronomen: aliquī, aliqua, aliquod (adjektivisch)

	Sg. irgendeiner, irgendeine, irgendein			Pl. irgendwelche		
	m	f	n	m	f	n
Nom. Sg.	aliquī	aliqua	aliquod	aliquī	aliquae	aliqua
Gen. Sg.		alicuius		aliquōrum	aliquārum	aliquōrum
Dat. Sg.		alicui			aliquibus	
Akk. Sg.	aliquem	aliquam	aliquod	aliquōs	aliquās	aliqua
Abl. Sg.	*cum* aliquō	*cum* aliquā	aliquō	*cum* aliquibus	*cum* aliquibus	aliquibus

II_{11} Indefinitpronomen: nēmō, nihil (substantivisch)

	m / f		n	
Nom. Sg.	nēmō	niemand	nihil	nichts
Gen. Sg.	nūllīus	niemandes	nūllīus reī	keiner Sache
Dat. Sg.	nēminī	niemandem	nūllī reī	keiner Sache
Akk. Sg.	nēminem	niemanden	nihil	nichts
Abl. Sg.	*ā* nūllō	*von* niemandem	nūllā rē	*durch* keine Sache

II_{12} Indefinitpronomen: nūllus, nūlla, nūllum (adjektivisch)

	Sg. keiner, keine, keines m	f	n	Pl. keine m	f	n
Nom. Sg.	nūllus	nūlla	nūllum	nūllī	nūllae	nūlla
Gen. Sg.		nūllīus		nūllōrum	nūllārum	nūllōrum
Dat. Sg.		nūllī			nūllīs	
Akk. Sg.	nūllum	nūllam	nūllum	nūllōs	nūllās	nūlla
Abl. Sg.	*ā* nūllō	*ā* nūllā	nūllō	*ā* nūllīs	*ā* nūllīs	nūllīs

II_{13} Pronominaladjektive: alius, sōlus, tōtus

	alius ein anderer			**sōlus** allein			**tōtus** ganz		
Nom. Sg.	alius	alia	aliu**d**	sōlus	sōla	sōlum	tōtus	tōta	tōtum
Gen. Sg.		alter**īus**			sōl**īus**			tōt**īus**	
Dat. Sg.		aliī			sōlī			tōtī	
Akk. Sg.	alium	aliam	aliu**d**	sōlum	sōlam	sōlum	tōtum	tōtam	tōtum
Abl. Sg.	aliō	aliā	aliō	sōlō	sōlā	sōlō	tōtō	tōtā	tōtō
Nom. Pl.	aliī	aliae	alia	sōlī	sōlae	sōla	tōtī	tōtae	tōta
Gen. Pl.	aliōrum	aliārum	aliōrum	sōlōrum	sōlārum	sōlōrum	tōtōrum	tōtārum	tōtōrum
Dat. Pl.		aliīs			sōlīs			tōtīs	
Akk. Pl.	aliōs	aliās	alia	sōlōs	sōlās	sōla	tōtōs	tōtās	tōta
Abl. Pl.		aliīs			sōlīs			tōtīs	

II_{14} Korrelativa

tant**us, -a, -um**	so groß	quant**us, -a, -um**	wie (groß)
tāl**is, -is, -e**	so (beschaffen)	quāl**is, -is, -e**	wie (beschaffen)
tot	so viele	quot	wie (viele)

Dekliniert werden *tantus* und *quantus* wie *māgnus*, *tālis* und *quālis* wie *omnis*; *tot* und *quot* sind indeklinabel.

III_1 Zahlwörter: Grundzahlen ūnus, duo, trēs

	ūnus eins			**duo** zwei			**trēs** drei		
Nom.	ūnus	ūna	ūnum	duo	duae	duo	trēs	trēs	tria
Gen.		ūn**īus**		duōrum	duārum	duōrum		trium	
Dat.		ūnī		duōbus	duābus	duōbus		tribus	
Akk.	ūnum	ūnam	ūnum	duōs	duās	duo	trēs	trēs	tria
Abl.	ūnō	ūnā	ūnō	duōbus	duābus	duōbus		tribus	

III$_2$ Zahlwörter: Grund- und Ordnungszahlen bis 1000

		Grundzahlen	Ordnungszahlen
1	I	ūnus, -a, -um	prīmus, -a, -um
2	II	duo, duae, duo	secundus, -a, -um
3	III	trēs, trēs, tria	tertius, -a, -um
4	IV	quattuor	quārtus, -a, -um
5	V	quīnque	quīntus, -a, -um
6	VI	sex	sextus, -a, -um
7	VII	septem	septimus, -a, -um
8	VIII	octō	octāvus, -a, -um
9	IX	novem	nōnus, -a, -um
10	X	decem	decimus, -a, -um
11	XI	undecim	undecimus, -a, -um
12	XII	duodecim	duodecimus, -a, -um
13	XIII	trēdecim	tertius decimus, -a, -um
14	XIV	quattuordecim	quārtus decimus, -a, -um
15	XV	quīndecim	quīntus decimus, -a, -um
16	XVI	sēdecim	sextus decimus, -a, -um
17	XVII	septendecim	septimus decimus, -a, -um
18	XVIII	duodēvīgintī	duodēvīcēsimus, -a, -um
19	XIX	undevīgintī	undēvīcēsimus, -a, -um
20	XX	vīgintī	vīcēsimus, -a, -um
30	XXX	trīgintā	trīcēsimus, -a, -um
40	XL	quadrāgintā	quadrāgēsimus, -a, -um
50	L	quīnquāgintā	quīnquāgēsimus, -a, -um
60	LX	sexāgintā	sexāgēsimus, -a, -um
70	LXX	septuāgintā	septuāgēsimus, -a, -um
80	LXXX	octōgintā	octōgēsimus, -a, -um
90	XC	nōnāgintā	nōnāgēsimus, -a, -um
100	C	centum	centēsimus, -a, -um
200	CC	ducentī, -ae, -a	ducentēsimus, -a, -um
300	CCC	trecentī, -ae, -a	trecentēsimus, -a, -um
400	CCCC	quadringentī, -ae, -a	quadringentēsimus, -a, -um
500	D	quīngentī, -ae, -a	quīngentēsimus, -a, -um
600	DC	sescentī, -ae, -a	sescentēsimus, -a, -um
700	DCC	septingentī, -ae, -a	septingentēsimus, -a, -um
800	DCCC	octingentī, -ae, -a	octingentēsimus, -a, -um
900	DCCCC	nōngentī, -ae, -a	nōngentēsimus, -a, -um
1000	M	mīlle	mīllēsimus, -a, -um

Konjugationen

IV$_1$ ā-, ē-, ī- und 3. Konjugation: Präsensstamm Aktiv

Präsens	ā-Konjug.	ē-Konjug.	ī-Konjug.	3. Konjug. konsonant.	3. Konjug. i-Stämme
Infinitiv	vocā-**re**	rīdē-**re**	audī-**re**	dūc-e-**re**	cape-**re**

Präsens Indikativ	ā-Konjug.	ē-Konjug.	ī-Konjug.	3. Konjug. konsonant.	3. Konjug. i-Stämme
1. P. Sg.	voc—**ō**	rīde-**ō**	audi-**ō**	dūc—**ō**	capi-**ō**
2. P. Sg.	vocā-**s**	rīdē-**s**	audī-**s**	dūc-i-**s**	capi-**s**
3. P. Sg.	voca-**t**	rīde-**t**	audi-**t**	dūc-i-**t**	capi-**t**
1. P. Pl.	vocā-**mus**	rīdē-**mus**	audī-**mus**	dūc-i-**mus**	capi-**mus**
2. P. Pl.	vocā-**tis**	rīdē-**tis**	audī-**tis**	dūc-i-**tis**	capi-**tis**
3. P. Pl.	voca-**nt**	rīde-**nt**	audi-u-**nt**	dūc-u-**nt**	capi-u-**nt**

Imperfekt Indikativ	ā-Konjug.	ē-Konjug.	ī-Konjug.	3. Konjug. konsonant.	3. Konjug. i-Stämme
1. P. Sg.	vocā-ba-**m**	rīdē-ba-**m**	audi-ēba-**m**	dūc-ēba-**m**	capi-ēba-**m**
2. P. Sg.	vocā-bā-**s**	rīdē-bā-**s**	audi-ēbā-**s**	dūc-ēbā-**s**	capi-ēbā-**s**
3. P. Sg.	vocā-ba-**t**	rīdē-ba-**t**	audi-ēba-**t**	dūc-ēba-**t**	capi-ēba-**t**
1. P. Pl.	vocā-bā-**mus**	rīdē-bā-**mus**	audi-ēbā-**mus**	dūc-ēbā-**mus**	capi-ēbā-**mus**
2. P. Pl.	vocā-bā-**tis**	rīdē-bā-**tis**	audi-ēbā-**tis**	dūc-ēbā-**tis**	capi-ēbā-**tis**
3. P. Pl.	vocā-ba-**nt**	rīdē-ba-**nt**	audi-ēba-**nt**	dūc-ēba-**nt**	capi-ēba-**nt**

Imperfekt Konjunktiv	ā-Konjug.	ē-Konjug.	ī-Konjug.	3. Konjug. konsonant.	3. Konjug. i-Stämme
1. P. Sg.	vocā-re-**m**	rīdē-re-**m**	audī-re-**m**	dūc-e-re-**m**	cape-re-**m**
2. P. Sg.	vocā-rē-**s**	rīdē-rē-**s**	audī-rē-**s**	dūc-e-rē-**s**	cape-rē-**s**
3. P. Sg.	vocā-re-**t**	rīdē-re-**t**	audī-re-**t**	dūc-e-re-**t**	cape-re-**t**
1. P. Pl.	vocā-rē-**mus**	rīdē-rē-**mus**	audī-rē-**mus**	dūc-e-rē-**mus**	cape-rē-**mus**
2. P. Pl.	vocā-rē-**tis**	rīdē-rē-**tis**	audī-rē-**tis**	dūc-e-rē-**tis**	cape-rē-**tis**
3. P. Pl.	vocā-re-**nt**	rīdē-re-**nt**	audī-re-**nt**	dūc-e-re-**nt**	cape-re-**nt**

Futur I	ā-Konjug.	ē-Konjug.	ī-Konjug.	3. Konjug. konsonant.	3. Konjug. i-Stämme
1. P. Sg.	vocā-b–**ō**	rīdē-b-**ō**	audi-a-**m**	dūc-a-**m**	capi-a-**m**
2. P. Sg.	vocā-bi-**s**	rīdē-bi-**s**	audi-ē-**s**	dūc-ē-**s**	capi-ē-**s**
3. P. Sg.	vocā-bi-**t**	rīdē-bi-**t**	audi-e-**t**	dūc-e-**t**	capi-e-**t**
1. P. Pl.	vocā-bi-**mus**	rīdē-bi-**mus**	audi-ē-**mus**	dūc-ē-**mus**	capi-ē-**mus**
2. P. Pl.	vocā-bi-**tis**	rīdē-bi-**tis**	audi-ē-**tis**	dūc-ē-**tis**	capi-ē-**tis**
3. P. Pl.	vocā-bu-**nt**	rīdē-bu-**nt**	audi-e-**nt**	dūc-e-**nt**	capi-e-**nt**

	ā-Konjug.	ē-Konjug.	ī-Konjug.	3. Konjug. konsonant.	3. Konjug. i-Stämme
Imp. Sg.	vocā!	rīdē!	audī!	dūc![1]	cape![1]
Imp. Pl.	vocā-**te**!	rīdē-**te**!	audī-**te**!	dūc-i-**te**!	cap-i-**te**!

1) Die Verben der 3. Konjugation erhalten – von wenigen Ausnahmen wie *dīcere*, *dūcere* und *facere* abgesehen – im Imperativ Singular die Endung -***e***.

IV$_2$ ā-, ē-, ī- und 3. Konjugation: Präsensstamm Passiv

Präsens	ā-Konjug.	ē-Konjug.	ī-Konjug.	3. Konjug. konsonant.	3. Konjug. i-Stämme
Infinitiv	vocā-**rī**	rīdē-**rī**	audī-**rī**	dūc-**ī**	cap-**ī**

Präsens Indikativ	ā-Konjug.	ē-Konjug.	ī-Konjug.	3. Konjug. konsonant.	3. Konjug. i-Stämme
1. P. Sg.	voc—**or**	rīde-**or**	audi-**or**	dūc—**ōr**	capi-**or**
2. P. Sg.	vocā-**ris**	rīdē-**ris**	audī-**ris**	dūc-e-**ris**	cape-**ris**
3. P. Sg.	vocā-**tur**	rīde-**tur**	audī-**tur**	dūc-i—**tur**	capi-**tur**
1. P. Pl.	vocā-**mur**	rīdē-**mur**	audī-**mur**	dūc-i—**mur**	capi-**mur**
2. P. Pl.	vocā-**minī**	rīdē-**minī**	audī-**minī**	dūc-i—**minī**	capi-**minī**
3. P. Pl.	voca-**ntur**	rīde-**ntur**	audi-u-**ntur**	dūc-u-**ntur**	capi-u-**ntur**

Imperfekt Indikativ	ā-Konjug.	ē-Konjug.	ī-Konjug.	3. Konjug. konsonant.	3. Konjug. i-Stämme
1. P. Sg.	vocā-ba-**r**	rīdē-ba-**r**	audi-ēba-**r**	dūc-ēba-**r**	capi-ēba-**r**
2. P. Sg.	vocā-bā-**ris**	rīdē-bā-**ris**	audi-ēbā-**ris**	dūc-ēbā-**ris**	capi-ēbā-**ris**
3. P. Sg.	vocā-bā-**tur**	rīdē-bā-**tur**	audi-ēbā-**tur**	dūc-ēbā-**tur**	capi-ēbā-**tur**
1. P. Pl.	vocā-bā-**mur**	rīdē-bā-**mur**	audi-ēbā-**mur**	dūc-ēbā-**mur**	capi-ēbā-**mur**
2. P. Pl.	vocā-bā-**minī**	rīdē-bā-**minī**	audi-ēbā-**minī**	dūc-ēbā-**minī**	capi-ēbā-**minī**
3. P. Pl.	vocā-ba-**ntur**	rīdē-ba-**ntur**	audi-ēba-**ntur**	dūc-ēba-**ntur**	capi-ēba-**ntur**

Imperfekt Konjunktiv	ā-Konjug.	ē-Konjug.	ī-Konjug.	3. Konjug. konsonant.	3. Konjug. i-Stämme
1. P. Sg.	vocā-re-**r**	rīdē-re-**r**	audī-re-**r**	dūc-e-re-**r**	cape-re-**r**
2. P. Sg.	vocā-rē-**ris**	rīdē-rē-**ris**	audī-rē-**ris**	dūc-e-rē-**ris**	cape-rē-**ris**
3. P. Sg.	vocā-rē-**tur**	rīdē-rē-**tur**	audī-rē-**tur**	dūc-e-rē-**tur**	cape-rē-**tur**
1. P. Pl.	vocā-rē-**mur**	rīdē-rē-**mur**	audī-rē-**mur**	dūc-e-rē-**mur**	cape-rē-**mur**
2. P. Pl.	vocā-rē-**minī**	rīdē-rē-**minī**	audī-rē-**minī**	dūc-e-rē-**minī**	cape-rē-**minī**
3. P. Pl.	vocā-re-**ntur**	rīdē-re-**ntur**	audī-re-**ntur**	dūc-e-re-**ntur**	cape-re-**ntur**

Futur I	ā-Konjug.	ē-Konjug.	ī-Konjug.	3. Konjug. konsonant.	3. Konjug. i-Stämme
1. P. Sg.	vocā-b—**or**	rīdē-b-**or**	audi-a-**r**	dūc-a-**r**	capi-a-**r**
2. P. Sg.	vocā-be-**ris**	rīdē-be-**ris**	audi-ē-**ris**	dūc-ē-**ris**	capi-ē-**ris**
3. P. Sg.	vocā-bi-**tur**	rīdē-bi-**tur**	audi-ē-**tur**	dūc-ē-**tur**	capi-ē-**tur**
1. P. Pl.	vocā-bi-**mur**	rīdē-bi-**mur**	audi-ē-**mur**	dūc-ē-**mur**	capi-ē-**mur**
2. P. Pl.	vocā-bi-**minī**	rīdē-bi-**minī**	audi-ē-**minī**	dūc-ē-**minī**	capi-ē-**minī**
3. P. Pl.	vocā-bu-**ntur**	rīdē-bu-**ntur**	audi-e-**ntur**	dūc-e-**ntur**	capi-e-**ntur**

IV₃ ā-, ē-, ī- und 3. Konjugation: Perfektstamm Aktiv

v-Perfekt	Perfekt Indikativ	Plqupf. Indikativ	Plqupf. Konjunktiv	Futur II
1. P. Sg.	vocāv-ī	vocāv-era-m	vocāv-isse-m	vocāv-er-ō
2. P. Sg.	vocāv-istī	vocāv-erā-s	vocāv-issē-s	vocāv-eri-s
3. P. Sg.	vocāv-it	vocāv-era-t	vocāv-isse-t	vocāv-eri-t
1. P. Pl.	vocāv-imus	vocāv-erā-mus	vocāv-issē-mus	vocāv-eri-mus
2. P. Pl.	vocāv-istis	vocāv-erā-tis	vocāv-issē-tis	vocāv-eri-tis
3. P. Pl.	vocāv-ērunt	vocāv-era-nt	vocāv-isse-nt	vocāv-eri-nt
	Perfekt Indikativ	**Plqupf. Indikativ**	**Plqupf. Konjunktiv**	**Futur II**
u-Perfekt	habu-ī	habu-era-m	habu-isse-m	habu-er-ō
s-Perfekt	scrīps-ī	scrīps-era-m	scrīps-isse-m	scrīps-er-ō
Reduplikation	cucurr-ī	cucurr-era-m	cucurr-isse-m	cucurr-er-ō
Dehnung	vīd-ī	vīd-era-m	vīd-isse-m	vīd-er-ō
unverändert	dēfend-ī	dēfend-era-m	dēfend-isse-m	dēfend-er-ō

IV₄ ā-, ē-, ī- und 3. Konjugation: Perfektstamm Passiv

PPP: -ātus	Perfekt Indikativ	Plqupf. Indikativ	Plqupf. Konjunktiv	Futur II
1. P. Sg.	vocātus sum	vocātus eram	vocātus essem	vocātus erō
2. P. Sg.	es	erās	essēs	eris
3. P. Sg.	est	erat	esset	erit
1. P. Pl.	vocātī sumus	vocātī erāmus	vocātī essēmus	vocātī erimus
2. P. Pl.	estis	erātis	essētis	eritis
3. P. Pl.	sunt	erant	essent	erunt
	Perfekt Indikativ	**Plqupf. Indikativ**	**Plqupf. Konjunktiv**	**Futur II**
PPP: -itus	monitus sum	monitus eram	monitus essem	monitus erō
PPP: -ītus	audītus sum	audītus eram	audītus essem	audītus erō
PPP: -sus	rīsus sum	rīsus eram	rīsus essem	rīsus erō

IV₅ Nominalformen des Verbs: Infinitive

Infinitiv	ā-Konjug.	ē-Konjug.	ī-Konjug.	3. Konjug. konsonant.	3. Konjug. i-Stämme
Präsens Aktiv	vocā-re	rīdē-re	audī-re	dūc-e-re	cape-re
Perfekt Aktiv	vocāv-isse	rīs-isse	audīv-isse	dūx-isse	cēp-isse
Präsens Passiv	vocā-rī	rīdē-rī	audī-rī	dūc-ī	cap-ī
Perfekt Passiv	vocā-tum esse	rī-sum esse	audī-tum esse	duc-tum esse	cap-tum esse

IV₆ Nominalformen des Verbs: Partizipien

Partizip	ā-Konjug.	ē-Konjug.	ī-Konjug.	3. Konjug. konsonant.	3. Konjug. i-Stämme
PPA[1]	vocā-ns voca-nt-is	rīdē-ns rīde-nt-is	audiē-ns audie-nt-is	dūcē-ns dūce-nt-is	capiē-ns capie-nt-is
PPP	vocā-tus, -ta, -tum	rī-sus, -sa, -sum	audī-tus, -ta, -tum	duc-tus, -ta, -tum	cap-tus, -ta, -tum

1) Die Endung im Ablativ Singular lautet *-e*, im Genitiv Plural *-ium*, im Nominativ und Akkusativ Plural Neutrum *-ia*.

V_1 Stammformen der Verben mit v-Perfekt

ā-Konjugation

amāre	amō	amāvī	amātum	lieben, (gerne) mögen

In gleicher Weise werden die Stammformen der meisten Verben der ā-Konjugation gebildet.

ē-Konjugation

complēre	compleō	complēvī	complētum	ausfüllen, anfüllen
explēre	expleō	explēvī	explētum	ausfüllen, erfüllen
implēre	impleō	implēvī	implētum	anfüllen, erfüllen
dēlēre	dēleō	dēlēvī	dēlētum	zerstören, vernichten
flēre	fleō	flēvī	flētum	weinen; beklagen

ī-Konjugation

audīre	audiō	audīvī	audītum	hören, anhören
custodīre	custodiō	custodīvī	custodītum	bewachen, behüten
dormīre	dormiō	dormīvī	–	schlafen
expedīre	expediō	expedīvī	expedītum	losbinden, befreien; kampfbereit machen
impedīre	impediō	impedīvī	impedītum	hindern, verhindern; behindern
fīnīre	fīniō	fīnīvī	fīnītum	beenden; begrenzen
mūnīre	mūniō	mūnīvī	mūnītum	befestigen; bauen
pūnīre	pūniō	pūnīvī	pūnītum	strafen, bestrafen
scīre	sciō	scīvī	scītum	wissen, kennen

3. Konjugation (Konsonantenstämme)

arcessere	arcessō	arcessīvī	arcessītum	herbeirufen, holen, holen lassen
cognōscere	cognōscō	cognōvī	cognitum	kennenlernen, erkennen; erfahren
īgnōscere	īgnōscō	īgnōvī	–	verzeihen
crēscere	crēscō	crēvī	–	wachsen; zunehmen
dēcernere	dēcernō	dēcrēvī	dēcrētum	beschließen, entscheiden
petere	petō	petīvī	petītum	bitten; erstreben; aufsuchen; angreifen
quaerere	quaerō	quaesīvī	quaesītum	suchen; fragen
quiēscere	quiēscō	quiēvī	–	ruhen, sich ausruhen
sinere	sinō	sīvī	situm	lassen, zulassen, erlauben
dēsinere	dēsinō	dēsiī	dēsitum	ablassen, aufhören
spernere	spernō	sprēvī	sprētum	verschmähen, verachten

3. Konjugation (i-Stämme)

cupere	cupiō	cupīvī	cupītum	wünschen, wollen, begehren

V₂ Stammformen der Verben mit u-Perfekt

ā-Konjugation

secāre	secō	secuī	sectum	schneiden; abschneiden, abtrennen
vetāre	vetō	vetuī	vetitum	verbieten

ē-Konjugation

carēre *(m. Abl.)*	careō	caruī	–	entbehren, nicht haben; frei sein von
cēnsēre	cēnseō	cēnsuī	cēnsum	meinen, schätzen, einschätzen
docēre	doceō	docuī	doctum	lehren; deutlich machen
dolēre	doleō	doluī	–	Schmerz empfinden
egēre *(m. Abl.)*	egeō	eguī	–	bedürfen, brauchen; nicht haben
exercēre	exerceō	exercuī	exercitum	üben, trainieren, ausbilden
habēre	habeō	habuī	habitum	haben; halten
adhibēre	adhibeō	adhibuī	adhibitum	anwenden; hinzuziehen
dēbēre	dēbeō	dēbuī	dēbitum	müssen; schulden
praebēre	praebeō	praebuī	praebitum	darreichen, gewähren
prohibēre	prohibeō	prohibuī	prohibitum	abhalten, hindern, verhindern
iacēre	iaceō	iacuī	–	liegen
latēre	lateō	latuī	–	verborgen sein
merēre	mereō	meruī	meritum	verdienen
monēre	moneō	monuī	monitum	mahnen, ermahnen; erinnern; warnen
nocēre	noceō	nocuī	–	schaden
pārēre	pāreō	pāruī	–	gehorchen, folgen
appārēre	appāreō	appāruī	–	erscheinen, sich zeigen
patēre	pateō	patuī	–	offenstehen
placēre	placeō	placuī	placitum	gefallen
studēre	studeō	studuī	–	sich bemühen (um); streben nach; wollen; sich (wissenschaftlich) beschäftigen mit
tacēre	taceō	tacuī	–	still sein, schweigen
tenēre	teneō	tenuī	–	halten, festhalten
obtinēre	obtineō	obtinuī	–	innehaben, besetzt halten
pertinēre	pertineō	pertinuī	–	sich erstrecken, sich beziehen
retinēre	retineō	retinuī	–	zurückhalten, behalten
sustinēre	sustineō	sustinuī	–	aushalten, ertragen
terrēre *(m. Akk.)*	terreō	terruī	territum	erschrecken
timēre	timeō	timuī	–	fürchten, sich fürchten
valēre	valeō	valuī	–	gesund sein; gelten, Einfluss haben

ī-Konjugation

aperīre	aperiō	aperuī	apertum	öffnen; eröffnen *(mit Worten)*
salīre	saliō	saluī	–	springen

3. Konjugation (Konsonantenstämme)

alere	alō	aluī	al(i)tum	aufziehen, ernähren; vergrößern
colere	colō	coluī	cultum	bewirtschaften, pflegen; verehren
cōnsulere	cōnsulō	cōnsuluī	cōnsultum	(*m. Dat.*) sorgen für; (*m. Akk.*) um Rat fragen; (*m.* dē) beraten über
dēserere	dēserō	dēseruī	dēsertum	verlassen, im Stich lassen
pōnere	pōnō	posuī	positum	setzen, stellen, legen
compōnere	compōnō	composuī	compositum	ordnen; vergleichen; verfassen
dēpōnere	dēpōnō	dēposuī	dēpositum	ablegen, niederlegen
impōnere	impōnō	imposuī	impositum	hineinstellen, auferlegen

3. Konjugation (i-Stämme)

rapere	rapiō	rapuī	raptum	rauben; mit sich reißen
ēripere	ēripiō	ēripuī	ēreptum	entreißen

V_3 Stammformen der Verben mit s-Perfekt

ē-Konjugation

ārdēre	ārdeō	ārsī	–	brennen, glühen
augēre	augeō	auxī	auctum	vermehren, vergrößern
iubēre *(m. Akk.)*	iubeō	iussī	iussum	befehlen
manēre	maneō	mānsī	–	bleiben, warten, erwarten
rīdēre	rīdeō	rīsī	rīsum	lachen; auslachen
suādēre	suādeō	suāsī	suāsum	raten, empfehlen

ī-Konjugation

sentīre	sentiō	sēnsī	sēnsum	fühlen, meinen; spüren

3. Konjugation (Konsonantenstämme)

cēdere	cēdō	cessī	cessum	gehen; weichen
accēdere	accēdō	accessī	accessum	herankommen, herantreten, sich nähern
concēdere	concēdō	concessī	concessum	weichen, nachgeben; erlauben, zugestehen
dēcēdere	dēcēdō	dēcessī	dēcessum	weggehen; sterben
discēdere	discēdō	discessī	discessum	auseinandergehen, weggehen

prōcēdere	prōcēdō	prōcessī	prōcessum	vorwärtsschreiten, vorrücken; Fortschritte machen
cingere	cingō	cīnxī	cīnctum	umgeben, umzingeln
claudere	claudō	clausī	clausum	schließen, einschließen, versperren
contemnere	contemnō	contempsī	contemptum	verachten, gering schätzen
dīcere	dīcō	dīxī	dictum	sagen, sprechen
indīcere	indīcō	indīxī	indictum	ansagen, ankündigen
dūcere	dūcō	dūxī	ductum	führen; *(m. dopp. Akk.)* halten für
abdūcere	abdūcō	abdūxī	abductum	wegführen, entführen, verschleppen
addūcere	addūcō	addūxī	adductum	heranführen; veranlassen
condūcere	condūcō	condūxī	conductum	zusammenführen; anwerben, mieten
dēdūcere	dēdūcō	dēdūxī	dēductum	hinabführen, wegführen, geleiten
ēdūcere	ēdūcō	ēdūxī	ēductum	herausführen, hinausführen
indūcere	indūcō	indūxī	inductum	hineinführen; veranlassen
redūcere	redūcō	redūxī	reductum	zurückführen
trādūcere	trādūcō	trādūxī	trāductum	hinüberführen
dīvidere	dīvidō	dīvīsī	dīvīsum	teilen, trennen
exstinguere	exstinguō	exstīnxī	exstīnctum	(aus)löschen; vernichten
exstruere	exstruō	exstrūxī	exstrūctum	aufhäufen; errichten, bauen, erbauen
fīgere	fīgō	fīxī	fīxum	befestigen
fingere	fingō	fīnxī	fictum	formen, gestalten; sich ausdenken; erlügen
gerere	gerō	gessī	gestum	tragen; führen, ausführen
intellegere	intellegō	intellēxī	intellēctum	verstehen, einsehen
neglegere	neglegō	neglēxī	neglēctum	vernachlässigen, gering schätzen
invādere	invādō	invāsī	invāsum	eindringen; befallen; angreifen
mittere	mittō	mīsī	missum	schicken, senden
admittere	admittō	admīsī	admissum	zulassen
āmittere	āmittō	āmīsī	āmissum	verlieren
committere	committō	commīsī	commissum	begehen; anvertrauen
dīmittere	dīmittō	dīmīsī	dīmissum	entsenden, wegschicken, entlassen
permittere	permittō	permīsī	permissum	erlauben, überlassen
prōmittere	prōmittō	prōmīsī	prōmissum	versprechen
nūbere *(m. Dat.)*	nūbō	nūpsī	nūptum	*(einen Mann)* heiraten

premere	premō	pressī	pressum	drücken, unterdrücken, bedrängen
opprimere	opprimō	oppressī	oppressum	überfallen, überwältigen niederwerfen; unterdrücken
regere	regō	rēxī	rēctum	lenken, leiten; herrschen
pergere	pergō	perrēxī	perrēctum	fortfahren *(zu tun)*, fortsetzen; aufbrechen
surgere	surgō	surrēxī	surrēctum	aufstehen, sich erheben
scrībere	scrībō	scrīpsī	scrīptum	schreiben
spargere	spargō	sparsī	sparsum	streuen, ausstreuen
sūmere	sūmō	sūmpsī	sūmptum	nehmen
tegere	tegō	tēxī	tēctum	bedecken, schützen, verbergen
prōtegere	prōtegō	prōtēxī	prōtēctum	bedecken, schützen
vīsere	vīsō	vīsī	–	besuchen, besichtigen
vīvere	vīvō	vīxī	–	leben

3. Konjugation (i-Stämme)

circumspicere	circumspiciō	circumspexī	circumspectum	umherblicken
cōnspicere	cōnspiciō	cōnspexī	cōnspectum	ansehen, erblicken
īnspicere	īnspiciō	īnspexī	īnspectum	hineinblicken, betrachten
respicere	respiciō	respexī	respectum	zurückblicken, berücksichtigen

V_4 Stammformen der Verben mit Reduplikationsperfekt

ā-Konjugation

dare	dō	dedī	datum	geben
circumdare	circumdō	circumdedī	circumdatum	umzingeln, umschließen
stāre	stō	stetī	–	stehen, dastehen
īnstāre	īnstō	īnstitī	–	bevorstehen, drohen
obstāre	obstō	obstitī	–	im Weg stehen, hindern
praestāre	praestō	praestitī	–	*(m. Dat.)* übertreffen; *(m. Akk.)* erfüllen, erweisen
restāre	restō	restitī	–	übrig bleiben; Widerstand leisten

ē-Konjugation

pendēre	pendeō	pependī	–	hängen, schweben; abhängen von
impendēre	impendeō	–	–	hängen (über), drohen, bevorstehen
respondēre	respondeō	respondī	respōnsum	antworten

ī-Konjugation

comperīre	comperiō	cómperī	compertum	erfahren, in Erfahrung bringen
reperīre	reperiō	répperī	repertum	finden, wiederfinden

3. Konjugation (Konsonantenstämme)

cadere	cadō	cécidī	–	fallen
accidere	accidō	áccidi	–	sich ereignen; zustoßen
occidere	óccidō	óccidī	–	untergehen; umkommen, sterben
caedere	caedō	cecīdī	caesum	niederschlagen, töten
occīdere	occīdō	occīdī	occīsum	niederschlagen, töten
canere	canō	cecinī	–	singen; *(ein Instrument)* spielen
currere	currō	cucurrī	cursum	laufen, rennen
concurrere	concurrō	concurrī	concursum	zusammenlaufen
occurrere	occurrō	occurrī	occursum	entgegenlaufen, entgegentreten, begegnen
succurrere	succurrō	succurrī	succursum	zu Hilfe eilen
(dare	dō	dedī	datum	geben)
addere	addō	addidī	additum	hinzufügen
condere	condō	condidī	conditum	verwahren, bergen; bauen, gründen
dēdere	dēdō	dēdidī	dēditum	ausliefern, übergeben
crēdere	crēdō	crēdidī	crēditum	glauben; (an)vertrauen
perdere	perdō	perdidī	perditum	zugrunde richten, umbringen; verlieren
reddere	reddō	reddidī	redditum	zurückgeben; *(m. dopp. Akk.)* machen zu
trādere	trādō	trādidī	trāditum	übergeben; überliefern
discere	discō	didicī	–	lernen
fallere	fallō	fefellī	–	täuschen; unbemerkt bleiben
parcere *(m. Dat.)*	parcō	pepercī	–	schonen, sparen
pellere	pellō	pepulī	pulsum	schlagen, stoßen; treiben, vertreiben
impellere	impellō	impulī	impulsum	antreiben, veranlassen
expellere	expellō	expulī	expulsum	vertreiben, verjagen, verbannen
pōscere *(m. Akk.)*	pōscō	popōscī	–	fordern
sistere	sistō	stitī	–	stehen, stehen bleiben; hinstellen
resistere	resistō	restitī	–	sich widersetzen, Widerstand leisten
tangere	tangō	tetigī	tāctum	berühren; erreichen
contingere	contingō	contigī	contāctum	berühren; gelingen

tendere	tendō	tetendī	tentum	spannen, strecken, richten
contendere	contendō	contendī	contentum	sich anstrengen; kämpfen; eilen; behaupten
intendere	intendō	intendī	intentum	anspannen; richten
tollere	tollō	sustulī	sublātum	hochheben, aufheben; beseitigen, wegnehmen

3. Konjugation (i-Stämme)

parere	pariō	peperī	partum	zur Welt bringen, erzeugen; erringen, erwerben

V_5 Stammformen der Verben mit Dehnungsperfekt

ā-Konjugation

iuvāre *(m. Akk.)*	iuvō	iūvī	iūtum	helfen, unterstützen; erfreuen
adiuvāre *(m. Akk.)*	adiuvō	adiūvī	adiūtum	helfen, unterstützen
lavāre	lavō	lāvī	–	waschen

ē-Konjugation

cavēre *(m. Akk.)*	caveō	cāvī	cautum	sich hüten *(vor)*, sich in Acht nehmen *(vor)*
favēre *(m. Dat.)*	faveō	fāvī	fautum	begünstigen, gewogen sein
movēre	moveō	mōvī	mōtum	bewegen; erregen
commovēre	commoveō	commōvī	commōtum	bewegen, beunruhigen, veranlassen
permovēre	permoveō	permōvī	permōtum	bewegen, beunruhigen, veranlassen
sedēre	sedeō	sēdī	sessum	sitzen, dasitzen
obsidēre	obsideō	obsēdī	obsessum	belagern; besetzt halten
possidēre	possideō	possēdī	possessum	besitzen
vidēre	videō	vīdī	vīsum	sehen
prōvidēre	prōvideō	prōvīdī	prōvīsum	*(m. Akk.)* vorhersehen; *(m. Dat.)* sorgen für

ī-Konjugation

venīre	veniō	vēnī	ventum	kommen
convenīre	conveniō	convēnī	conventum	zusammenkommen; treffen; besuchen
ēvenīre	ēveniō	ēvēnī	ēventum	sich ereignen
invenīre	inveniō	invēnī	inventum	finden, auffinden, erfinden
pervenīre	perveniō	pervēnī	perventum	kommen zu / nach, gelangen

3. Konjugation (Konsonantenstämme)

agere	agō	ēgī	āctum	tun; handeln, verhandeln; treiben
cōgere	cōgō	coēgī	coāctum	versammeln; zwingen
cōnsīdere	cōnsīdō	cōnsēdī	cōnsessum	sich setzen, sich niederlassen
emere	emō	ēmī	ēmptum	kaufen
frangere	frangō	frēgī	frāctum	brechen, *(etw.)* zerbrechen
fundere	fundō	fūdī	fūsum	gießen, ausschütten; verjagen
legere	legō	lēgī	lēctum	lesen; sammeln
colligere	colligō	collēgī	collēctum	sammeln
dēligere	dēligō	dēlēgī	dēlēctum	auslesen, auswählen
ēligere	ēligō	ēlēgī	ēlēctum	auslesen, auswählen
relinquere	relinquō	relīquī	relictum	verlassen, zurücklassen
vincere	vincō	vīcī	victum	siegen, besiegen

3. Konjugation (i-Stämme)

capere	capiō	cēpī	captum	fassen, ergreifen; einnehmen
accipere	accipiō	accēpī	acceptum	annehmen, empfangen; vernehmen
dēcipere	dēcipiō	dēcēpī	dēceptum	täuschen, betrügen
excipere	excipiō	excēpī	exceptum	ausnehmen, herausnehmen, aufnehmen
incipere	incipiō	coepī	coeptum	anfangen, beginnen
recipere	recipiō	recēpī	receptum	zurücknehmen, aufnehmen
suscipere	suscipiō	suscēpī	susceptum	auf sich nehmen, unternehmen
facere	faciō	fēcī	factum	machen, tun; *(m. dopp. Akk.)* machen zu
afficere	afficiō	affēcī	affectum	versehen mit
cōnficere	cōnficiō	cōnfēcī	cōnfectum	anfertigen, vollenden; aufreiben
dēficere *(m. Akk.; ā m. Abl.)*	dēficiō	dēfēcī	dēfectum	ausgehen; fehlen; abfallen *(von)*
efficere	efficiō	effēcī	effectum	durchsetzen, bewirken, vollenden
interficere	interficiō	interfēcī	interfectum	töten, vernichten
fugere *(m. Akk.)*	fugiō	fūgī	–	fliehen (*vor*); meiden
effugere *(m. Akk.)*	effugiō	effūgī	–	entkommen
iacere	iaciō	iēcī	iactum	werfen, schleudern; *(etw.)* hinabstürzen
conicere	coniciō	coniēcī	coniectum	zusammenwerfen; werfen, schleudern; vermuten
ēicere	ēiciō	ēiēcī	ēiectum	hinauswerfen, vertreiben
inicere	iniciō	iniēcī	iniectum	hineinwerfen; einjagen
subicere	subiciō	subiēcī	subiectum	unterwerfen

V_6 Stammformen der Verben mit Perfekt ohne Stammveränderung

3. Konjugation (Konsonantenstämme)

ascendere	ascendō	ascendī	ascēnsum	hinaufsteigen, besteigen
dēscendere	dēscendō	dēscendī	dēscēnsum	herabsteigen, hinabsteigen
bibere	bibō	bibī	–	trinken
comprehendere	comprehendō	comprehendī	comprehēnsum	ertappen; ergreifen; begreifen
dēfendere	dēfendō	dēfendī	dēfēnsum	abwehren; verteidigen
incendere	incendō	incendī	incēnsum	entflammen, in Brand setzen
metuere	metuō	metuī	–	fürchten, sich fürchten
minuere	minuō	minuī	minūtum	vermindern, verringern
ruere	ruō	ruī	–	stürzen, sich stürzen, eilen; einstürzen
solvere	solvō	solvī	solūtum	lösen, losbinden; befreien; zahlen
statuere	statuō	statuī	statūtum	aufstellen; festsetzen; beschließen
cōnstituere	cōnstituō	cōnstituī	cōnstitūtum	aufstellen; festsetzen; beschließen
restituere	restituō	restituī	restitūtum	wiederherstellen
tribuere	tribuō	tribuī	tribūtum	zuteilen
vertere	vertō	vertī	versum	drehen, wenden
animadvertere	animadvertō	animadvertī	animadversum	wahrnehmen, bemerken; (in *m. Akk.*) vorgehen gegen, bestrafen
āvertere	āvertō	āvertī	āversum	abwenden, entfernen
convertere	convertō	convertī	conversum	wenden, verwandeln; übersetzen
ēvertere	ēvertō	ēvertī	ēversum	umstürzen, zerstören
volvere	volvō	volvī	volūtum	wälzen, rollen; überlegen

V_7 Unpersönliche Ausdrücke

(licēre)	**licet**	licuit	–	es ist möglich, es ist erlaubt
(apparēre)	**appāret**	appāruit	–	es ist offensichtlich, klar
(placēre)	**placet**	placuit	–	es gefällt zu ... *(mit Inf.)*
(cōnstāre)	**cōnstat**	cōnstitit	–	es steht fest, ist bekannt
(accidere)	**áccidit**	áccidit	–	es ereignet sich; es stößt zu
(contingere)	**contingit**	cóntigit	–	es gelingt, es glückt
(ēvenīre)	**ēvenit**	ēvēnit	–	es ereignet sich

VI_1 Sonderkonjugation: esse – sein

Inf. Präsens es-**se**	Präsens Indikativ	Imperfekt Indikativ	Imperfekt Konjunktiv	Futur I
1. P. Sg.	s-u-**m**	er-a-**m**	es-se-**m**	er—**ō**
2. P. Sg.	e—**s**	er-ā-**s**	es-sē-**s**	er-i-**s**
3. P. Sg.	es—**t**	er-a-**t**	es-se-**t**	er-i-**t**
1. P. Pl.	s-u-**mus**	er-ā-**mus**	es-sē-**mus**	er-i-**mus**
2. P. Pl.	es—**tis**	er-ā-**tis**	es-sē-**tis**	er-i-**tis**
3. P. Pl.	s-u-**nt**	er-a-**nt**	es-se-**nt**	er-u-**nt**
Inf. Perfekt fu-**isse**	**Perfekt Indikativ**	**Plusquamperfekt Indikativ**	**Plusquamperfekt Konjunktiv**	**Futur II**
1. P. Sg.	fu-**ī**	fu-era-**m**	fu-isse-**m**	fu-er–**ō**
2. P. Sg.	fu-**istī**	fu-erā-**s**	fu-issē-**s**	fu-eri-**s**
3. P. Sg.	fu-**it**	fu-era-**t**	fu-isse-**t**	fu-eri-**t**
1. P. Pl.	fu-**imus**	fu-erā-**mus**	fu-issē-**mus**	fu-eri-**mus**
2. P. Pl.	fu-**istis**	fu-erā-**tis**	fu-issē-**tis**	fu-eri-**tis**
3. P. Pl.	fu-**ērunt**	fu-era-**nt**	fu-isse-**nt**	fu-eri-**nt**

Imperativ
Sg. es! Pl. es-**te!**

Die Komposita von esse

abesse	absum	āfuī	fort sein, weg sein; fehlen
adesse	adsum	affuī / adfuī	da sein; helfen
dēesse	dēsum	dēfuī	fehlen
interesse *(m. Dat.)*	intersum	interfuī	dazwischen sein; teilnehmen *(an)*

VI_2 Sonderkonjugation: posse – können; vermögen

Inf. Präsens pos-**se**	Präsens Indikativ	Imperfekt Indikativ	Imperfekt Konjunktiv	Futur I
1. P. Sg.	pos-s-u-**m**	pot-era-**m**	pos-se-**m**	pot-er-**ō**
2. P. Sg.	pot-e-**s**	pot-erā-**s**	pos-sē-**s**	pot-eri-**s**
3. P. Sg.	pot-es-**t**	pot-era-**t**	pos-se-**t**	pot-eri-**t**
1. P. Pl.	pos-s-u-**mus**	pot-erā-**mus**	pos-sē-**mus**	pot-eri-**mus**
2. P. Pl.	pot-es-**tis**	pot-erā-**tis**	pos-sē-**tis**	pot-eri-**tis**
3. P. Pl.	pos-s-u-**nt**	pot-era-**nt**	pos-se-**nt**	pot-eru-**nt**
Inf. Perfekt potu-**isse**	**Perfekt Indikativ**	**Plusquamperfekt Indikativ**	**Plusquamperfekt Konjunktiv**	**Futur II**
1. P. Sg.	potu-**ī**	potu-era-**m**	potu-isse-**m**	potu-er–**ō**
2. P. Sg.	potu-**istī**	potu-erā-**s**	potu-issē-**s**	potu-eri-**s**
3. P. Sg.	potu-**it**	potu-era-**t**	potu-isse-**t**	potu-eri-**t**
1. P. Pl.	potu-**imus**	potu-erā-**mus**	potu-issē-**mus**	potu-eri-**mus**
2. P. Pl.	potu-**istis**	potu-erā-**tis**	potu-issē-**tis**	potu-eri-**tis**
3. P. Pl.	potu-**ērunt**	potu-era-**nt**	potu-isse-**nt**	potu-eri-**nt**

VI₃ Sonderkonjugation: velle – wollen

Inf. Präsens vel-**le**	Präsens Indikativ	Imperfekt Indikativ	Imperfekt Konjunktiv	Futur I
1. P. Sg.	vol—**ō**	vol-ēba-**m**	vel-le-**m**	vol-a-**m**
2. P. Sg.	vī—**s**	vol-ēbā-**s**	vel-lē-**s**	vol-ē-**s**
3. P. Sg.	vul—**t**	vol-ēba-**t**	vel-le-**t**	vol-e-**t**
1. P. Pl.	vol-u-**mus**	vol-ēbā-**mus**	vel-lē-**mus**	vol-ē-**mus**
2. P. Pl.	vul—**tis**	vol-ēbā-**tis**	vel-lē-**tis**	vol-ē-**tis**
3. P. Pl.	vol-u-**nt**	vol-ēba-**nt**	vel-le-**nt**	vol-e-**nt**
Inf. Perfekt volu-**isse**	**Perfekt Indikativ**	**Plusquamperfekt Indikativ**	**Plusquamperfekt Konjunktiv**	**Futur II**
1. P. Sg.	volu-**ī**	volu-era-**m**	volu-isse-**m**	volu-**er-ō**
2. P. Sg.	volu-**istī**	volu-erā-**s**	volu-issē-**s**	volu-**eri-s**
3. P. Sg.	volu-**it**	volu-era-**t**	volu-isse-**t**	volu-**eri-t**
1. P. Pl.	volu-**imus**	volu-erā-**mus**	volu-issē-**mus**	volu-**eri-mus**
2. P. Pl.	volu-**istis**	volu-erā-**tis**	volu-issē-**tis**	volu-**eri-tis**
3. P. Pl.	volu-**ērunt**	volu-era-**nt**	volu-isse-**nt**	volu-**eri-nt**
PPA				
volē-**ns**, vole-**nt-is**				

VI₄ Sonderkonjugation: īre – gehen

Inf. Präsens ī-**re**	Präsens Indikativ	Imperfekt Indikativ	Imperfekt Konjunktiv	Futur I
1. P. Sg.	e—**ō**	ī-ba-**m**	ī-re-**m**	ī-b–**ō**
2. P. Sg.	ī—**s**	ī-bā-**s**	ī-rē-**s**	ī-bi-**s**
3. P. Sg.	i—**t**	ī-ba-**t**	ī-re-**t**	ī-bi-**t**
1. P. Pl.	ī—**mus**	ī-bā-**mus**	ī-rē-**mus**	ī-bi-**mus**
2. P. Pl.	ī—**tis**	ī-bā-**tis**	ī-rē-**tis**	ī-bi-**tis**
3. P. Pl.	e-*u*-**nt**	ī-ba-**nt**	ī-re-**nt**	ī-bu-**nt**
Inf. Perfekt ī-**sse**	**Perfekt Indikativ**	**Plusquamperfekt Indikativ**	**Plusquamperfekt Konjunktiv**	**Futur II**
1. P. Sg.	i-**ī**	i-era-**m**	īsse-**m**	i-**er-ō**
2. P. Sg.	**īstī**	i-erā-**s**	īssē-**s**	i-**eri-s**
3. P. Sg.	i-**it**	i-era-**t**	īsse-**t**	i-**eri-t**
1. P. Pl.	i-**imus**	i-erā-**mus**	īssē-**mus**	i-**eri-mus**
2. P. Pl.	**īstis**	i-erā-**tis**	īssē-**tis**	i-**eri-tis**
3. P. Pl.	i-**ērunt**	i-era-**nt**	īsse-**nt**	i-**eri-nt**
Imperativ		**PPA**	**PPP**	
Sg. ī!	Pl. ī-**te**!	i*ē*-**ns**, *eu*-**nt-is**	i-**tum**	

Die Komposita von īre

abīre	abeō	abiī	abitum	weggehen; abtreten; zurücktreten (von)
adīre	adeō	adiī	aditum	herangehen, aufsuchen; auf sich nehmen; angreifen
exīre	exeō	exiī	exitum	herausgehen, verlassen; ausrücken
inīre	ineō	iniī	initum	hineingehen, betreten; beginnen
perīre	pereō	periī	–	zugrunde gehen, umkommen
praeterīre	praetereō	praeteriī	praeteritum	*(m. Akk.)* vorübergehen, vorbeigehen; verstreichen
prodīre	prodeō	prodiī	proditum	vortreten, auftreten
redīre	redeō	rediī	reditum	zurückgehen, zurückkehren
subīre	subeō	subiī	subitum	auf sich nehmen
trānsīre *(m. Akk.)*	trānseō	trānsiī	trānsitum	hinübergehen, überschreiten

VII Präpositionen

Präposition	örtlich	zeitlich	übertragen
1. Präposition mit Genitiv			
causā (*nachgestellt*)	–	–	um ... willen, wegen
2. Präpositionen mit Akkusativ			
ad	zu (... hin); bei	–	zu
ante	vor	vor	–
apud	bei	–	–
circum	rings um, um ... herum	–	–
contrā	–	–	gegen
inter	zwischen	während	unter
per	durch (... hindurch); über	hindurch (lang)	durch
post	nach; hinter	nach	–
prope	nahe bei	–	–
propter	–	–	wegen
3. Präpositionen mit Ablativ			
ā / ab	von, von ... her, von ... weg	von	–
cum	mit	–	(zusammen) mit
dē	von ... herab; von	–	von, über
ē / ex	aus, aus ... heraus	seit	–
sine	–	–	ohne
4. Präpositionen mit Akkusativ oder Ablativ			
in *(m. Akk.)*	in (... hinein); auf; nach *(Frage: wohin?)*	–	gegen, gegenüber
in *(m. Abl.)*	in, an, auf, bei *(Frage: wo?)*	in	–
sub *(m. Abl.)*	unter *(Frage: wo?)*	–	–

VIII₁ Konjunktionen in der Satzreihe

atque / ac	und, und auch	*anreihend*
et	und	
et ... et	sowohl ... als auch	
etiam	auch; sogar	
neque / nec	und nicht, auch nicht, aber nicht	
neque ... neque / nec ... nec	weder ... noch	
-que *(angehängt)*	und	
quoque (*nachgestellt*)	auch	
deinde	hierauf, dann	*anschließend*
inde	von da an; daraufhin	
tum	dann, darauf; da; damals	
at	aber, jedoch	*entgegensetzend*
autem *(nachgestellt)*	aber, jedoch	
sed	aber, jedoch; sondern	
tamen	dennoch, jedoch	
aut	oder	*ausschließend*
aut ... aut	entweder ... oder	
vel	oder	
ergō	also, folglich	*folgernd*
inde	daher	
itaque	daher, deshalb	
enim *(nachgestellt)*	denn, nämlich	*begründend*
nam	denn, nämlich	

VIII₂ Subjunktionen im Satzgefüge

antequam	ehe, bevor	*Angabe der Zeit*
cum *(m. Ind.)*	(immer) wenn; als (plötzlich)	
cum *(m. Konj.)*	als, nachdem	
dum	solange, solange bis	
dum *(m. Präs.)*	während	
postquam *(m. Perf.)*	nachdem	
ubī / ut *(m. Ind.)*	sobald	
cum *(m. Konj.)*	da, weil	*Angabe des Grundes*
quia / quod	weil	
nisī	wenn nicht; außer	*Angabe der Bedingung*
sī	wenn, falls	
cum *(m. Konj.)*	obwohl, wenn auch	*Angabe des Gegengrundes*
quamquam	obwohl	
ut *(m. Konj.)*	dass	*Angabe des Begehrens*
nē *(m. Konj.)*	dass nicht	
ut *(m. Konj.)*	sodass, (so) ..., dass	*Angabe der Folge*
ut nōn *(m. Konj.)*	sodass nicht, so ..., dass nicht	
ut *(m. Konj.)*	damit / um ... zu	*Angabe der Absicht*
nē *(m. Konj.)*	damit nicht / um nicht ... zu	

Grammatikverzeichnis

Tab. = Tabellenteil, S. 200 ff.

Eigennamenverzeichnis

Acca Larentia, -ae: Gemahlin des Hirten Faustulus, die Remus und Romulus aufzieht
Achelōus, -ī: Acheloos; Gott des größten Flusses Griechenlands, Sohn von Oceanus und Thetis
Achillēs, -is: stärkster Held der Griechen vor Troia, Sohn von Peleus und Thetis
Aeētēs, -ae: Aietes; König von Kolchis am Schwarzen Meer, Vater der Medea
Aegeus, -ī: Aigeus; König von Athen, Vater des Theseus
Aegyptius, -a, -um: ägyptisch; *Subst.* der Ägypter
Aégyptus, -ī *f*: Ägypten
Aenēās, -ae: Äneas; nach Hektor tapferster Held der Troianer, später Ahnherr der Römer, Sohn des Anchises und der Venus
Aenēis, -idos *f*: die „Äneis"; Vergils berühmtes Heldenepos über Äneas
Africa, -ae: Afrika
Alba Longa, -ae: älteste Stadt in Latium, von Ascanius gegründet
Alcinous, -ī: Alkinoos; König der Phäaken, der Odysseus reich bewirtet; Vater der Nausikaa
Alcmēna, -ae: Alkmene; Mutter des Herakles, Gemahlin des Amphitryon
Alexander, -drī: Alexander der Große (356–323 v. Chr.), König der Makedonen
Alexandrīa, -ae: ägyptische Großstadt am Mittelmeer; von Alexander dem Großen gegründet
Alexandrīnus, -a, -um alexandrinisch; *Subst.* der Alexandriner
Allia, -ae: kleiner Nebenfluss des Tiber nordöstlich von Rom
Alliēnsis, -is, -e: Adj. zu Allia (Diēs Alliēnsis: Jahrestag der Schlacht an der Allia)
Alpēs, -ium: die Alpen
Amphitheātrum Flāvium, -ī: das Colosseum, das größte Amphitheater Roms
Amulius, -ī: König von Alba Longa, Bruder des Numitor
Anna, -ae: Schwester der Dido
Anchīsēs, -ae: Vater des Äneas
Arcadia, -ae: Arkadien; gebirgige Landschaft auf der Peloponnes
Arcadius, -a, -um: arkadisch
Arcas, -dis: der Arkader; Arkadien liegt auf der Peloponnes in Südgriechenland; die Arkader sind kurz vor Äneas in Latium angekommen
Argonautae, -ārum *m:* die Argonauten; die Gefährten des Jason auf dem Schiff „Argo"
Ariadna, -ae: Ariadne; Prinzessin von Knossos auf Kreta, Tochter des Minos
Ascanius, -ī: Gründer von Alba Longa, Sohn des Äneas und der Creusa; sein Beiname war Iūlus, -ī
Asia, -ae: Asien
Athēnae, -ārum: Athen
Athēniēnsis, -is, -e: athenisch; *Subst.* der Athener
Augustus, -ī: erster römischer Kaiser (27 v.–14 n. Chr.)

Babylō(n), -ōnis *f*: Großstadt der Babylonier am Euphrat im heutigen Irak
Bacchus, -ī (*griech.* Dionysos): Gott des Weins und des Theaters, Sohn des Zeus und der Semele
Būcephalas, -ae *m:* Bukephalas; Lieblingspferd Alexanders des Großen
Calypsō, -ūs: Kalypso; Nymphe auf der Insel Ogygia, Geliebte des Odysseus
Campus Martius, -ī: das Marsfeld in Rom; nach dem Kriegsgott benannte Ebene am Tiber
Cannae, -ārum: kleiner Ort in Süditalien (216 v. Chr. Niederlage gegen Hannibal)
Capitōlīnus, -a, -um: kapitolinisch
Capitōlium, -ī: das Kapitol; der wichtigste der sieben Hügel Roms
Carthāginiēnsis, -is, -e: karthagisch
Carthāgō, -inis: Karthago; mächtige Stadt in Nordafrika im heutigen Tunesien, Gegnerin Roms
Catō, -ōnis: Marcius Porcius Cato Censorius; überaus sittenstrenger Römer (234–149 v. Chr.), Gegner der Karthager und des Einflusses der Griechen
Celta, -ae *m:* der Kelte
Céntaurus, -ī: Kentaur; Mischwesen mit menschlichem Oberkörper und Pferdeleib
Chīro, -ōnis: ein Kentaur
Ciconēs, -um: die Kikonen; Volk in Thrakien in Nordgriechenland
Circa, -ae: Kirke; Zauberin
Cloelia, -ae: mutige Römerin im Kampf gegen Porsenna im 6. Jh. v. Chr.
Cnidus, -ī *f*: Knidos; Stadt mit Venus-Kult an der Westküste Kleinasiens
Colchis, -idis *f:* Kolchis; Königreich an der Ostküste des Schwarzen Meeres
Corinthus, -ī *f:* Korinth; reiche Seestadt auf der Peloponnes in Südgriechenland
Crēta, -ae: südlichste und größte der griechischen Inseln
Croesus, -ī: Krösus; sagenhaft reicher König der Lyder um 550 v. Chr.
Cyclōps, -ōpis: Kyklop; wilder Riese mit einem kreisrunden Auge auf der Stirn
Daedalus, -ī: Dädalus; Erfinder, Erbauer des Labyrinths auf Kreta, Vater des Ikarus
Dēianīra, -ae: Deianeira; Gemahlin des Herakles
Delphī, -ōrum: Ort in Mittelgriechenland mit dem berühmten Apollon-Orakel
Dēmodocus, -ī: blinder Sänger am Hofe des Phäakenkönigs Alkinoos
Diāna, -ae (*griech.* Artemis): Göttin der Jagd und des Waldes; Schwester Apollons
Dīdō, -ōnis: Königin von Karthago, Geliebte des Äneas
Diogenēs, -is: griech. Philosoph (404–323 v. Chr.), der Bedürfnislosigkeit predigt
Ennius, -ī: Quintus Ennius (239–169 v. Chr.), altrömischer Ependichter

Ephesius, -ī: der Epheser; Einwohner von Ephesos
Ephesus, -ī *f*: Ephesos; Stadt an der Westküste Kleinasiens mit dem berühmten Dianatempel
Etruscus, -ī: der Etrusker; Etrurien liegt nördlich von Rom in der heutigen Toskana
Euander, -drī: König der Arkader, die von Griechenland nach Italien übersiedelten
Eumaeus, -ī: Eumaios; der treue Schweinehirt des Odysseus
Eurýlochus, -ī: Eurylochos; Gefährte des Odysseus
Eurystheus, -ī: König von Mykene, auf dessen Befehle hin Herakles seine Taten ausführt
Faustulus, -ī: Hirte, der Remus und Romulus findet und in seiner Hütte aufnimmt, Gemahl der Acca Larentia
Gallus, -ī: der Gallier
Gordium, -ī: Stadt in Kleinasien
Graecia, -ae: Griechenland
Graecus, -ī: der Grieche
Hamilcar, -caris: karthagischer Feldherr, Vater Hannibals
(H)ammōn, -ōnis: Ammon; ägyptischer Orakelgott, später Beiname des Jupiter
Hannibal, -is: karthagischer Feldherr (etwa 248–183 v. Chr.)
Herculēs, -is (*griech.* Herakles)**:** Herakles; berühmtester griechischer Held, Sohn des Jupiter
Hērostratus, -ī: Brandstifter, der den Dianatempel zu Ephesos einäschert
Hippolyta, -ae: Hippolyte; Königin der Amazonen
Hispānia, -ae: Spanien
Homērus, -ī: Homer; größter griech. Schriftsteller; er gilt als Schöpfer der „Ilias" und „Odyssee"
Iāsō, -ōnis: Jason; Anführer der Argonauten, Gemahl der Medea
Icarus, -ī: Ikarus; Sohn des Dädalus
India, -ae: Indien
Iolāus, -ī: Freund des Herakles
Italia, -ae: Italien
Italicus, -a, -um: italisch
Ithaca, -ae: kleine Insel vor der westgriechischen Küste, Heimat des Odysseus
Iūnō, -ōnis (*griech.* Hera)**:** Juno; Gemahlin des Jupiter
Iuppiter, Iovis (*griech.* Zeus)**:** Jupiter; höchster Gott auf dem Olymp, Gemahl der Juno
Laestrygōnēs, -um: die Laistrygonen; menschenfressende Riesen
Latīnus, -ī: 1. der Latiner; Bewohner Latiums; 2. König von Latium, Vater der Lavinia
Latīnus, -a, -um: lateinisch; latinisch
Latium, -ī: Landschaft in Mittelitalien, Stammland der Römer
Lāvīnia, -ae: Gemahlin des Äneas in Italien
Lernaeus, -a, -um: lernäisch, von Lerna; Lerna ist ein Ort auf der Peloponnes in Südgriechenland
Libya, -ae: Nordafrika in seiner ganzen Ost-West-Ausdehnung
Līvius, -ī: Titus Livius, römischer Geschichtsschreiber zur Zeit des Augustus
Lucrētia, -ae: römische Patrizierin um 510 v. Chr.
Macedō, -onis: der Makedone; Makedonien liegt in Nordgriechenland
Mānlius, -ī: Titus Manlius Torquatus; Held im Abwehrkampf gegen die Gallier
Mars, Martis (*griech.* Ares)**:** Gott des Krieges
Mēdēa, -ae (*griech.* Medeia)**:** zauberkundige Königstochter von Kolchis, Gemahlin des Jason
Mercurius, -ī (*griech.* Hermes)**:** Merkur; Götterbote, Gott des Handels und der Reisenden
Minerva, -ae (*griech.* Athene)**:** Göttin der Künste und Wissenschaften
Mīnōs, -ōis: König von Knossos auf Kreta, Sohn des Zeus und Vater der Ariadne
Mīnōtaurus, -ī: Wesen mit Menschenleib und Stierkopf, das im Labyrinth in Knossos lebt
Mūcius Scaevola: Caius Mūcius Cordus Scaevola; römischer Freiheitsheld im Kampf gegen Porsenna
Nausicaa, -ae: Nausikaa; Tochter des Alkinoos, des Königs der Phäaken
Naxus, -ī *f*: Naxos; größte Kykladeninsel, berühmt für guten Wein, dem Bacchus heilig
Nemeaeus, -a, -um: nemeisch, aus Nemea; der Ort Nemea liegt auf der Peloponnes in Südgriechenland
Neptūnus, -ī (*griech.* Poseidon)**:** Neptun; Gott des Meeres, Bruder des Zeus und des Hades
Nessus, -ī: Nessos; Kentaur, mit dessen Blut Deianeira das Gewand des Herakles tränkt
Ninus, -ī: König von Assyrien; Gemahl der Semiramis
Numitor, -ōris: König von Alba Longa, Bruder des Amulius, Vater der Rea Silvia, Großvater von Romulus und Remus
Ogygia, -ae: Insel, auf der die Nymphe Kalypso lebt
Olympia, -ae: Ort im Westen der Peloponnes, Austragungsort der Olympischen Spiele
Olympiacus, -a, -um: olympisch
Ostia, -ae: der Hafen Roms an der Mündung des Tiber
Pallantēum, -ī: Stadt der Arkader in Latium, Königssitz des Euander
Pallās, -antis: Sohn des Euander, des Königs der Arkader
Panthēum, -ī: das Pantheon; der „Tempel für alle Götter", 27 v. Chr. in Rom erbaut
Pella, -ae: Hauptstadt der Makedonen, Geburtsort Alexanders des Großen
Pēnelopa, -ae: Penelope; Gemahlin des Odysseus, Mutter des Telemachos
Perdīx, -īcis: Neffe des Dädalus, von diesem aus Künstlerneid ermordet
Periclēs, -is: Perikles; berühmter Redner und Staatsmann der Athener (493–429 v. Chr.)
Persa, -ae *m*: der Perser
Persépolis, -is (*Akk.* -im) *f*: Hauptstadt von Persien
Phaeācēs, -um: die Phäaken; sie nehmen Odysseus am Ende seiner Irrfahrten gastfreundlich auf; ihnen erzählt er seine Abenteuer
Pharius, -a, -um: von Pharus; die kleine Insel Pharus ist Alexandria vorgelagert
Phīdiās, -ae: größter Bildhauer der Antike; er lebt zur Zeit des Perikles in Athen

Philippus, -ī: König der Makedonen, Vater Alexanders des Großen
Pholus, -ī: ein Kentaur
Polyphēmus, -ī: Polyphem; Kyklop, Sohn des Neptun
Poenī, -ōrum: die Punier (~ die Karthager)
Pompēiī, -ōrum: Pompeji; Stadt bei Neapel, 79 n. Chr. durch den Ausbruch des Vesuv zerstört
Porsenna, -ae: Etruskerkönig, der nach der Vertreibung der Tarquinier Rom angreift
Prāxitelēs, -is: griech. Bildhauer des 4. Jahrhunderts v. Chr.
Proca, -ae: König von Alba Longa, Vater von Amulius und Numitor
Punicus, -a, -um: punisch (~ karthagisch)
Pygmaliōn, -ōnis: aus dem Königshaus von Zypern stammender Bildhauer
Rēa Silvia, -ae: Tochter des Numitor, von Mars Mutter des Romulus und Remus
Remus, -ī: Zwillingsbruder des Romulus, Sohn von Rea Silvia und Mars
Rhodius, -a, -um: rhodisch, von Rhodos; *Subst.* der Rhodier
Rhodus, -ī *f*: an der Südwestspitze Kleinasiens gelegene reiche Insel
Rōma, -ae: Rom
Rōmānus, -a, um: römisch
Rōmulus, -ī: Zwillingsbruder des Remus, Sohn von Rea Silvia und Mars, 753 v. Chr. Gründer Roms
Rutulus, -ī: der Rutuler; König der Rutuler und Gegner des Äneas ist Turnus.
Sabīnus, -a, -um: sabinisch; *Subst.* der Sabiner
Scīpiō, -ōnis: Publius Cornelius Scipio Africanus, besiegt 202 v. Chr. bei Zama Hannibal
Semīramis, -midis: sagenhafte Königin von Babylon
Servius Tullius, -ī: der sechste König Roms
Sextus Tarquinius, -ī: verbrecherischer Sohn des Tarquinius Superbus
Sicilia, -ae: Sizilien
Sīrēn, Sīrēnis: Sirene; Frauenwesen mit betörend schönem Gesang
Sōl, -is (*griech.* Helios)**:** Sonnengott
Sychaeus, -ī: ermordeter Gemahl der Dido
Tarquinius Superbus, -ī: letzter etruskischer König über Rom, der 510 v. Chr. vertrieben wird
Tatius, -ī: König der Sabiner
Tēlemachus, -ī: Telemachos; Sohn des Odysseus und der Penelope
Thēseus, -ī: Königssohn aus Athen, der auf Kreta den Minotaurus tötet
Tiberīnus, -ī: der Flussgott des Tiber
Tiberis, -is (*Akk.* -im)**:** der Tiber; Fluss in Rom
Tīresiās, -ae: Teiresias; blinder Wahrsager aus Theben
Trasimēnus, -a, -um: trasimenisch, Trasimener-
Trōia, -ae: Stadt im Norden der Westküste Kleinasiens
Trōiānus, -a, -um: troianisch; *Subst.* der Troianer
Turnus, -ī: König der Rutuler, der von Äneas besiegt wird
Ulixēs, -is: Odysseus; Held vor Troia, König von Ithaka und Gemahl der Penelope
Venus, -eris (*griech.* Aphrodite)**:** Göttin der Liebe und Schönheit
Vergilius, -ī: Publius Vergilius Maro; Autor der „Äneis" zur Zeit des Augustus
Vespasiānus, -ī: röm. Kaiser von 69–79 n. Chr.
Vestālis, -is: Vestalin, Priesterin der Göttin des Herdfeuers Vesta (*griech.* Hestia)
Vesuvius, -ī: Vulkan nahe bei Neapel, der 79 n. Chr. Pompeji zerstört
Vulcānus, -ī (*griech.* Hephaistos)**:** Gott des Feuers und der Schmiedekunst

Deutsch – lateinisches Vokabelverzeichnis

Die Zahlen bezeichnen die jeweilige Lektion, in der die Vokabel zum ersten Mal auftaucht. Eigennamen findest du im Eigennamenverzeichnis auf den Seiten 226–228.

A

aber	sed; autem *(nachgestellt)*	2; 15
ähnlich	similis, simile	47
alle	omnis, omne	20
(die) anderen	aliī, -ae, -a	49
anfertigen	cōnficere (cōnficiō, cōnfēcī, cōnfectum)	33
auch	etiam; quoque *(nachgestellt)*	1; 8
auf	in *(m. Akk., Abl.)*	8, 10
aus	ē / ex *(m. Abl.)*	10
auslachen	rīdēre (rīdeō, rīsī, rīsum)	2

B

bald	mox	20
begehren	cupere (cupiō, cupīvī, cupītum)	15
Begleiter	comes, comitis ***m***	21
bei	apud *(m. Akk.)*	19
beinahe	paene	7
bekräftigen	cōnfīrmāre	43
sich bemühen	studēre (studeō, studuī, –)	7
berühmt	clārus, -a, -um; nōbilis, nōbile	13; 24
beschließen	cōnstituere (cōnstituō, cōnstituī, cōnstitūtum); dēcernere (dēcernō, dēcrēvī, dēcrētum)	49; 24
betrachten	spectāre	3
bewegen	movēre (moveō, mōvī, mōtum)	5
Bewunderung	admīrātiō, admīrātiōnis *f*	22
Bitten	precēs, precum *f (Pl.)*	41
Bündnis	foedus, foederis *n*	52

D

denn	enim *(nachgestellt)*; nam	51; 3
dennoch	tamen	24
der, die, das *(Relativpronomen)*	quī, quae, quod	22
deshalb	itaque	39
dieser	is, ea, id	23
dort	ibi	2

E

ebenbürtig	pār; *Gen.* paris	54
echt	vērus, -a, -um	34
Ehefrau	coniūnx, coniugis *f*; uxor, uxōris *f*	45; 17
Ehre	honōs / honor, -ōris *m*	15
in Ehren stehen	in honōre esse	15
die einen ... die anderen	aliī ... aliī	49
einige	nōnnūllī, -ae, -a	18
entflammen	incendere (incendō, incendī, incēnsum)	27
entscheiden	dēcernere (dēcernō, dēcrēvī, dēcrētum)	24
er, sie, es	(is, ea, id)	23
erblicken	cōnspicere (cōnspiciō, cōnspexī, cōnspectum)	22
erfahren	comperīre (comperiō, cómperī, compertum)	10
erfüllen	implēre (impleō, implēvī, implētum)	42
ergreifen	capere (capiō, cēpī, captum)	15
erstreben	petere (petō, petīvī, petītum)	16
erzählen	nārrāre	10
essen	cēnāre	36

F

fliehen (vor)	fugere (fugiō, fūgī, –) *(m. Akk.)*	15
Frau	fēmina, -ae *f*; mulier, mulieris *f*	51; 55
zur Frau geben	in mātrimōnium dare	11

G

ganz	omnis, omne; tōtus, -a, -um	20; 34
geben	dare (dō, dedī, datum)	7
Gebiet	regiō, regiōnis *f*	23
Gefährte	comes, comitis *m*	21
gegen	contrā *(m. Akk.)*; in *(m. Akk.)*	16; 51
gehen	īre (eō, iī, itum)	56
Geschenk	dōnum, -ī *n*	1
(für sich) gewinnen	conciliāre	11
glauben	exīstimāre; putāre	50; 25
Göttersprach	fātum, -ī *n*	52
grausam	crūdēlis, crūdēle	44
groß	māgnus, -a, -um	13

H

handeln	agere (agō, ēgī, āctum)	2
heiraten *(einen Mann)*	nūbere (nūbō, nūpsī, nuptum) *(m. Dat.)*	40
herausführen	ēdūcere (ēdūcō, ēdūxī, ēductum)	43
herrschen *(über)*	imperāre *(m. Dat.)*	7
Herz	cor, cordis *n*	52
Hilfe	auxilium, -ī *n*	15
hören	audīre (audiō, audīvī, audītum)	3

I

immer	semper	3
immer wieder	iterum atque iterum	39

in	in *(m. Akk., Abl.)*	8, 10
Insel	īnsula, -ae *f*	38
J		
Jahr	annus, -ī *m*	32
jetzt	nunc	7
K		
kein *(adj.)*	nūllus, -a, -um	60
Kinder	līberī, -ōrum *m (Pl.)*	22
kommen	venīre (veniō, vēnī, ventum)	2
König	rēx, rēgis *m*	33
können	posse (possum, potuī, –)	8
Krieg	bellum, -ī *n*	32
Küste	lītus, lītoris *n*	27
Kunstfertigkeit	ars, artis *f*	47
L		
Land	terra, -ae *f*	21
leb wohl! / lebt wohl!	valē! / valēte!	19
leicht *(Adv.)*	facile	44
lenken	regere (regō, rēxī, rēctum)	13
lernen	discere (discō, didicī, –)	54
Liebe	amor, amōris *m*	15
M		
machen	facere (faciō, fēcī, factum)	15
(zu etw.) machen	facere / reddere (reddō, reddidī, redditum) *(m. dopp. Akk.)*	36 / 46
Macht	ops, opis *f;* potestās, potestātis *f*	59; 54
Mädchen	puella, -ae *f;* virgō, virginis *f*	6; 17
manchmal	nōnnumquam	49
Mann	vir, virī *m*	14
Meer	mare, maris *n*	17
mein	meus, -a, -um	13
Mensch	homō, hominis *m*	17
mit	cum *(m. Abl.)*	10
Mord	caedēs, caedis *f;* nex, necis *f*	60; 17
N		
(der) nächste	posterus, -a, -um	44
nicht	nōn	1
sich niederlassen	cōnsīdere (cōnsīdō, cōnsēdī, cōnsessum)	38
O		
oder	aut; vel	32; 52
ohne	sine *(m. Abl.)*	10
P		
plötzlich	subitō	3
R		
Reich	imperium, -ī *n*	33
riesig	immēnsus, -a, -um	13
rings um	circum *(m. Akk.)*	38
rufen	vocāre	4
S		
sagen	dīcere (dīcō, dīxī, dictum)	12
er, sie, es sagt / er, sie, es sagte	inquit	38
schicken	mittere (mittō, mīsī, missum)	19
Schiff	nāvis, nāvis *f*	18
schlimm	malus, -a, -um	56
Schönheit	pulchritūdō, pulchritūdinis *f;* fōrma, -ae *f*	47; 11
sein	esse (sum, fuī)	2
sein	suus, -a, -um	28
sterben	occidere (óccidō, óccidī, –); (dē) vītā dēcēdere (dēcēdō, dēcessī, dēcessum)	26; 21
Kopf über, Hals über Kopf) stürzen	praecipitāre	7
T		
Tag	diēs, diēī *m*	30
tapfer	fortis, forte	20
täuschen	dēcipere (dēcipiō, dēcēpī, dēceptum)	44
Tochter	fīlia, -ae *f*	11
töten	interficere (interficiō, interfēcī, interfectum); necāre	28; 16
Treue	fidēs, fideī *f*	30
U		
übertreffen	superāre	8
und	et; atque; -que	1; 31; 11
ungefähr	circiter	60
unglücklich	īnfēlīx; *Gen.* īnfēlīcis	52
untergehen	occidere (óccidō, óccidī, –)	26
V		
Vater	pater, patris *m*	2
verbieten	vetāre (vetō, vetuī, vetitum)	36
vergrößern	augēre (augeō, auxī, auctum)	43
viele	multī, -ae, -a	18
Volk	nātiō, nātiōnis *f;* populus, -ī *m*	52; 13
von	dē *(m. Abl.); (beim Passiv)* ā / ab *(m. Abl.)*	10; (37)
vorbereiten	parāre	6
W		
wegen	propter *(m. Akk.)*	9
wegführen	dēdūcere (dēdūcō, dēdūxī, dēductum)	39
weil	quia; quod	31; 6
wenn	sī	9
wenn nicht	nisī	21
wie (zum Beispiel)	velut	60
Wohlergehen	salūs, salūtis *f*	16
wollen	velle (volō, voluī, –)	33
Wort	verbum, -ī *n*	8

Z

zeigen	mōnstrāre	7
Zeit	tempus, temporis *n*	21
zerstören	dēlēre (dēleō, dēlēvī, dēlētum)	28
zu	ad *(m. Akk.)*	8
zurückführen	redūcere (redūcō, redūxī, reductum)	43
zurücklassen	relinquere (relinquō, relīquī, relictum)	12

Lateinisch – deutsches Vokabelverzeichnis

A

ā / ab *(m. Abl.)*	von, von ... her, von ... weg	10
abdūcere, abdūcō, abdūxī, abductum	wegführen, entführen, verschleppen	60
abesse, absum, āfuī	fort sein, weg sein; fehlen	25
abīre, abeō, abiī, abitum	weggehen; abtreten; zurücktreten (von)	57
ac	und, und auch	31
accēdere, accēdō, accessī, accessum	herankommen, herantreten, sich nähern	22, 25, 49
accidere, áccidit, áccidit	sich ereignen; zustoßen	29
accipere, accipiō, accēpī, acceptum	annehmen, empfangen; vernehmen	16, 28, 44
ācer, ācris, ācre	scharf; heftig	19
aciēs, aciēī *f*	die Schärfe; der Scharfsinn; die Schlachtreihe	58
ad *(m. Akk.)*	zu (... hin); bei	8
addere, addō, addidī, additum	hinzufügen	28, 53
addūcere, addūcō, addūxī, adductum	heranführen; veranlassen	43
timōre adductus	aus Angst	43
adesse, adsum, adfuī / affuī	da sein; helfen	25
adhibēre, adhibeō, adhibuī, adhibitum	anwenden; hinzuziehen	9
adhūc	bis jetzt, immer noch	10
adīre, adeō, adiī, aditum	herangehen, aufsuchen; auf sich nehmen; angreifen	57
aditus, aditūs *m*	der Zugang, der Eingang	43
adiuvāre, adiuvō, adiūvī, adiūtum *(m. Akk.)*	helfen, unterstützen	8, 31, 43
admīrātiō, admiratiōnis *f*	die Bewunderung, das Staunen	22
admittere, admittō, admīsī, admissum	zulassen	31, 49
adulēscēns, adulēscentis *m*	der junge Mann, der Jugendliche	18
adventus, adventūs *m*	die Ankunft	45
adversus, -a, -um	entgegengesetzt, feindlich	30
adversus *(m. Akk.)*	gegen	52
aedificāre, aedificō, aedificāvī, aedificātum	bauen, erbauen	50
aedificium, -ī *n*	das Gebäude, das Bauwerk	4
aedis, aedis *f*	der Tempel; *Pl. auch* das Haus	29
āēr, āeris *m; Akk. Sg. auch* āera	die Luft	27
aes, aeris *n*	das Erz, die Bronze, das Geld	60
aestus, aestūs *m*	die Hitze	56
aetās, aetātis *f*	das Lebensalter, das Zeitalter; die Zeit	23
aetātem agere	ein Leben zubringen	23
aetāte māiōrum	zur Zeit der Vorfahren	23
aeternus, -a, -um	ewig	29
afficere, afficiō, affēcī, affectum	versehen mit	15, 29, 43
ager, agrī *m*	der Acker, das Feld; *Pl.* das Land	27
agere, agō, ēgī, āctum	tun; handeln, verhandeln; treiben	2, 31, 51
agmen, agminis *n*	der Heereszug; die Schar	21
alacer, alacris, alacre	lebhaft, munter	19
albus, -a, -um	weiß	13
alere, alō, aluī, al(i)tum	aufziehen, ernähren; vergrößern	53
aliēnus, -a, -um	fremd	21
aliquandō	einst, (irgendwann) einmal	11
aliquī, aliqua, aliquod	irgendein, irgendeine, irgendein	55
aliquis, aliquid	irgendjemand, irgendetwas	55
alius, -a, -ud; *Gen.* alterīus, *Dat.* aliī	ein anderer	34
aliī ... aliī	die einen ... die anderen	49
altitūdō, altitūdinis *f*	die Höhe, die Tiefe	46
altus, -a, -um	hoch; tief	46
amāre, amō, amāvī, amātum	lieben, (gerne) mögen	5
ambulāre, ambulō, ambulāvī, ambulātum	spazieren gehen	3
amīca, -ae *f*	die Freundin	1
amīcus, -ī *m*	der Freund	1
āmittere, āmittō, āmīsī, āmissum	verlieren	20, 25, 45
amor, amōris *m*	die Liebe	15
amplus, -a, -um	weit, geräumig; bedeutend	33
animadvertere, animadvertō, animadvertī, animadversum	wahrnehmen, bemerken; *(in m. Akk.)* vorgehen gegen, bestrafen	20, 26, 50
animus, -ī *m*	das Herz, der Mut, der Geist	9
in animō habēre	im Sinn haben, beabsichtigen	9
annus, -ī *m*	das Jahr	32
ante *(m. Akk.)*	vor	8
antequam	ehe, bevor	20
antīquus, -a, -um	alt	46
aperīre, aperiō, aperuī, apertum	öffnen; eröffnen *(mit Worten)*	7, 34, 51
appārēre, appāreō, appāruī, –	erscheinen, sich zeigen	3
appāret, appāruit	es ist offensichtlich, klar	28
appellāre, appellō, appellāvī, appellātum	anreden, ansprechen; *(m. dopp. Akk.)* nennen, bezeichnen als	36
appropinquāre, appropinquō, appropinquāvī, –	sich nähern, näher kommen	5

apud *(m. Akk.; nur bei Personen)*	bei	19
aqua, -ae *f*	das Wasser	6
arbor, arboris *f*	der Baum	49
arcessere, arcessō, arcessīvī, arcessītum	herbeirufen, holen, holen lassen	40, 55
ārdēre, ārdeō, ārsī, –	brennen, glühen	16, 33
argentum, -ī *n*	das Silber; das Geld	59
arma, -ōrum *n (Pl.)*	die Waffen	44
arma capere / arma sumere	zu den Waffen greifen	44
armātus, -a, -um	bewaffnet	44
ars, artis *f*	die Kunst; die Kunstfertigkeit	47
arx, arcis *f*	die Burg, die Stadtburg	57
ascendere, ascendō, ascendī, ascēnsum	hinaufsteigen, besteigen	27, 48
aspectus, aspectūs *m*	der Anblick	41
asper, aspera, asperum	rau, grob, hart	14
at	aber, jedoch	53
atque	und, und auch	31
attentus, -a, -um	gespannt, aufmerksam	13
auctor, auctōris *m*	der Veranlasser, der Gründer, der Schöpfer, der Schriftsteller	46
auctōritās, auctōritātis *f*	das Ansehen, die Bedeutung	47
audācia, -ae *f*	der Wagemut, die Kühnheit; die Frechheit	13
audāx; *Gen.* audācis	mutig, kühn; verwegen	54
audīre, audiō, audīvī, audītum	hören, anhören	4
augēre, augeō, auxī, auctum	vermehren, vergrößern	43
aurum, -ī *n*	das Gold	46
aut	oder	32
aut ... aut	entweder ... oder	32
autem *(nachgestellt)*	aber, jedoch	11
auxilium, -ī *n*	die Hilfe	15
auxiliō venīre	zu Hilfe kommen	15
āvertere, āvertō, āvertī, āversum	abwenden, entfernen	30, 55
avus, -ī *m*	der Großvater	23

B

bellum, -ī *n*	der Krieg	32
bene *(Adv.)*	gut	56
bibere, bibō, bibī, –	trinken	38
bona, -ōrum *n*	die guten Dinge, die Güter, der Besitz	40
bonum, -ī *n*	das Gute	40
bonus, -a, -um	gut	13
brevis, breve	kurz	20
brevī (tempore)	in Kürze, in kurzer Zeit	20

C

cadere, cadō, cécidī, –	fallen	14, 26
caedere, caedō, cecīdī, caesum	fällen; niederschlagen, töten	43
caedēs, caedis *f*	der Mord; das Blutbad	60
caelum, -ī *n*	der Himmel; das Klima	24
calamitās, calamitātis *f*	das Unglück, das Unheil; der Schaden	25
campus, -ī *m*	das Feld	4
canere, canō, cecinī, –	singen; *(ein Instrument)* spielen	36
capere, capiō, cēpī, captum	fassen, ergreifen; einnehmen	15, 28, 44
captāre, captō, captāvī, captātum	fangen, fassen	9
captīvus, -ī *m*	der Gefangene	5
caput, capitis *n*	das Haupt; die Hauptstadt	21
carēre, careō, caruī, – *(m. Abl.)*	entbehren, nicht haben; frei sein von	14
castra, -ōrum *n (Pl.)*	das Lager	58
castra pōnere	ein Lager aufschlagen	58
castra movēre	ein Lager abbrechen	58
causa, -ae *f*	der Grund; der Fall, der (Gerichts-)Prozess	25
causā *(m. Gen.; nachgestellt)*	um ... willen, wegen	34
cavēre, caveō, cāvī, cautum *(m. Akk.)*	sich hüten *(vor)*, sich in Acht nehmen *(vor)*	9, 28, 55
cēdere, cēdō, cessī, cessum	gehen; weichen	21, 25, 43
celeber, celebris, celebre	viel besucht; gefeiert	21
celebrāre, celebrō, celebrāvī, celebrātum	feiern	7
celer, celeris, celere	schnell	19
celeritās, celeritātis *f*	die Schnelligkeit	58
cella, -ae *f*	der Keller, die Kammer; das Tempelinnere	50
cēna, -ae *f*	die Mahlzeit, das Essen	6
cēnāre, cēnō, cēnāvī, cēnātum	essen, speisen	2
cēnsēre, cēnseō, cēnsuī, cēnsum	meinen, schätzen, einschätzen	38, 54
certāmen, certāminis *n*	der Streit, der Wettstreit, der Wettkampf	41
certāre, certō, certāvī, certātum	kämpfen, streiten, wetteifern	45
certē	sicher, gewiss	6
cessāre, cessō, cessāvī, –	zögern, sich Zeit lassen	2
cēterī, -ae, -a	die übrigen	57
cēterum	übrigens	59
cibus, -ī *m*	die Speise; die Nahrung	3
cingere, cingō, cīnxī, cīnctum	umgeben, umzingeln	34, 44
cinis, cineris *m*	die Asche	23
circiter	ungefähr	60
circum *(m. Akk.)*	rings um, um ... herum	38

circumdare, circumdō, circumdedī, circumdatum	umzingeln, umschließen	45
circumspicere, circumspiciō, circumspexī, circumspectum	umherblicken	50
citō	schnell	25
cīvis, cīvis *m / f*	der Bürger / die Bürgerin	25
cīvitās, cīvitātis *f*	der Staat; der Stamm; die Bürgerschaft	54
clam	heimlich	3
clāmāre, clāmō, clāmāvī, clāmātum	(laut) rufen, schreien	3
clāmor, clāmōris *m*	der Schrei; das Geschrei	19
clārus, -a, -um	hell, klar; berühmt	13
classis, classis *f*	die Flotte, die Abteilung	24
claudere, claudō, clausī, clausum	schließen, einschließen, versperren	37, 46
cōgere, cōgō, coēgī, coāctum	versammeln; zwingen	51
cōgitāre, cōgitō, cōgitāvī, cōgitātum	denken; beabsichtigen	24
cōgnōscere, cōgnōscō, cōgnōvī, cōgnitum	kennenlernen, erkennen; erfahren	18, 24, 55
colere, colō, coluī, cultum	bewirtschaften, pflegen; verehren	37, 44
colligere, colligō, collēgī, collēctum	sammeln	48
collis, collis *m*	der Hügel, die Anhöhe	34
comes, comitis *m*	der Gefährte; der Begleiter	21
committere, committō, commīsī, commissum	begehen; anvertrauen	21, 28, 45
commovēre, commoveō, commōvī, commōtum	bewegen, beunruhigen, veranlassen	51
amōre commōtus	aus Liebe	51
commūnis, commūne	allgemein, gemeinsam	50
comperīre, comperiō, cómperī, compertum	erfahren, in Erfahrung bringen	10, 29, 46
complēre, compleō, complevi, complētum	ausfüllen, anfüllen	11, 24, 47
complūres, complūra; *Gen. Pl.* complūrium	mehrere	52
compōnere, compōnō, composuī, compositum	ordnen; vergleichen; verfassen	54
comprehendere, comprehendō, comprehendī, comprehēnsum	ertappen; ergreifen; begreifen	12, 27, 49
concēdere, concēdō, concessī, concessum	weichen, nachgeben; erlauben, zugestehen	41, 52
conciliāre, conciliō, conciliāvī, conciliātum	(für sich) gewinnen	11
concurrere, concurrō, concurrī, concursum	zusammenlaufen	12, 31, 53
condere, condō, condidī, conditum	verwahren, bergen; bauen, gründen	31, 46
condiciō, condiciōnis *f*	die Bedingung, die Lage	17
condūcere, condūcō, condūxī, conductum	zusammenführen; anwerben, mieten	47
cōnficere, cōnficiō, cōnfēcī, cōnfectum	anfertigen, vollenden; aufreiben	33, 42
cōnfīrmāre, cōnfīrmō, cōnfīrmāvī, cōnfīrmātum	kräftigen, bekräftigen, verstärken; ermutigen	43
conicere, coniciō, coniēcī, coniectum	zusammenwerfen; werfen, schleudern; vermuten	45
coniūnx, coniugis *(m /) f*	(der Ehemann /) die Ehefrau, die Gemahlin	45
cōnsīdere, cōnsīdō, cōnsēdī, cōnsessum	sich setzen, sich niederlassen	38, 51
cōnsilium, -ī *n*	der Rat; der Plan; der Beschluss	4
cōnspicere, cōnspiciō, cōnspexī, cōnspectum	ansehen, erblicken	22, 32, 49
cōnstat, cōnstitit	es steht fest, ist bekannt	31
cōnstituere, cōnstituō, cōnstituī, cōnstitūtum	aufstellen; festsetzen; beschließen	49
cōnsulere, cōnsulō, cōnsuluī, cōnsultum	*(m. Dat.)* sorgen für; *(m. Akk.)* um Rat fragen; *(m. dē)* beraten über	57
contemnere, contemnō, contempsī, contemptum	verachten, gering schätzen	25, 47
contendere, contendō, contendī, contentum	sich anstrengen; kämpfen; eilen; behaupten	28, 47
contentus, -a, -um	zufrieden	16
contingere, contingō, contigī, contactum	berühren; gelingen	40, 51
contingit, cóntigit	es gelingt, es glückt	40
contrā	*(Adv.)* dagegen; *(m. Akk.)* gegen	16
convenīre, conveniō, convēnī, conventum	zusammenkommen; treffen; besuchen	16, 34, 48
convertere, convertō, convertī, conversum	wenden, verwandeln; übersetzen	33, 50
convīvium, -ī *n*	das Gastmahl, das Gelage	36
convocāre, convocō, convocāvī, convocātum	zusammenrufen, versammeln	40
cōpia, -ae *f*	die Menge, der Vorrat; *Pl. auch* die Truppen	36

cor, cordis *n*	das Herz	52
corpus, corporis *n*	der Körper; der Leichnam	24
crēber, crēbra, crēbrum	zahlreich, häufig	40
crēdere, crēdō, crēdidī, crēditum	glauben; vertrauen, anvertrauen	12, 34, 53
crēscere, crēscō, crēvī, –	wachsen; zunehmen	27
crīmen, crīminis *n*	das Verbrechen; der Vorwurf; die Anklage	21
crīminī dare, dō, dedī, datum	zum Vorwurf machen	53
crūdēlis, crūdēle	grausam, hartherzig	44
crūdēlitās, crūdēlitātis *f*	die Grausamkeit, die Hartherzigkeit	55
culpa, -ae *f*	die Schuld	55
cultus, cultūs *m*	die Pflege, die Verehrung; die Lebensweise	33
cum *(m. Abl.)*	(zusammen) mit	10
cum *(m. Ind.)*	(immer) wenn; als (plötzlich)	11
cum *(m. Konj.)*	als, nachdem; da, weil; obwohl, wenn auch	53
cupere, cupiō, cupīvī, cupītum	wünschen, wollen, begehren	15, 24, 49
cūr?	warum?	2
cūra, -ae *f*	die Sorge; die Pflege	6
cūrāre, cūrō, cūrāvī, cūrātum *(m. Akk.)*	sich kümmern um, sorgen für; pflegen	15
currere, currō, cucurrī, cursum	laufen, rennen	12, 26, 53
cursus, cursūs *m*	der Lauf; die Eile; die Richtung	48
custōdia, -ae *f*	die Wache, die Bewachung, die Haft	53
in custōdiam dare	in Gewahrsam nehmen	53
custōdīre, custōdiō, custōdīvī, custōdītum	bewachen, behüten	45
custōs, custōdis *m*	der Wächter	16

D

dare, dō, dedī, datum	geben	7, 26, 42
sē dare	sich hingeben, sich widmen	7
dē *(m. Abl.)*	von ... herab; von, über	10
dea, -ae *f*	die Göttin	4
dēbēre, dēbeō, dēbuī, dēbitum	müssen; schulden	5
nōn dēbēre	nicht dürfen	5
dēcēdere, dēcēdō, dēcessī, dēcessum	weggehen; sterben	21, 29, 49
(dē) vītā dēcēdere	aus dem Leben scheiden, sterben	21
dēcernere, dēcernō, dēcrēvī, dēcrētum	beschließen, entscheiden	24, 52
dēcipere, dēcipiō, dēcēpī, dēceptum	täuschen, betrügen	44
dēdere, dēdō, dēdidī, dēditum	ausliefern, übergeben	41, 53
sē dēdere	sich ergeben	41
dēdūcere, dēdūcō, dēdūxī, dēductum	hinabführen, wegführen; geleiten	39, 47
dēesse, dēsum, dēfuī	fehlen	54
dēfendere, dēfendō, dēfendī, dēfēnsum	abwehren; verteidigen	26, 46
dēficere, dēficiō, dēfēcī, dēfectum *(m. Akk.; ā m. Abl.)*	ausgehen; fehlen; abfallen *(von)*	42
deinde	hierauf, dann	9
dēlectāre, dēlectō, dēlectāvī, dēlectātum	erfreuen	7
dēlēre, dēleō, dēlēvī, dēlētum	zerstören, vernichten	28, 46
dēligere, dēligō, dēlēgī, dēlēctum	auslesen, auswählen	43
dēlīberāre, dēlīberō, dēlīberāvī, dēlīberātum	überlegen; abwägen	3
dēmōnstrāre, dēmōnstrō, dēmōnstrāvī, dēmōnstrātum	zeigen, darlegen, beweisen	53
dēmum	endlich, erst	37
dēnique	schließlich	51
dēns, dentis *m*	der Zahn	44
dēpōnere, dēpōnō, dēposuī, dēpositum	ablegen, niederlegen	49
dēscendere, dēscendō, dēscendī, dēscēnsum	herabsteigen, hinabsteigen	26, 48
dēserere, dēserō, dēseruī, dēsertum	verlassen, im Stich lassen	52
dēsīderāre, dēsīderō, dēsīderāvī, desīderātum	sich sehnen nach, vermissen	22
dēsīderium, -ī *n*	das Verlangen, die Sehnsucht	11
dēsinere, dēsinō, dēsiī, dēsitum	ablassen, aufhören	28, 52
dēspērāre, dēspērō, dēspērāvī, dēspērātum	verzweifeln	6
dēstināre, dēstinō, dēstināvī, dēstinātum	festsetzen, bestimmen	31
dētrīmentum, -ī *n*	der Nachteil, der Schaden	59
deus, -ī *m*	der Gott	4
dext(e)r, dext(e)ra, dext(e)rum	rechts	14
dext(e)ra, -ae *f*	die rechte Hand	14
dīcere, dīcō, dīxī, dictum	sagen, sprechen; *(m. dopp. Akk.)* nennen, bezeichnen als	12, 25, 36, 50
diēs, diēī *m*	der Tag	30
difficilis, difficile	schwer, schwierig	20
dīgnitās, dīgnitātis *f*	die Würde, das Ansehen	50
dīgnus, -a, -um *(m. Abl.)*	würdig, wert	56

dīligēns; *Gen.* dīligentis	sorgfältig, gewissenhaft	20
dīmittere, dīmittō, dīmīsī, dīmissum	entsenden, wegschicken, entlassen	48
discēdere, discēdō, discessī, discessum	auseinandergehen; weggehen	25, 52
discere, discō, didicī, –	lernen	54
disputāre, disputō, disputāvī, disputātum	diskutieren, sprechen über	10
diū	lange (Zeit)	24
dīversus, -a, -um	entgegengesetzt; verschieden	26
dīves; *Gen.* dīvitis	reich	36
dīvidere, dīvidō, dīvīsī, dīvīsum	teilen, trennen	48
dīvīnus, -a, -um	göttlich	31
dīvitiae, -ārum *f (Pl.)*	der Reichtum	11
docēre, doceō, docuī, doctum	lehren; deutlich machen	50
doctus, -a, -um	gelehrt; *Subst.* der Gelehrte	48
dolēre, doleō, doluī, –	Schmerz empfinden	11
dolor, dolōris *m*	der Schmerz	15
dolus, -ī *m*	die List	9
domī	daheim, zu Hause	39
domicilium, -ī *n*	das Haus, die Wohnung	1
domina, -ae *f*	die Herrin	3
dominus, -ī *m*	der Herr	3
domō	von daheim, von zu Hause	56
domum	heim, nach Hause	56
domus, domūs *f*	das Haus	33
dōnāre, dōnō, dōnāvī, dōnātum	schenken; beschenken	6
dōnum, -ī *n*	das Geschenk	1
dormīre, dormiō, dormīvī, –	schlafen	2
dubitāre, dubitō, dubitāvī, dubitātum	zweifeln; zögern	56
dūcere, dūcō, dūxī, ductum	führen; *(m. dopp. Akk.)* halten für	17, 32, 36, 43
dulcis, dulce	süß, lieblich	49
dum *(m. Ind. Präs.)*	während	6
dum	solange, solange bis	41
dūrus, -a, -um	hart, hartherzig	47
dux, ducis *m / f*	der Anführer / die Anführerin	37

E

ē / ex *(m. Abl.)*	aus, aus ... heraus; seit	10
ecce!	sieh da!, schau! / seht da!, schaut!	1
ēdūcere, ēdūcō, ēdūxī, ēductum	herausführen, hinausführen	43
efficere, efficiō, effēcī, effectum	durchsetzen, bewirken, vollenden	55
effugere, effugiō, effūgī, – *(m. Akk.)*	entkommen	17, 29
egēre, egeō, eguī, – *(m. Abl.)*	bedürfen, brauchen; nicht haben	16
ego	ich	5
ēgregius, -a, -um	hervorragend, ausgezeichnet	29
ēicere, ēiciō, ēiēcī, ēiectum	hinauswerfen, vertreiben	55
ēligere, ēligō, ēlēgī, ēlēctum	auslesen, auswählen	43
emere, emō, ēmī, ēmptum	kaufen	12, 31, 55
enim *(nachgestellt)*	denn, nämlich	51
epistula, -ae *f*	der Brief	19
eques, equitis *m*	der Reiter, der Ritter	58
equidem	(ich) allerdings, freilich	37
equus, -ī *m*	das Pferd	5
ergō	also, folglich	32
ēripere, ēripiō, ēripuī, ēreptum	entreißen	32, 45
errāre, errō, errāvī, errātum	sich irren, umherirren	56
esse, sum, fuī	sein	2, 25
et	und	1
et ... et	sowohl ... als auch	45
etiam	auch; sogar	1
ēvenīre, ēveniō, ēvēnī, ēventum	sich ereignen	38, 48
ēvenit, ēvēnit	es ereignet sich	38
ēvertere, ēvertō, ēvertī, ēversum	umstürzen, zerstören	32, 50
excipere, excipiō, excēpī, exceptum	ausnehmen, herausnehmen, aufnehmen	33, 44
excitāre, excitō, excitāvī, excitātum	antreiben, erregen, ermuntern, (auf)wecken	24
exercēre, exerceō, exercuī, exercitum	üben, trainieren, ausbilden	41
exercitus, exercitūs *m*	das Heer	56
exīre, exeō, exiī, exitum	herausgehen, verlassen; ausrücken	57
exīstimāre, exīstimō, exīstimāvī, exīstimātum	einschätzen, meinen	50
expedīre, expediō, expedīvī, expedītum	losbinden, befreien; kampfbereit machen	41
expellere, expellō, expulī, expulsum	vertreiben, verjagen, verbannen	53
explēre, expleō, explēvī, explētum	ausfüllen, erfüllen	30, 47
explicāre, explicō, explicāvī, explicātum	erklären; entfalten	8
expūgnāre, expūgnō, expūgnāvī, expūgnātum	erobern	58
exsilium, -ī *n*	die Verbannung, das Exil	30
exspectāre, exspectō, exspectāvī, exspectātum	warten (auf), erwarten	18
exstinguere, exstinguō, exstīnxī, exstīnctum	löschen, auslöschen; vernichten	2, 25, 54

exstruere, exstruō, exstrūxī, exstrūctum	aufhäufen; errichten, bauen, erbauen	50

F

fābula, -ae *f*	die Geschichte, die Erzählung; das Theaterstück	10
facere, faciō, fēcī, factum	machen, tun; *(m. dopp. Akk.)* machen zu	15, 26, 36, 42
facile *(Adv.)*	leicht	44
facilis, facile	leicht, mühelos	33
facinus, facinoris *n*	die Tat; die Untat	55
factum, -ī *n*	die Tat	54
fallere, fallō, fefellī, –	täuschen; unbemerkt bleiben	31
mē fallit	es entgeht mir, ich täusche mich	31
falsus, -a, -um	falsch	39
famēs, famis *f*	der Hunger	57
fame perīre	verhungern	57
familia, -ae *f*	die Familie	1
fātum, -ī *n*	der Götterspruch; das Schicksal, das Verhängnis	52
favēre, faveō, fāvī, fautum *(m. Dat.)*	begünstigen, gewogen sein	13, 29, 55
fēlīx; *Gen.* fēlīcis	glücklich	20
fēmina, -ae *f*	die Frau	51
ferus, -a, -um	wild	13
fidēs, fideī *f*	der Glaube, das Vertrauen, die Treue, die Zuverlässigkeit	30
fidem habēre	Glauben schenken, Vertrauen schenken	30
fīgere, fīgō, fīxī, fīxum	befestigen	43
fīlia, -ae *f*	die Tochter	11
fīlius, -ī *m*	der Sohn	23
fingere, fingō, fīnxī, fictum	formen, gestalten; sich ausdenken; erlügen	44
fīnīre, fīniō, fīnīvī, fīnītum	beenden; begrenzen	19
fīnis, fīnis *m*	das Ende; die Grenze; das Ziel; *Pl.* das Gebiet	18
fīnitimus, -a, -um	benachbart; *Subst.* der Nachbar	54
flāgitium, -ī *n*	die Schande, die Schandtat, die Gemeinheit	40
flēre, fleō, flēvī, flētum	weinen; beklagen	6, 24, 48
flōrēre, flōreō, flōruī, –	blühen, in Blüte stehen	60
foedus, foederis *n*	das Bündnis, der Vertrag	52
foedus facere	einen Vertrag schließen	52
fōrma, -ae *f*	die Gestalt; die Schönheit	11
fortāsse	vielleicht	3
fortis, forte	tapfer; stark; tatkräftig	20
fortūna, -ae *f*	das Schicksal; das Glück; das Unglück	11
forum, -ī *n*	der (Markt-)Platz; das Forum	4
frangere, frangō, frēgī, frāctum	brechen, *(etw.)* zerbrechen	38, 46
frāter, frātris *m*	der Bruder	15
frūmentum, -ī *n*	das Getreide	59
frūstrā	vergeblich	33
fuga, -ae *f*	die Flucht	12
fugae sē dare	die Flucht ergreifen	12
fugere, fugiō, fūgī, – *(m. Akk.)*	fliehen *(vor)*; meiden	15, 29
fulmen, fulminis *n*	der Blitz	29
fundere, fundō, fūdī, fūsum	gießen, ausschütten; verjagen	45
fūr, fūris *m / f*	der Dieb / die Diebin	37
furor, -ōris *m*	der Wahnsinn, das Wüten	41
futūrus, -a, -um	künftig, zukünftig	56

G

gaudēre, gaudeō	sich freuen	3
gaudium, -ī *n*	die Freude	22
gēns, gentis *f*	das Geschlecht, der Stamm, das Volk	29
genus, generis *n*	die Art, das Geschlecht, die Abstammung	54
gerere, gerō, gessī, gestum	tragen; führen, ausführen	47
bellum gerere	Krieg führen	47
gladius, -ī *m*	das Schwert	11
grātia, -ae *f*	der Dank; die Gunst; die Anmut	12
grātiās agere	danken	12
grātus, -a, -um	dankbar; angenehm	19
gravis, grave	schwer; gewichtig; ernst, bedeutend	24

H

habēre, habeō, habuī, habitum	haben; halten	7
habitāre, habitō, habitāvī, habitātum	wohnen	12
hīc	hier	2
hic, haec, hoc	dieser, diese, dieses	40
hodiē	heute	4
homō, hominis *m*	der Mensch	17
honōs / honor, -ōris *m*	die Ehre; das Ehrenamt	15
in honōre esse	in Ehren stehen	15
honōrem habēre	Ehre erweisen	15
hōra, -ae *f*	die Stunde	18
hortus, -ī *m*	der Garten	3
hospes, hospitis *m*	der Gastgeber; der Gast(-freund)	16
hostis, hostis *m*	der (Landes-)Feind	29
humī	auf der Erde, auf dem Boden	46
humum	auf die Erde, auf den Boden	56
humus, -ī *f*	die Erde, der Boden	46

I

iacēre, iaceō, iacuī, –	liegen	46
iacere, iaciō, iēcī, iactum	werfen, schleudern; *(etw.)* hinabstürzen	27, 45
iam	schon, bereits	5
ibī	dort	2
īdem, eadem, idem	derselbe, dieselbe, dasselbe	58
īdem ... atque / īdem ... quī	derselbe ... wie	58
idōneus, -a, -um	geeignet	44

īgnis, īgnis *m*	das Feuer	27
īgnōrāre, īgnōrō, īgnōrāvī, īgnōrātum	nicht wissen, nicht kennen	9
nōn īgnōrāre	genau wissen, gut kennen	9
īgnōscere, īgnōscō, īgnōvī, –	verzeihen	17, 24
īgnōtus, -a, -um	unbekannt	22
ille, illa, illud	jener, jene, jenes	40
imāgō, imāginis *f*	das Bild	17
imber, imbris *m*	der Regen, Regenguss	29
immēnsus, -a, -um	riesig, gewaltig	13
immō	im Gegenteil; ja sogar	40
immortālis, immortāle	unsterblich; *Subst.* der Unsterbliche, der Gott	42
impedīre, impediō, impedīvī, impedītum	hindern, verhindern; behindern	46
impellere, impellō, impulī, impulsum	antreiben, veranlassen	55
īrā impulsus	aus Zorn	55
impendēre, impendeō, –, –	hängen (über), drohen, bevorstehen	26
imperāre, imperō, imperāvī, – *(m. Dat.)*	befehlen; herrschen *(über)*	7
imperātor, imperātōris *m*	der Kaiser; der Feldherr	15
imperium, -ī *n*	der Befehl, die Herrschaft; das Reich	33
impetrāre, impetrō, impetrāvī, impetrātum	durchsetzen, erreichen	10
impetus, impetūs *m*	der Angriff, der Ansturm	32
impius, -a, -um	gottlos, ruchlos	53
implēre, impleō, implēvī, implētum	anfüllen, erfüllen	42
impōnere, impōnō, imposuī, impositum	hineinstellen, auferlegen	33, 42
imprīmīs	in erster Linie, besonders	49
in *(m. Abl.)*	in, an, auf, bei	10
in *(m. Akk.)*	in (... hinein); auf; nach; gegen, gegenüber	8; 51
inānis, ināne	sinnlos, wertlos; leer	39
incendere, incendō, incendī, incēnsum	entflammen, in Brand setzen	27, 44
incendium, -ī *n*	der Brand, das Feuer	12
inceptum, -ī *n*	das Vorhaben	9
incipere, incipiō, coepī, coeptum	anfangen, beginnen	22, 34, 52
incitāre, incitō, incitāvī, incitātum	antreiben, anfeuern; reizen	9
incrēdibilis, incrēdibile	unglaublich	46
inde	von dort; von da an; daher; daraufhin	40
indīcere, indīcō, indīxī, indictum	ankündigen, erklären	54
indūcere, indūcō, indūxī, inductum	hineinführen; veranlassen	59
invidiā inductus	aus Neid	59
īnfēlīx; *Gen.* īnfēlīcis	unglücklich	60
īnfēstus, -a, -um	feindselig, kampfbereit	52
ingēns; *Gen.* ingentis	riesig, gewaltig	47
inicere, iniciō, iniēcī, iniectum	hineinwerfen; einjagen	28, 54
inimīcus, -a, -um	feindlich; *Subst.* der Feind	47
inīre, ineō, iniī, initum	hineingehen, betreten; beginnen	57
cōnsilium inīre	einen Beschluss fassen	57
iniūria, -ae *f*	das Unrecht, die Beleidigung	37
inopia, -ae *f*	die Armut, die Not	57
inquam / inquīs / inquit	sag(t)e ich / sag(te)st du / sagt(e) er, sie, es	38
īnsidiae, -ārum *f (Pl.)*	der Hinterhalt, die Falle	17
īnsidiās parāre	einen Hinterhalt legen	17
īnspicere, īnspiciō, īnspexī, īnspectum	hineinblicken, betrachten	30, 49
īnstāre, īnstō, īnstitī, –	bevorstehen, drohen	51
īnsula, -ae *f*	die Insel; der Wohnblock	38
intellegere, intellegō, intellēxī, intellēctum	verstehen, einsehen	27, 50
intendere, intendō, intendī, intentum	anspannen; richten	59
inter *(m. Akk.)*	zwischen; während	25
interesse, intersum, interfuī *(m. Dat.)*	dazwischen sein; teilnehmen *(an)*	25
interficere, interficiō, interfēcī, interfectum	töten, vernichten	28, 42
interim	inzwischen	7
interitus, interitūs *m*	der Untergang	32
intrāre, intrō, intrāvī, intrātum	betreten, eintreten in	2
intus	innen, im Inneren	50
invādere, invādō, invāsī, invāsum	eindringen; befallen; angreifen	56
invenīre, inveniō, invēnī, inventum	finden, auffinden, erfinden	5, 34, 43
invidia, -ae *f*	der Neid; die Anfeindung	17
invītāre, invītō, invītāvī, invītātum	einladen	6
invītus, -a, -um	unwillig, gegen den Willen	19
ipse, ipsa, ipsum	selbst; gerade; persönlich	59
īra, -ae *f*	der Zorn, die Wut	14
īre, eō, iī, itum	gehen	56
is, ea, id	dieser, diese, dieses; der(jenige), die(jenige), das(jenige); er, sie, es	23
ita	so	32
itaque	daher, deshalb	7
iter, itineris *n*	der Weg; die Reise; der Marsch	21
iter facere	reisen, marschieren	21
iterum	wiederum, ein zweites Mal	39
iterum atque iterum	wieder und wieder, immer wieder	39

iubēre, iubeō, iussī, iussum *(m. Akk.)*	befehlen	42
iugum, -ī *n*	das Joch; das Gespann; der Bergrücken	44
iūrāre, iūrō, iūrāvī, iūrātum	schwören	45
iūs, iūris *n*	das Recht	46
in iūs vocāre	vor Gericht zitieren / anklagen	46
iussū	auf Befehl	32
iuvāre, iuvō, iūvī, iūtum *(m. Akk.)*	helfen, unterstützen; erfreuen	45
iuvenis, iuvenis m	der junge Mann	43
iuventūs, iuventūtis *f*	die Jugend	51

L

labor, labōris *m*	die Arbeit, die Mühe	24
labōrāre, labōrō, labōrāvī, labōrātum	arbeiten; leiden	2
lacrima, -ae *f*	die Träne	51
laetus, -a, -um	froh, fröhlich	13
lapis, -idis *m*	der Stein	45
latēre, lateō, latuī, –	verborgen sein	32
laudāre, laudō, laudāvī, laudātum	loben	24
lavāre, lavō, lāvī, –	waschen	8, 28
lēgātus, -ī *m*	der Gesandte, der Bevollmächtigte	54
legere, legō, lēgī, lēctum	lesen; sammeln	22, 28, 43
legiō, legiōnis *f*	die Legion	58
leō, leōnis *m*	der Löwe	17
lēx, lēgis *f*	das Gesetz; die Bedingung	37
līber, lībera, līberum (ā)	frei (von)	14
liber, librī *m*	das Buch	30
līberāre, līberō, līberāvī, līberātum (ā)	befreien (von)	41
līberī, -ōrum *m (Pl.)*	die Kinder	22
lībertās, lībertātis *f*	die Freiheit	55
libīdō, libīdinis *f*	die Begierde; die Willkür, die Hemmungslosigkeit	55
licet, licuit	es ist möglich, es ist erlaubt	7
lingua, -ae *f*	die Zunge; die Sprache	48
litterae, -ārum *f (Pl.)*	der Brief; die Literatur; die Wissenschaft(en); *Sg.* der Buchstabe	22
lītus, lītoris *n*	die Küste, der Strand	27
locus, -ī *m; Pl.* loca, -ōrum *n*	der Ort, der Platz, die Stelle	34
longus, -a, -um	lang, lang anhaltend	59
lucrum, -ī *n*	der Gewinn	16
lūctus, lūctūs *m*	die Trauer	60
lūdus, -ī *m*	das Spiel; die Schule	8
lūmen, lūminis *n*	das Licht; das Augenlicht, das Auge	48
lūx, lūcis *f*	das Licht	48

M

maestus, -a, -um	traurig	19
māgnitūdō, māgnitūdinis *f*	die Größe, die Erhabenheit	50
māgnus, -a, -um	groß; bedeutend	13
māiōrēs, māiōrum *m (Pl.)*	die Vorfahren	15
malum, -ī *n*	das Böse, das Übel, das Leid	56
in malum vertī	sich zum Schlechten wenden	56
malus, -a, -um	böse, schlecht, schlimm	56
mandāre, mandō, mandāvī, mandātum	übergeben, anvertrauen; auftragen	43
manēre, maneō, mānsī, –	bleiben, warten, erwarten	9, 25
manus, manūs *f*	die Hand; die Schar	32
mare, maris *n*	das Meer	17
marītus, -ī *m*	der Ehemann	17
māter, mātris *f*	die Mutter	15
mātrimōnium, -ī *n*	die Ehe	11
in mātrimōnium dare	zur Frau geben	11
mē	mich	8
medius, -a, -um	der mittlere; mitten in …	27
membrum, -ī *n*	das (Körper-)Glied; *Pl.* die Gliedmaßen	8
memoria, -ae *f*	die Erinnerung, das Andenken; das Gedächtnis; die Zeit	23
(in) memoriā tenēre	im Gedächtnis behalten	23
patrum memoriā	zur Zeit der Väter	23
mēns, mentis *f*	der Geist, der Verstand	18
in mentem venīre	in den Sinn kommen	18
mēnsa, -ae *f*	der Tisch	6
mēnsis, mēnsis *m*	der Monat	20
merēre, mereō, meruī, meritum	verdienen	16
merx, mercis *f*	die Ware	18
metuere, metuō, metuī, –	fürchten, sich fürchten	26
metus, -ūs *m*	die Angst, die Furcht	32
meus, -a, -um	mein	13
mea *(Neutr. Pl.)*	das Meine	28
meī, -ōrum *m (Pl.)*	die Meinen	28
migrāre, migrō, migrāvī, –	wandern, auswandern	33
mīles, mīlitis *m*	der Soldat	56
mīlitāris, mīlitāre	militärisch, soldatisch	58
minister, ministrī *m*	der Diener	14
minuere, minuō, minuī, minūtum	vermindern, verringern	26, 54
mīrus, -a, -um	erstaunlich, sonderbar, wunderbar	25
miser, misera, miserum	arm, unglücklich, erbärmlich	25
misericordia, -ae *f*	das Mitleid	5
mittere, mittō, mīsī, missum	schicken, senden	19, 25, 42
modo	nur; eben noch, gerade	53

modus, -ī *m*	die Art, die Weise; das Maß	14
nūllō modō	auf keine Weise	14
moenia, moenium *n (Pl.)*	die Mauer(n), die Stadtmauer(n)	34
monēre, moneō, monuī, monitum	(er)mahnen; erinnern; warnen	4
mōns, montis *m*	der Berg	23
mōnstrāre, mōnstrō, mōnstrāvī, mōnstrātum	zeigen	7
monumentum, -ī *n*	das Denkmal; das Grabmal	4
mora, -ae *f*	der Aufschub; die Verzögerung	10
morbus, -ī *m*	die Krankheit	56
mors, mortis *f*	der Tod	28
mortālis, mortāle	sterblich; *Subst.* der Sterbliche, der Mensch	41
mōs, mōris *m*	die Sitte, der Brauch; *Pl.* der Charakter	15
mōre māiōrum	nach Art der Vorfahren	15
mōtus, mōtūs *m*	die Bewegung	49
movēre, moveō, mōvī, mōtum	bewegen; erregen	5, 30, 43
mox	bald; dann	20
mulier, mulieris *f*	die Frau	55
multī, -ae, -a	viele	18
multa *(Neutr. Pl.)*	vieles	18
multitūdo, multitūdinis *f*	die Vielzahl, die Menge	17
mundus, -ī *m*	das Weltall, die Welt	34
mūnīre, mūniō, mūnīvī, mūnītum	befestigen; bauen	58
vīam mūnīre	eine Straße bauen	58
mūnus, mūneris *n*	die Aufgabe, das Amt; das Geschenk	21
mūnus complēre	eine Aufgabe erfüllen	21
mūtāre, mūtō, mūtāvī, mūtātum	ändern, wechseln	36

N

nam	denn, nämlich	3
nārrāre, nārrō, nārrāvī, narrātum	erzählen	10
nātiō, nātiōnis *f*	das Volk, der Volksstamm	52
nāvigāre, nāvigō, nāvigāvī, –	(mit dem Schiff) fahren, segeln	27
nāvis, nāvis *f*	das Schiff	18
-ne	*unübersetzte Fragepartikel*	26
nē *(m. Konj.)*	dass nicht; damit nicht / um nicht ... zu; *(nach Ausdrücken des Fürchtens / Hinderns)* dass	53; 54
nē ... quidem	nicht einmal	29
nec	und nicht, auch nicht, aber nicht	37
nec ... nec	weder ... noch	37
necāre, necō, necāvī, necātum	töten	16
necessārius, -a, -um	nötig, notwendig; *Subst.* der Freund, der Verwandte	59
necesse est	es ist nötig	27
nefārius, -a, -um	gottlos, frevelhaft; verbrecherisch	52
neglegere, neglegō, neglēxī, neglēctum	vernachlässigen, gering schätzen	50
negōtium, -ī *n*	die Aufgabe; das Geschäft	16
negōtia agere	seinen Geschäften nachgehen	16
nēmō	niemand	11
nepōs, nepōtis *m*	der Enkel	60
neque	und nicht, auch nicht, aber nicht	37
neque ... neque	weder ... noch	37
nex, necis *f*	der Mord; der gewaltsame Tod	17
nihil	nichts	4
nimis	zu, allzu, allzu sehr	37
nimius, -a, -um	zu groß, allzu groß, allzu viel	59
nisī	wenn nicht; außer	21
nōbilis, nōbile	vornehm, adelig; berühmt	24
nocēre, noceō, nocuī, –	schaden	40
nocturnus, -a, -um	nächtlich	55
nōmen, nōminis *n*	der Name	21
nōn	nicht	1
nōn iam	nicht mehr	5
nōnne?	etwa nicht?, denn nicht?	26
nōnnūllī, -ae, -a	einige, manche	18
nōnnumquam	manchmal	49
nōs	*Nom.* wir; *Akk.* uns	12
noster, nostra, nostrum	unser	14
nōtus, -a, -um	bekannt	18
novus, -a, -um	neu	24
nox, noctis *f*	die Nacht	48
nūbere, nūbō, nūpsī, nūptum *(m. Dat.)*	*(einen Mann)* heiraten	40, 51
nūbēs, nūbis *f*	die Wolke	27
nūdus, a, -um	nackt, bloß	49
nūllus, -a, -um; *Gen.* nūllīus, *Dat.* nūllī	kein	60
num?	etwa?	26
nūmen, nūminis *n*	die Gottheit; der göttliche Wille, die göttliche Macht	46
numerus, -ī *m*	die Zahl	38
numquam	niemals	28
nunc	nun, jetzt	7
nūntiāre, nūntiō, nūntiāvī, nūntiātum	melden, mitteilen	22
nūntius, -ī *m*	der Bote; die Nachricht	22
nūptiae, -ārum *f (Pl.)*	die Hochzeit, die Heirat	11

O

obses, obsidis *m / f*	die Geisel	60
obsidēs imperāre	Geiseln *(zu stellen)* befehlen / die Stellung von Geiseln befehlen	60
obsidēs dare	Geiseln stellen	60
obsidēre, obsideō, obsēdī, obsessum	belagern; besetzt halten	57

obstāre, obstō, obstitī, –	im Weg stehen, hindern	60
obtinēre, obtineō, obtinuī, –	innehaben, besetzt halten	53
occidere, óccidō, óccidī, –	untergehen; umkommen, sterben	26
occīdere, occīdō, occīdī, occīsum	niederschlagen, töten	44
occultus, -a, -um	verborgen, geheim	43
occupāre, occupō, occupāvī, occupātum	einnehmen, besetzen; beschäftigen	39
occurrere, occurrō, occurrī, occursum	entgegenlaufen, entgegentreten, begegnen	38, 53
oculus, -ī *m*	das Auge	14
odium, -ī *n*	der Hass	37
officium, -ī *n*	der Dienst, die Pflicht	23
ōmen, ōminis *n*	das Vorzeichen	46
omnīnō	insgesamt, überhaupt, völlig	37
omnis, omne	jeder; all; ganz	20
omnia *(Neutr. Pl.)*	alles	20
onus, oneris *n*	die Last	21
oppidum, -ī *n*	die Stadt, die Befestigung	26
opprimere, opprimō, oppressī, oppressum	überfallen, überwältigen, niederwerfen; unterdrücken	44
oppūgnāre, oppūgnō, oppūgnāvī, oppūgnātum	angreifen	51
ops, opis *f*	die Hilfe, die Kraft	59
opēs, opum *f (Pl.)*	der Reichtum, die Macht	59
optāre, optō, optāvī, optātum	wünschen	53
opus, operis n	das Werk, die Arbeit, die Tätigkeit	25
opus est *(m. Abl.)*	es ist nötig; jmd. braucht, benötigt *(etw.)*	19
ōrātiō, ōrātiōnis *f*	die Rede	19
ōrātiōnem habēre	eine Rede halten	19
orbis, orbis *m*	der Kreis, die Scheibe	18
orbis terrārum	der Erdkreis	18
ōrdō, ōrdinis *m*	die Ordnung, die Reihe, der (gesellschaftliche) Stand	37
ex ōrdine	der Reihe nach	37
orīgō, orīginis *f*	der Ursprung, die Abstammung	31
ōrnāre, ōrnō, ōrnāvī, ōrnātum	schmücken; ausstatten	6
ōrnāmentum, -ī *n*	das Schmuckstück, der Schmuck	18
ōs, ōris *n*	der Mund, das Gesicht	42
ōtium, -ī *n*	die Freizeit	7
ōtiō sē dare	seine Freizeit genießen	7

P

paene	beinahe, fast	7
pār; *Gen.* paris	gleich, ebenbürtig	54
parāre, parō, parāvī, parātum	(vor)bereiten; erwerben; *(m. Inf.)* vorhaben, sich anschicken	6
parcere, parcō, pepercī, – *(m. Dat.)*	schonen, sparen	29
parcus, -a, -um	sparsam, genügsam	59
parentēs, parent(i)um *m*	die Eltern	52
pārēre, pāreō, pāruī, –	gehorchen, folgen	5
parere, pariō, peperī, partum	zur Welt bringen, erzeugen; erringen, erwerben	52
pars, partis *f*	der Teil; die Richtung	18
parvus, -a, -um	klein	57
pater, patris *m*	der Vater	15
patēre, pateō, patuī, –	offenstehen	2
patria, patriae *f*	das Vaterland, die Heimat	31
paucī, -ae, -a	wenige	32
paulātim	allmählich	6
paulō post	ein wenig später	58
pauper; *Gen.* pauperis	arm	36
pāx, pācis *f*	der Friede	34
pectus, pectoris *n*	die Brust, das Herz	51
pecūnia, -ae *f*	das Geld	9
pecus, pecoris *n*	das Vieh; *Pl.* die Viehherde	39
pellere, pellō, pepulī, pulsum	schlagen, stoßen; treiben, vertreiben	45
pellis, pellis *f*	das Fell, das Vlies	42
pendēre, pendeō, pependī, –	hängen, schweben	29
pendēre ē	abhängen von	29
per *(m. Akk.)*	durch (... hindurch); über	8
perdere, perdō, perdidī, perditum	zugrunde richten, umbringen; verlieren	42
perfidus, -a, -um	treulos, untreu	52
pergere, pergō, perrēxī, perrēctum	fortfahren *(zu tun)*, fortsetzen; aufbrechen	50
perīculum, -ī *n*	die Gefahr	5
perīre, pereō, periī, –	zugrunde gehen, umkommen	57
perītus, -a, -um *(m. Gen.)*	erfahren, kundig *(in etw.)*	31
permittere, permittō, permīsī, permissum	erlauben, überlassen	49
permovēre, permoveō, permōvī, permōtum	bewegen, beunruhigen, veranlassen	51
odiō permōtus	aus Hass	51
perniciēs, perniciēī *f*	das Verderben, der Untergang	30
perpetuus, -a, -um	ununterbrochen, ewig	51
pertinēre, pertineō, pertinuī, –	sich erstrecken, sich beziehen	53
pervenīre, perveniō, pervēnī, perventum	kommen zu / nach, gelangen	28, 48
pēs, pedis *m*	der Fuß	28
petere, petō, petīvī, petītum	bitten; erstreben; aufsuchen; angreifen	16, 24, 49
pietās, pietātis *f*	die Frömmigkeit; das Pflichtgefühl	16
pius, -a, -um	fromm; verantwortungsbewusst, pflichtbewusst	28
placēre, placeō, placuī, placitum	gefallen	2

placet *(m. Inf.)*	es gefällt zu ...	5
plēnus, -a, -um *(m. Gen.)*	voll	58
plērīque, plēraeque, plēraque	die meisten, sehr viele	57
poena, -ae *f*	die Strafe	30
pōnere, pōnō, posuī, positum	setzen, stellen, legen	33, 42
spem in amīcīs pōnere	die Hoffnung auf die Freunde setzen	33
populus, -ī *m*	das Volk	13
porta, -ae *f*	die Tür, das Tor	1
portāre, portō, portāvī, portātum	tragen, bringen	4
portus, portūs *m*	der Hafen	48
pōscere, pōscō, popōscī, – *(m. Akk.)*	fordern	44
posse, possum, potuī, –	können; vermögen	8, 25
possidēre, possideō, possēdī, possessum	besitzen	23, 30, 51
post *(m. Akk.)*	nach; hinter	8
posteā	nachher, später	24
posterus, -a, -um	der nachfolgende, der nächste	44
posterī, -ōrum *m (Pl.)*	die Nachkommen	28
postquam *(m. Ind. Perf.)*	nachdem	31
postrēmō	schließlich, zuletzt	39
pōstulāre, pōstulō, pōstulāvī, pōstulātum	fordern, verlangen	41
potēns; *Gen.* potentis	mächtig	38
potentia, -ae *f*	die Macht	59
potestās, potestātis *f*	die Macht, die Gewalt, die Amtsgewalt	54
potius	eher, lieber	52
praebēre, praebeō, praebuī, praebitum	darreichen, gewähren	28
sē praebēre *(m. dopp. Akk.)*	sich erweisen (als)	36
praeceps; *Gen.* praecipitis	Hals über Kopf, überstürzt	38
praecipitāre, praecipitō, praecipitāvī, praecipitātum	(kopfüber) stürzen	7
praeclārus, -a, -um	vortrefflich, ausgezeichnet	47
praeda, -ae *f*	die Beute, die Kriegsbeute	55
praemium, -ī *n*	die Belohnung	39
praesēns; *Gen.* praesentis	anwesend	49
praesidium, -ī *n*	der Schutz, die Schutztruppe; die Besatzungstruppe	57
praestāre, praestō, praestitī, –	*(m. Dat.)* übertreffen; *(m. Akk.)* erfüllen, erweisen	53
sē praestāre	sich erweisen als	53
praetereā	außerdem	39
praeterīre, praetereō, praeteriī, praeteritum	*(m. Akk.)* vorübergehen, vorbeigehen; verstreichen	57
precēs, precum *f (Pl.)*	die Bitten	41
premere, premō, pressī, pressum	drücken, unterdrücken, bedrängen	38, 44
pretium, -ī *n*	der Lohn; der Preis	20
prīmō	zuerst	16
prīvāre, prīvō, prīvāvī, prīvātum *(m. Abl.)*	*(einer Sache)* berauben	14
probāre, probō, probāvī, probātum	billigen, gutheißen; prüfen	4
probus, -a, -um	anständig, gut; tüchtig	23
prōcēdere, prōcēdō, prōcessī, prōcessum	vorwärtsschreiten, vorrücken; Fortschritte machen	43
procul	in die Ferne, fern, aus der Ferne	20
prodīre, prodeō, prodiī, proditum	vortreten, auftreten	60
proelium, -ī *n*	die Schlacht, das Gefecht	58
profectō	in der Tat, tatsächlich	7
prohibēre, prohibeō, prohibuī, prohibitum	abhalten, hindern, verhindern	17
prōmittere, prōmittō, prōmīsī, prōmissum	versprechen	22, 27, 45
prope *(Adv.)*	nahe, in der Nähe	54
prope *(m. Akk.)*	nahe bei, in der Nähe von	54
properāre, properō, properāvī, –	eilen, sich beeilen	3
propter *(m. Akk.)*	wegen	9
prōtegere, prōtegō, prōtēxī, prōtēctum	bedecken, schützen	45
prōvidēre, prōvideō, prōvīdī, prōvīsum	*(m. Akk.)* vorhersehen; *(m. Dat.)* sorgen für	29, 45
prūdēns; *Gen.* prūdentis	klug	20
prūdentia, -ae *f*	die Klugheit	58
pūblicus, -a, -um	öffentlich, staatlich	30
pudor, pudōris *m*	die Scham, die Keuschheit; der Anstand	49
puella, -ae *f*	das Mädchen	6
puer, puerī *m*	der Junge	14
pūgna, -ae *f*	der Kampf, die Schlacht	43
pūgnāre, pūgnō, pūgnāvī, pūgnātum	kämpfen	37
pulcher, pulchra, pulchrum	schön	14
pulchritūdō, pulchritūdinis *f*	die Schönheit	47
pūnīre, pūniō, pūnīvī, pūnītum	strafen, bestrafen	10
putāre, putō, putāvī, putātum	glauben, meinen; *(m. dopp. Akk.)* halten für	25, 36

Q

quaerere, quaerō, quaesīvī, quaesītum	suchen; fragen	12, 24, 51
ex amīcō quaerere	den Freund fragen	12

quālis, quāle	welch, von welcher Art, wie (beschaffen)	48
quam *(bei Adj.)*	wie	36
quamquam	obwohl	6
quandō?	wann?	24
quantopere	wie sehr	41
quantus, -a, -um	wie groß	42
quasi	wie; gleichsam als	17
-que *(angehängt)*	und	11
quemadmodum	auf welche Weise, wie	26
quī, quae, quod	der, die, das; welcher, welche, welches	22
quia	weil	31
quid?	was?	4
quidem	zwar, freilich, wenigstens	8
quiēscere, quiēscō, quiēvī, –	ruhen, sich ausruhen	38
quis?	wer?	7
quod	weil	6
quondam	einmal, einst	23
quoque *(nachgestellt)*	auch	8
quot *(indekl.)*	wie viele	48
quotiēns	wie oft	48

R

rapere, rapiō, rapuī, raptum	rauben; mit sich reißen	45
recēns; *Gen.* recentis	frisch, jung, neu	45
recipere, recipiō, recēpī, receptum	zurücknehmen, aufnehmen	29, 52
sē recipere	sich zurückziehen	29
recitāre, recitō, recitāvī, recitātum	vorlesen, vortragen	10
recūsāre, recūsō, recūsāvī, recūsātum	verweigern, sich weigern	5
reddere, reddō, reddidī, redditum	zurückgeben; *(m. dopp. Akk.)* machen zu	46
redīre, redeō, rediī, reditum	zurückgehen, zurückkehren	57
reditus, reditūs *m*	Rückkehr	37
redūcere, redūcō, redūxī, reductum	zurückführen	43
regere, regō, rēxī, rēctum	lenken, leiten; herrschen	13, 32, 44
rēgīna, -ae *f*	die Königin	51
regiō, regiōnis *f*	das Gebiet, die Gegend; die Richtung	23
rēgnum, -ī *n*	die Herrschaft, die Königsherrschaft; das Reich	39
religiō, religiōnis *f*	die Götterverehrung, die religiöse Scheu	50
relinquere, relinquō, relīquī, relictum	verlassen, zurücklassen	12, 32, 48
reliquus, -a, -um	übrig	60
repente	plötzlich	54
reperīre, reperiō, répperī, repertum	finden, wiederfinden	30, 46
rēs, reī *f*	die Sache, das Ding; die Angelegenheit	30
rēs adversae, rērum adversārum *f (Pl.)*	das Unglück	30
rēs dīvīnae, rērum dīvīnārum *f (Pl.)*	die Kulthandlung, die Opferhandlung	31
rēs gestae, rērum gestārum *f (Pl.)*	die Taten; die Geschichte	47
rēs pūblica, reī pūblicae *f*	der Staat	30
resistere, resistō, restitī, –	sich widersetzen, Widerstand leisten	56
respicere, respiciō, respexī, respectum	zurückblicken auf, berücksichtigen	59
respondēre, respondeō, respondī, respōnsum	antworten	14, 27, 52
restāre, restō, restitī, –	übrig bleiben; Widerstand leisten	39
restituere, restituō, restituī, restitūtum	wiederherstellen	26, 47
retinēre, retineō, retinuī, –	zurückhalten, behalten	59
rēx, rēgis *m*	der König	33
rīdēre, rīdeō, rīsī, rīsum	lachen; auslachen	2, 32, 48
rogāre, rogō, rogāvī, rogātum	fragen; bitten	4
Rōmāna, -ae *f*	die Römerin	1
Rōmānus, -ī *m*	der Römer	1
ruere, ruō, ruī, –	stürzen, sich stürzen, eilen; einstürzen	27

S

sacer, sacra, sacrum	heilig	15
sacerdōs, sacerdōtis *m / f*	der Priester / die Priesterin	30
sacrificāre, sacrificō, sacrificāvī, sacrificātum	opfern	7
sacrum, -ī *n*	das Opfer	15
saeculum, -ī *n*	das Jahrhundert, das Zeitalter	34
saepe	oft	39
saevus, -a, -um	wild, grimmig	42
sagitta, -ae *f*	der Pfeil	42
sagittās mittere	Pfeile schießen / abschießen	42
salīre, saliō, saluī, –	springen	8, 34
salūs, salūtis *f*	die Rettung; das Wohlergehen; der Gruß	16
salūtem fugā petere	das Heil in der Flucht suchen	16
salūtāre, salūtō, salūtāvī, salūtātum	grüßen, begrüßen	24
salvē!	sei gegrüßt!	1
salvēte!	seid gegrüßt!	1
salvus, -a, -um	heil, unversehrt	46
sanguis, sanguinis *m*	das Blut	42
saxum, -ī *n*	der Fels(-brocken), der Stein	26
scelerātus, -ī *m*	der Verbrecher	9
scelus, sceleris *n*	das Verbrechen; der Frevel	21

scīre, sciō, scīvī, scītum	wissen, kennen	3
scrībere, scrībō, scrīpsī, scrīptum	schreiben	19, 25, 46
sē *(Akk.)*; sibī *(Dat.)*; sēcum *(Abl.)*	sich; sich; mit sich	28
secāre, secō, secuī, sectum	schneiden; abschneiden, abtrennen	42
secundus, -a, -um	der zweite, günstig	39
sed	aber, doch, jedoch; sondern	2
sedēre, sedeō, sēdī, sessum	sitzen, dasitzen	13, 30, 51
sēdēs, sēdis *f*	der Sitz, der Wohnsitz	51
semper	immer	3
senātor, senātōris *m*	der Senator	15
senex, senis *m*	der alte Mann, der Greis	31
sententia, -ae *f*	der Satz; der Sinnspruch; die Meinung	47
sententiā omnium	nach Meinung aller	47
sentīre, sentiō, sēnsī, sēnsum	fühlen, spüren; meinen	25, 54
sēparāre, sēparō, sēparāvī, sēparātum	trennen, abtrennen	10
sermō, sermōnis *m*	das Gespräch; die Sprache	33
serva, -ae *f*	die Dienerin, die Sklavin	1
servāre, servō, servāvī, servātum	retten, bewahren, beschützen	4
servitūs, servitūtis *f*	die Sklaverei, die Knechtschaft	20
servus, -ī *m*	der Diener, der Sklave	1
sī	wenn, falls	9
sīc	so, auf diese Weise	11
sīcut	ebenso wie	51
sīgnum, -ī *n*	das Zeichen; die Statue	14
silentium, -ī *n*	das Schweigen, die Stille	14
silva, -ae *f*	der Wald	38
similis, simile	ähnlich	47
simplex; *Gen.* simplicis	einfach	53
simulācrum, -ī *n*	das Bild, das Trugbild; das Götterbild, die Götterstatue	49
simulāre, simulō, simulāvī, simulātum	vortäuschen, heucheln	31
sine *(m. Abl.)*	ohne	10
sinere, sinō, sīvī, situm	lassen, zulassen, erlauben	52
singulī, -ōrum	einzeln; je ein	34
sinister, sinistra, sinistrum	links	47
sistere, sistō, stitī, –	stehen, stehen bleiben; hinstellen	13, 27
socius, -ī *m*	der Gefährte, der Kamerad; der Bundesgenosse	10
sōl, sōlis *m*	die Sonne	48
sollicitāre, sollicitō, sollicitāvī, sollicitātum	beunruhigen, erregen	22
sōlum	nur, bloß, einzig, allein	3
nōn sōlum ... sed etiam	nicht nur ... sondern auch	3
sōlus, -a, -um	allein	21
solvere, solvō, solvī, solūtum	lösen, losbinden; befreien; zahlen	38, 54
nāvem solvere	in See stechen, den Anker lichten	38
somnus, -ī *m*	der Schlaf	36
sors, sortis *f*	das Los, das Schicksal; der Orakelspruch	23
spargere, spargō, sparsī, sparsum	streuen, ausstreuen	44
spatium, -ī *n*	der Raum; der Zeitraum	60
speciēs, -ēī *f*	der Anblick, das Aussehen, der Schein	36
spectāre, spectō, spectāvī, spectātum	schauen, anschauen, betrachten	3
spernere, spernō, sprēvī, sprētum	verschmähen, verachten	49
spēs, speī *f*	die Hoffnung, die Erwartung	33
spīritus, spīritūs *m*	der Atem; das Leben, der Lebensgeist	50
spoliāre, spoliō, spoliāvī, spoliātum *(m. Abl.)*	berauben	55
sponte meā (tuā, suā; nostrā, vestrā, suā)	von selbst, freiwillig, aus eigenem Entschluss	52
stāre, stō, stetī, –	stehen, dastehen	2, 27
statim	sofort, auf der Stelle	11
statuere, statuō, statuī, statūtum	aufstellen; festsetzen; beschließen	23, 27, 47
studēre, studeō, studuī, –	sich bemühen (um); streben nach; wollen; sich (wissenschaftlich) beschäftigen mit	7
studiōsus, -a, -um *(m. Gen.)*	bemüht um; eifrig	49
stultus, -a, -um	dumm	37
suādēre, suādeō, suāsī, suāsum	raten, empfehlen	45
sub *(m. Abl.)*	unter *(wo?)*	34
subicere, subiciō, subiēcī, subiectum	unterwerfen	58
subīre, subeō, subiī, subitum	auf sich nehmen	58
subitō	plötzlich	3
succurrere, succurrō, succurrī, succursum	zu Hilfe eilen	12, 31, 53
sūmere, sūmō, sūmpsī, sūmptum	nehmen	12, 33, 55
summus, -a, -um	der höchste, der oberste; der letzte	29
sūmptus, sūmptūs *m*	der Aufwand	46
superāre, superō, superāvī, superātum	überwinden; besiegen; übertreffen	8
superbia, -ae *f*	der Hochmut, der Stolz, die Überheblichkeit	40

superbus, -a, -um	hochmütig, stolz	13
supplex; *Gen.* supplicis	demütig, flehentlich	36
surgere, surgō, surrēxī, surrēctum	aufstehen, sich erheben	44
suscipere, suscipiō, suscēpī, susceptum	auf sich nehmen, unternehmen	23, 28, 52
suspīciō, -ōnis *f*	der Verdacht, die Vermutung	40
sustinēre, sustineō, sustinuī, –	aushalten, ertragen	20
suus, -a, -um	sein, ihr	28
sua *(Neutr. Pl.)*	das Seine / das Ihre	28
suī, -ōrum *m (Pl.)*	die Seinen / die Ihren	28

T

taberna, -ae *f*	die Taverne, die Imbissbude; der Laden	8
tacēre, taceō, tacuī, –	still sein, schweigen	9
tacitus, -a, -um	still, stumm, verschwiegen	19
tālis, tāle	solch, von solcher Art, so (beschaffen)	46
tam *(bei Adj.)*	so	48
tamen	dennoch, jedoch	24
tandem	endlich, schließlich	2
tangere, tangō, tetigī, tāctum	berühren; erreichen	51
tantopere	so sehr	54
tantus, -a, -um	so groß	47
taurus, -ī *m*	Stier	41
tē	dich	8
tēctum, -ī *n*	das Dach, das Haus	29
tegere, tegō, tēxī, tēctum	bedecken, schützen, verbergen	23, 33, 45
tēlum, -ī *n*	das Geschoss, das Wurfgeschoss; der Pfeil	60
tēla conicere / mittere	Wurfgeschosse schleudern, Pfeile abschießen	60
tempestās, tempestātis *f*	das Unwetter, das Gewitter	27
tempus, temporis *n*	die Zeit; *Pl.* die Zeitumstände	
tendere, tendō, tetendī, tentum	spannen, strecken, richten	40, 47
tenebrae, -ārum *f (Pl.)*	die Dunkelheit, die Finsternis	27
tenēre, teneō, tenuī, –	halten, festhalten	9
tergum, -ī *n*	der Rücken	49
ā tergō	von hinten	49
terra, -ae *f*	das Land; die Erde	21
terrā marīque	zu Wasser und zu Lande	21
terrēre, terreō, terruī, territum *(m. Akk.)*	erschrecken	42
terribilis, terribile	schrecklich	41
terror, terrōris *m*	der Schrecken, die Angst	29
testimōnium, -ī *n*	die Zeugenaussage, der Beweis	10
testis, testis *m*	der Zeuge	31
timēre, timeō, timuī, –	fürchten, sich fürchten	5
timor, timōris *m*	die Angst, die Furcht	25
tollere, tollō, sustulī, sublātum	hochheben, aufheben; beseitigen, wegnehmen	34, 50
tot *(indekl.)*	so viele	47
totiēns	so oft	48
tōtus, -a, -um; *Gen.* tōtīus, *Dat.* tōtī	ganz	34
trādere, trādō, trādidī, trāditum	übergeben; überliefern	22, 26, 53
trādūcere, trādūcō, trādūxī, trāductum	hinüberführen	32, 54
trānsīre, trānseō, trānsiī, trānsitum *(m. Akk.)*	hinübergehen, überschreiten	58
tribuere, tribuō, tribuī, tribūtum	zuteilen	15, 27, 54
honōrem tribuere	Ehre erweisen	15
triumphus, -ī *m*	der Triumph, der Triumphzug	5
trīstis, trīste	traurig	20
tū	du	1
tum	dann, darauf; da; damals	2
turba, -ae *f*	die Menge; das Durcheinander; der Lärm	5
turbāre, turbō, turbāvī, turbātum	durcheinander bringen, verwirren, stören	43
turpis, turpe	hässlich, schändlich	55
turris, turris *f*	der Turm	18
tūtus, -a, -um	sicher, geschützt	26
tuus, -a, -um	dein	13
tua *(Neutr. Pl.)*	das Deine	28
tuī, -ōrum *m (Pl.)*	die Deinen	28

U

ubī?	wo?	2
ubī *(Subj.)*	sobald	31
ubīque	überall	50
ultimus, -a, -um	der letzte, der entfernteste	55
ultrō	freiwillig; sogar, noch dazu	40
umbra, -ae *f*	der Schatten	9
umerus, -ī *m*	die Schulter	44
unda, -ae *f*	die Welle, die Woge	39
unde?	woher?	19
undique	von überall her, von allen Seiten	12
ūnus, -a, -um; *Gen.* ūnīus, *Dat.* ūnī	ein(er), ein einziger	34
urbs, urbis *f*	die Stadt, die Großstadt	18
ūsus, ūsūs *m*	der Gebrauch, der Nutzen	52
ut	wie	13
ut *(m. Ind.)*	sobald	31
ut *(m. Konj.)*	dass; sodass; damit / um ... zu	53; 54
ūtilis, ūtile	nützlich	20
(utrum) ... an?	... oder?	26
uxor, uxōris *f*	die Ehefrau	17

V

valdē	sehr	9
valēre, valeō, valuī, –	gesund sein; gelten, Einfluss haben	19
valē! / valēte!	leb wohl! / lebt wohl!	19
vāstus, -a, -um	wüst, weit, unermesslich	59
vel	oder	52

velle, volō, voluī, –	wollen	33
velut	wie, wie zum Beispiel	60
venia, -ae *f*	die Nachsicht, die Verzeihung	30
venīre, veniō, vēnī, ventum	kommen	2, 26, 43
ventus, -ī *m*	der Wind	39
verbum, -ī *n*	das Wort	8
vertere, vertō, vertī, versum	drehen, wenden	14, 30, 50
oculōs vertere in	die Augen richten auf	14
vērus, -a, -um	echt, richtig, wahr	34
vester, vestra, vestrum	euer	14
vestīgium, -ī *n*	die Spur	3
vestis, -is *f*	das Kleid, die Kleidung	42
vetāre, vetō, vetuī, vetitum	verbieten	19, 34, 55
vetus; *Gen.* veteris	alt	36
vexāre, vexō, vexāvī, vexātum	quälen	6
via, -ae *f*	der Weg, die Straße	34
victor, victōris *m*	der Sieger	41
victōria, -ae *f*	der Sieg	5
vidēre, videō, vīdī, vīsum	sehen	4, 26, 45
vincere, vincō, vīcī, victum	siegen, besiegen	2, 26, 42
vinculum, -ī *n*	die Fessel	47
in vincula conicere	in Fesseln legen / ins Gefängnis werfen	47
vindicāre, vindicō, vindicāvī, vindicātum	beanspruchen; befreien, retten; bestrafen	32
vīnum, -ī *n*	der Wein	6
violāre, violō, violāvī, violātum	verletzen, entehren	30
vir, virī *m*	der Mann	14
virgō, virginis *f*	die junge Frau, das Mädchen	17
virtus, virtūtis *f*	die Tugend; die Tapferkeit; die Tüchtigkeit; *Pl.* die guten Taten; die guten Eigenschaften	43
vīs, –, –, vim, vī *f;* *Pl.* vīrēs, vīrium *f*	die Kraft, die Gewalt; die Menge; *Pl.* auch die Kräfte, die Streitkräfte	18
vīsere, vīsō, vīsī, –	besuchen, besichtigen	54
vīsitāre, vīsitō, vīsitāvī, vīsitātum	besuchen	4
vīta, -ae *f*	das Leben	16
vītam agere	das Leben verbringen, führen	16
vīvere, vīvō, vīxī, –	leben	17, 33
vix	kaum, mit Mühe	13
vocāre, vocō, vocāvī, vocātum	rufen; *(m. dopp. Akk.)* nennen, bezeichnen als	4, 36
voluntās, voluntātis *f*	der Wille	16
volvere, volvō, volvī, volūtum	wälzen, rollen; überlegen	50
vōs	*Nom.* ihr; *Akk.* euch	12
vōx, vōcis *f*	die Stimme; das Wort	17
māgnā vōce	mit lauter Stimme	17
vulnerāre, vulnerō, vulnerāvī, vulnerātum	verwunden	42
vulnus, vulneris *n*	die Wunde	42
vultus, vultūs *m*	die Miene, der Gesichtsausdruck; *Pl.* die Gesichtszüge	47

Leicht erschließbare Vokabeln

apostolus, -ī *m*	der Apostel
architectus, -ī *m*	der Architekt
āthlēta, -ae ***m***	der Athlet
bárbarus, -a, -um	barbarisch; *Subst.* der Barbar
bestia, -ae *f*	das (wilde) Tier
bibliothēca, -ae *f*	die Bibliothek
bibliothēcārius, -ī *m*	der Bibliothekar
catapulta, -ae *f*	das Katapult
colossus, -ī *m*	der Koloss
discus, -ī *m*	der Diskus
eléphantus, -ī *m*	der Elefant
figūra, -ae *f*	die Figur
flamma, -ae *f*	die Flamme
gladiātor, gladiātōris *m*	der Gladiator
hexámeter, -trī *m*	der Hexameter
labýrinthus, -ī *m*	das Labyrinth
māchina, -ae *f*	die Maschine
marmor, marmoris *n*	der Marmor
marmóreus, -a, -um	aus Marmor
medicāmentum, -ī *n*	das Medikament
mōnstrum, -ī *n*	das Monster
nātūra, -ae *f*	die Natur
ōrāculum, -ī *n*	das Orakel
philosophia, -ae *f*	die Philosophie
philósophus, -ī *m*	der Philosoph
pīrāta, -ae ***m***	der Pirat
poēta, -ae ***m***	der Dichter
pýramis, pyrámidis *f*	die Pyramide
ruīna, -ae *f*	die Ruine
spectāculum, -ī *n*	das Spektakel
stadium, -ī *n*	das Stadion
statua, -ae f	die Statue
templum, -ī *n*	der Tempel
theātrum, -ī *n*	das Theater
thermae, -ārum *f*	die Thermen
toga, -ae *f*	die Toga
týrannus, -ī *m*	der Tyrann
versus, versūs *m*	der Vers

Bildquellenverzeichnis

Seite 11.1: Scala; 11.2: Bernard Andreae, 11.3: Fritz Witzig, München; 11.4: Museo di San Martino, Napoli / Soprintendenza Speciale per i Beni Archeologici di Napoli e Pompei;
Seite 13: Blauel / Gnamm / Artothek;
Seite 15: Cinetext;
Seite 17: Cinetext;
Seite 19.1: bpk / RMN / Hervé Lewandowski; 19.2: Peter Willi / Artothek;
Seite 21: Staatliche Antikensammlung und Glyptothek, München / Foto: Renate Kühling;
Seite 25: akg / Erich Lessing;
Seite 27: Photograph: © 2009 Museum of Fine Arts, Boston;
Seite 29: Ausstellungskatalog „Mythos Troya", S. 374; Umzeichnung von K. Reichhold;
Seite 31: © 1990 Photo Scala, Firenze;
Seite 33: akg-images;
Seite 39: bpk / Gérard Blot;
Seite 41.1: Bridgeman; 41.2: Nationalmuseum, Krakau;
Seite 43: Bayerische Verwaltung der staatlichen Schlösser, Gärten und Seen, München;
Seite 45.1: Bridgeman; 45.2: German. Nationalmuseum, Nürnberg;
Seite 47:akg-images / Nimatallah;
Seite 49.1: Szépmüvészeti Muzéum / Museum of Fine Arts, Budapest; 49.2: Bernd Pfarr / Gabriele Roth-Pfarr, Frankfurt / M.;
Seite 51: picture-alliance / dpa;
Seite 55: Luciano Pedicini, Napoli;
Seite 57.1: Sotheby's / akg-images; 57.2: akg-images / Erich Lessing; 57.3: Ullstein Bild / Granger Coll;
Seite 59. Fotolia.com;
Seite 67.1: akg-images / Bildarchiv Monheim; 67.2: Schapowalow / Cora;
Seite 71.1: Deutsches Archäologisches Institut, Athen / Gösta Hellner (Neg. Nr. D-DAI-ATH-1968793);
71.2: picture-alliance / dpa;
Seite 75.1: Prof. Wolfram Höpfner, Berlin; 75.2: akg-images;
Seite 77.1: akg-images / Electa; 77.2: akg-images / Nimatallah; 77.3: Staatliche Antikensammlung und Glyptothek, München;
Seite 79.1: Keystone / Jan Leidicke; 79.2: Staatliche Antikensammlung und Glyptothek, München; 79.3: akg-images / M. Babey;
Seite 81: Caro / Muhs;
Seite 83: akg-images / Pirozzi;
Seite 85: Jean-Claude Golvin / Editions Errance / Epona;
Seite 93.1 + 2: Scala, Firenze;
Seite 95: Scala, Firenze;
Seite 97: Giorgio Albertini, Mailiand;
Seite 101.1: akg-images / Pirozzi; 101.2: aus: Gilbert Abbott A. Beckett, A Comic History of Rome, London 1852;
Seite 103: Blauel / Gnamm / Artothek;
Seite 105: Roma, Musei Capitolini / Archivio fotografico dei Musei Capitolini;
Seite 107: akg-images / Erich Lessing;
Seite 109: akg-images;
Seite 111: Bayerische Verwaltung der staatlichen Schlösser, Gärten und Seen, München;
Seite 117: Warner Bros. / Cinetext;
Seite 121: Musée National de la Marine, Paris;
Seite 123: Editions Albert René, Paris;
Seite 125.1: Staatl. Antikensammlung u. Glyptothek, München; 125.2: Archäolog. Staatssammlung / Museum für Vor- und Frühgeschichte, München;
Seite 137: akg-images / Erich Lessing.

Trotz entsprechender Bemühungen ist es nicht in allen Fällen gelungen, den Rechtsinhaber ausfindig zu machen. Gegen Nachweis der Rechte zahlt der Verlag für die Abdruckerlaubnis die gesetzlich geschuldete Vergütung.

Textquellenverzeichnis

S. 15: Aristoteles, Poetik cap. 17 (1455b15 ff.);
S. 19: Lukian, Demosth. Enkomion 9.
Zitiert nach: „Das Bildnis des Homer“, in: Raimund Wünsche (Hrsg.): Mythos Troja. Ausstellungskatalog.
Staatliche Antikensammlung und Glyptothek, München 2006, S. 19;
S. 23: Homer, Odyssee I 1 f.;
S. 27: Homer, Odyssee XI 66–74 m. A.
Homer, Die Odyssee. Neu erzählt von Christoph Martin.
Rowohlt Taschenbuch Verlag, Reinbek 2005, S. 193.
© Eichborn Verlag, Frankfurt a. M. 2003;
S. 31: Wolfgang Borchert, Draußen vor der Tür und ausgewählte Erzählungen.
Mit einem Nachwort von Heinrich Böll.
Rowohlt Verlag, Reinbek 1996, S. 8;
S. 53: Hesiod, Erga 289 f.;
S. 57: Olga Rinne, Medea. Das Recht auf Zorn und Eifersucht.
Kreuz Verlag, Zürich 1988, S. 7;
S. 83: Cicero, nat. deor. I 30,84;
S. 97: Properz-Zitat: paraphrasierende Übersetzung von Prop. IV 1,1–6;
S. 123: Livius V 35,4.
Zitiert nach Titus Livius: Römische Geschichte Buch IV–VI;
S. 131: Horaz, epistulae II 1,156 f.
Zitiert nach: Quintus Horatius Flaccus, Epistulae / Briefe

Imperium Romanum
(Anfang des 2. Jahrhunderts n. Chr.)